Josef Wißkirchen

RUDY HERZ
Ein jüdischer Rheinländer

Jeder, der etwas schreibt, hat doch den Anspruch, die Welt im Wassertropfen zu zeigen. Ich glaube, man kann die ganze Welt vor der eigenen Haustür finden – wenn man genau hinschaut.
Ingo Schulze

Josef Wißkirchen

RUDY HERZ

Ein jüdischer Rheinländer

Gedruckt mit freundlicher Unterstützung des Landschaftsverbandes Rheinland, der Kulturstiftung der Kreissparkasse Köln, der Wohnungsgesellschaft Wohnpark Am Rath und der Familie Pilar/Hahne in Köln.

Verlag Ralf Liebe, Weilerswist, 2012

© Josef Wißkirchen
© dieser Ausgabe: Verlag Ralf Liebe

Herstellung: Rheinische Druck- und Verlagsgesellschaft mbH

Verlag Ralf Liebe
Kölner Str. 58
53919 Weilerswist
Tel.: 0 22 54/33 47
Fax: 0 22 54/16 02
E-Mail: info@verlag-ralf-liebe.de
Internet: verlag-ralf-liebe.de

ISBN: 978-3-941037-85-4
20.- Euro

Rudy Herz

Geboren am 23. August 1925 in Stommeln
Gestorben am 18. Oktober 2011 in Charleston, SC
Beerdigt auf dem National Cemetery in Beaufort, SC

Rudy Herz hat bis zuletzt regen Anteil genommen an der Entstehung dieses Buches. In oft langen Telefongesprächen konnte ich mich mit ihm austauschen über offene Fragen, und er bereicherte die Darstellung um viele lebendige Details. Nach Abschluss des Manuskripts kam die Nachricht von seinem plötzlichen Tod infolge einer Lebensmittelvergiftung. Den Wortlaut des Buches habe ich nachträglich nicht mehr verändert. Es ist zum Teil auch sein Werk, und deshalb soll die Fassung beibehalten werden, die mit ihm abgestimmt war.
Rudy Herz war ein starker Charakter und belesener Mann, begabt mit schelmischem Humor und einem phänomenalen Gedächtnis. Ich widme das Buch der Erinnerung an ihn und seine Familie.

Stommeln, den 28. März 2012

Josef Wißkirchen

Dank

In dem zweibändigen Werk „Juden in Stommeln" (1983/87) haben Manfred Backhausen, Hermann Daners und Dr. Harald Thomas Teilaspekte des vorliegenden Buches behandelt. Auf ihre Forschungsergebnisse konnte ich dankbar zurückgreifen.

In zahlreichen Gesprächen mit Helga Pilar, der in Köln lebenden Cousine von Rudy Herz, habe ich sehr persönliche und bewegende Einblicke in das Schicksal der Familien Herz und Jacobsohn gewonnen.

Während der Entstehungsphase des Buches bin ich von vielen Personen in unterschiedlicher Weise unterstützt worden:

Magda Becker, Pulheim ▪ Mary Beer, Berlin ▪ Yvonne Garborini, Köln ▪ Dorit und Walther Hahne, Köln ▪ Karl Otto Herz Ph.D., Las Vegas NV ▪ Manfred Höffken, WDR, Köln ▪ Ulla-Maria Krempel-Hütten, Pulheim ▪ Carsten Mayer, Bergheim ▪ Dr. Marcus Meier, Kölnische Gesellschaft für Christlich-Jüdische Zusammenarbeit, Köln ▪ Johannes Nolden, Rommerskirchen ▪ Mariele Petersen, Köln ▪ Thomas Pilar, Köln ▪ Helga und Rolf Pietzner, Köln.

Sie alle haben meine Arbeit wesentlich gefördert, und dafür bin ich dankbar. Mary Beer, Berlin, danke ich nicht zuletzt auch dafür, dass sie die Mühe des abschließenden Korrekturlesens auf sich genommen hat.

Der Verleger Ralf Liebe hat aus meinem Manuskript ein schönes Buch gemacht. Auch dafür danke ich.

Josef Wißkirchen

Inhalt

Einleitung 9

Kindheit in Stommeln und Rommerskirchen-Eckum 22
Stommelner Vorfahren – Lily und Ernst Herz – Frühe Kindheitserinnerungen – Erste antisemitische Erfahrungen in Rommerskirchen–Eckum – Zusammenhalt der jüdischen Verwandtschaft – Schulerfahrungen in Rommerskirchen – Nationalsozialistische „Liedersingerei"

Leben in Köln 1936–1942 49
Familie, Schule, Synagoge: Schutzräume in feindlicher Umwelt – Nicht verwirklichte Auswanderungspläne – Reichspogromnacht 1938 – Systematische Ausbeutung der Juden – Antijüdischer Ostrakismos – Verschärfte Ghettoisierung nach dem Tausend-Bomber-Angriff

Exkurs 1: Onkel Hermann Jacobsohn 71
Ausbildung in Belgien bei Onkel Sally – Erste Berufsjahre in Köln – Hermanns „Glanzzeit" Anfang der zwanziger Jahre – Abruptes Ende durch die große Inflation – Unversöhnlicher Gegensatz zwischen „Jüd" und „Goi" – Heirat, erneute Selbständigkeit und Konversion – Erzwungene Geschäftsaufgabe – Gestapohaft in Aachen und Zwangsarbeit – Wiederholter Verlust der Wohnung – Wachsende Bedrohung für „Mischlinge" – Überleben im Untergrund

Ghetto Theresienstadt 94
Deportation der Familie Herz nach Theresienstadt – Theresienstadt, ein „Vorzugsghetto"? – Hilferufe aus Theresienstadt – Leben in Theresienstadt – „Bonkes" – „Stadtverschönerung" – Deportation nach Auschwitz

Auschwitz-Birkenau 127
Familienlager Theresienstadt – Selektion und endgültige Trennung – Tod der Eltern und jüngeren Geschwister – Karl Otto im Schatten der Gaskammer

Außenlager Schwarzheide und Lieberose.. 151
Schwerstarbeit in Schwarzheide – Lager Lieberose – Bruder Karl Otto im Lager Sosnowitz – Karl Otto: Todesmarsch und Transport von Sosnowitz nach Mauthausen – Bruder Alfred: Tod in Bergen-Belsen – Rudy Herz: Todesmarsch von Lieberose nach Sachsenhausen – Transport von Sachsenhausen nach Mauthausen

Mauthausen-Gusen 179
Rudy Herz: Arbeit und Befreiung in Gusen II – Karl Otto Herz: Befreiung in Gusen I

Der lange Weg in die USA... 189
Rudy Herz: Von Linz über Rotterdam nach Südfrankreich – Kontaktaufnahme mit Onkel Hermann in Köln – Auswanderung in die USA – Karl Ottos Weg vom DP Camp in Linz nach New York – Vom Hühnerrupfer zum Uhrmacher – Soldat im Koreakrieg – Juwelier- und Uhrengeschäft in Chicago – Bruder Karl Ottos Werdegang

Rückkehr nach Europa – Hochzeit in Südfrankreich –
Rückkehr in die USA.. 215
Heirat und Niederlassung in Südfrankreich – Endgültige Auswanderung in die USA

Exkurs 2: Hermann Jacobsohn und seine Familie nach 1945......... 225

Lebens-Erinnerung 228

Nachruf... 233

Stammbäume der Familien Herz und Jacobsohn 236

Quellen- und Literaturverzeichnis.. 238

Register... 245

Einleitung

Rudy Herz, geboren 1925 in Pulheim-Stommeln, ist einer der letzten Überlebenden des Holocausts. Bis auf seinen Bruder Karl Otto und seinen 1990 verstorbenen Onkel Hermann Jacobsohn hat er seine ganze Familie in der Todeswelt der nationalsozialistischen Lager verloren: beide Eltern, vier Geschwister und die Oma, die bis zuletzt bei der Familie in Köln gelebt hatte; ebenso zahlreiche Onkel und Tanten, Vettern und Cousinen. Im Dezember 1946 wanderte er in die Vereinigten Staaten aus. Heute lebt er mit seiner Frau Ursula geb. Syré in Myrtle Beach S.C. Die drei Kinder Carolyn, Raphael und Chantal sind inzwischen erwachsen, haben das Elternhaus verlassen und eigene Familien gegründet.

Für den Außenstehenden ist der Holocaust historische Vergangenheit, für Betroffene wie Rudy Herz nicht; für ihn sind die Erfahrungen im Lager unablässige Gegenwart. Das Bild, wie seine Mutter sich zum letzten Mal von ihm in Auschwitz verabschiedete, lässt sich nicht abdunkeln durch die Überlagerung mit neuen Eindrücken und die Tiefe der vergangenen Zeit. Es stellt sich immer wieder ein: ihr Gesicht, ihre Stimme, die letzte Umarmung. Einem Brief vom Juni 2011 fügte er Zeilen von Adalbert von Chamisso als Postskriptum an:

„Ich träum' als Kind mich zurücke
Und schüttle mein greises Haupt;
Wie sucht ihr mich heim, ihr Bilder,
Die lang' ich vergessen geglaubt?"

Auf der Innenseite des linken Unterarms trägt er bis heute die eintätowierte Auschwitznummer A 653. Darüber gesprochen hat er jedoch lange Jahre nicht, auch nicht gegenüber den eigenen Kindern, die zwar die Tätowierung des Vaters sahen, aber nicht nach deren Bedeutung fragten, weil sie spürten, dass es die Verletzung eines intimen Geheimnisses gewesen wäre. Erst als sie herangewachsen waren und der Vater als Zeuge in einem NS-Prozess in den USA geladen war, erfuhren sie ansatzweise etwas vom Schicksal ihres Vaters und seiner Familie.

Es war nicht so, dass Rudy Herz diese KZ-Nummer als persönlichen Makel empfunden hätte. Wäre es so gewesen, hätte er sie sich entfernen lassen können. Aber er hatte sich schon früh dazu entschlossen, sie zu behalten, bis auf den heutigen Tag. Sie ist der sichtbare Beleg der Verbrechen, die an ihm, seinen Geschwistern, seinen Eltern und Millionen anderen verübt worden sind, und es wäre ihm wie eine Versündigung an den Opfern erschienen, wenn er dieses Zeugnis hätte beseitigen lassen. Er hätte ein Stück Erinnerung an sie ausgelöscht und Verrat an ihnen begangen.

Das Leben mit der Auschwitznummer auf dem Arm belegt, dass Rudy Herz von Anfang gewillt war, Zeugnis abzulegen von dem Mord an Millionen Juden und mitzuhelfen, den Opfern ein Weiterleben in der Erinnerung zu ermöglichen. Und doch war er lange Jahre nicht dazu in der Lage, darüber zu sprechen, weder mit seiner Frau noch mit seinen drei Kindern. Wer nach schnellen Erklärungen sucht, mag sich sagen, dass er andere schonen, sie nicht mit seinem Schicksal belasten wollte; oder dass das Trauma seiner Erfahrungen so übermächtig war, dass beim Erzählen nicht vernarbte Wunden immer tiefer aufgerissen worden wären. Zur vollen Wahrheit gehört aber auch, dass er eigentlich hätte erzählen wollen, um mit Hilfe seiner Zuhörer einen Weg für sich zu finden, mit seinen innerlich drängenden Erinnerungen umzugehen. Sein Schweigen war eine Unterdrückung der eigenen Seele, erzwungen durch die Tatsache, dass niemand seine Geschichte hören wollte. In den Nachkriegsjahren galt das in den USA genauso wie in Deutschland. In der Zeit des Nationalsozialismus hatte der Judenstern ihn als angeblich minderwertig geächtet, ihn ostrakisiert *(ostracized)*, wie einst das Scherbengericht der Volksversammlung im antiken Athen es – allerdings nur zeitlich befristet – mit Verbrechern und tatsächlichen oder vermeintlichen Feinden des Volkes tat. Aber als junger Bürger der Vereinigten Staaten wollte er dazugehören, als geachtetes Glied der Gesellschaft sich ein neues Leben aufbauen. Genau das aber schienen seine Holocaust-Biographie und die Auschwitznummer auf seinem linken Unterarm zu erschweren. Sie sonderten ihn aus der Gruppe der „Normalen" aus. Er verschwieg sein Leiden, als wäre es seine heimliche Schuld – aber das Geheimhalten setzte die gewonnene gesellschaftliche Zugehörigkeit zugleich dem Verdacht des Erschlichenseins aus: ein belastender, fatal verstrickter psychischer Knoten, den durchzuschlagen lange nicht gelingen wollte.

Jahrzehntelang hat Rudy Herz es peinlich vermieden, den Unterarm zu entblößen. Im zivilen Leben gelang ihm das – bis heute. Als er aber 1950 zum Militär eingezogen und zum Kampfeinsatz in den Koreakrieg geschickt wurde, ließ es sich unter den Kameraden kaum durchhalten. Er griff deshalb zu Mitteln der Camouflage. Bei gemeinsamen Leibesübungen mit bloßem Oberkörper oder im Unterhemd klebte er sich ein Pflaster auf die Tätowierung, und als auch das nicht möglich war, erfand er die Geschichte, er habe früher in einer anderen Militäreinheit gedient, und die eintätowierte Nummer rühre von daher.

1963 weilte Rudy zum ersten Mal wieder in Deutschland. Er besuchte seinen Geburtsort Stommeln und den Nachbarort Rommerskirchen-Eckum, wo er mit seinen Eltern seit 1931 gelebt hatte und eingeschult worden war, er traf alte Nachbarn und Bekannte – und las aus den betretenen Gesichtern, dass die Begegnung mit ihm den Menschen unangenehm war. Schuldgefühle, aber auch Selbstmitleid angesichts der eigenen Kriegserfahrungen erstickten bei den Einheimischen Gefühle der Herzlichkeit. Er spürte, dass er nicht willkommen war. Eine alte Nachbarin, die er ansprach, flüchtete sich in Tränen, ein ernsthaftes Gespräch kam nicht zustande. In Rommerskirchen wollte er seinen früheren Lehrer, unter dem er so viel gelitten hatte, aufsuchen; aber als er von dessen Krankheit und Hinfälligkeit erfuhr, ließ er davon ab. Die alte Heimat blieb ohne Echo auf seine Fragen und zerrissenen Gefühle.

In Köln besuchte er die Familie seines Onkels Hermann Jacobsohn. Es waren warme Tage, aber Rudy Herz trug immer ein langes Hemd. Als man ihm ein luftigeres, kurzärmeliges anbot, lehnte er ab: Er trage nur langärmelige Hemden. Über die Gründe wurde nicht gesprochen, obwohl sein Onkel und dessen Tochter, die ja von seiner Lagerbiographie wussten, es sich denken konnten. Über das, was er in Auschwitz und in den anderen Lagern erlebt hatte, konnte Rudy Herz selbst gegenüber den letzten Familienangehörigen, die ihm geblieben waren, nicht sprechen.

Die historische Wissenschaft begann damals in verstärktem Maße, sich der Geschichte der Juden und ihrer Verfolgung anzunehmen. Im Oktober 1963 wurde die Ausstellung „Monumenta Judaica. 2000 Jahre Geschichte und Kultur der Juden am Rhein"[1] eröffnet. Ein öffentlicher Diskurs über den Antisemitismus und seine verbrecherischen Folgen schien zu beginnen. Rudy Herz, der erneut in Köln weilte, besuchte die Ausstellung. Eine Schautafel zeigte in Großaufnahme das Innere eines KZ-Blocks. Junge Leute standen davor, und Rudy Herz versuchte ihnen die Funktion des langen horizontalen Kamins zu erklären, der die ganze Baracke durchzog und sie heizen sollte. Als er mit dem Finger den Kamin entlangfahren wollte, erscholl die Stimme eines Aufsehers: „Bitte die Fotografien nicht berühren, bitte lassen Sie die Finger davon."[2] Der erste zaghafte Versuch, wenigstens unerkannt über das Gewesene zu sprechen, erstickte im Nu. Der harsche Befehlston eines deutschen „Uniformierten" weckte latente Ängste. Rudy Herz verstummte. Hier war für ihn keine Luft zum Atmen.

Im gleichen Jahr 1963 begann in Frankfurt am Main der erste der drei Auschwitzprozesse, die bis 1968 in immer neuen Wellen die Greuel dieses Vernichtungslagers in die Medien trugen. Das Ende der Jahre des Schweigens in Deutschland war damit eingeläutet. Rudy Herz beobachtete die Entwicklung zunächst von Südfrankreich, dann von den USA aus. Endgültig gebrochen wurde sein Schweigen jedoch erst durch das 1983 und 1987 vom Verein für Geschichte und Heimatkunde in Pulheim herausgebrachte zweibändige Buch: „Juden in Stommeln". 1982 erreichte ihn ein Schreiben von Manfred Backhausen aus Pulheim, der die Arbeitsgruppe, die mit diesem Forschungsprojekt befasst war, leitete. Rudy Herz fing an, seine Erinnerungen stoßweise und bruchstückhaft niederzuschreiben. Es quälte ihn, in Worte zu fassen, was er erlitten hatte, die Sprache versagte gegenüber der Brutalität im Lager, die Hand sträubte sich, das Entsetzliche niederzuschreiben. Als es nicht mehr ging, versuchte er es mit einem Tonbandgerät. Immer nur bruchstückhaft und oft erst wieder nach langen Unterbrechungen sprach er

---

1 Begleitpublikation: Monumenta Judaica. 2000 Jahre Geschichte und Kultur der Juden am Rhein, 2 Bde.: Katalog und Handbuch, Köln 1963.
2 Daners, S. 286.

seine Erinnerungen auf Band. Das ganze Material noch einmal zu redigieren, war er nicht in der Lage. Er vertraute es der Arbeitsgruppe zur Bearbeitung an, sodass es im 2. Band „Juden in Stommeln" ausgewertet und veröffentlicht werden konnte. Zur Buchvorstellung 1987 kam er nach Stommeln und Köln.

Auch in den USA hat Rudy Herz seit dieser Zeit von dem Schicksal seiner Familie in Vorträgen und Interviews berichtet. Als 1989 der *South Carolina Council on the Holocaust* gegründet wurde, der sich zum Ziele setzte, in den Schulen den Unterricht über den Holocaust zu fördern und Fortbildungsveranstaltungen für Lehrer zu organisieren sowie Interviews mit KZ-Überlebenden als Zeitdokumente zu veröffentlichen, unterstützte er dieses Projekt und stellte sich 1991 für eine dreistündige Videoaufzeichnung zur Verfügung, die in der Reihe *South Carolina Voices – Lessons from the Holocaust* veröffentlicht wurde. Seit Jahren berichtet er als Gastdozent am *College of Charleston, Departement of Jewish Studies,* vor Lehramtsstudenten von seinen Erfahrungen.

Im Herbst 2010 erreichte ihn Post aus seinem Geburtsort Stommeln. Eine Schülergruppe der dortigen Papst-Johannes XXIII.-Schule unter Leitung ihres Lehrers Carsten Mayer schickte ihm ein kleines DIN A4-Plakat, das sie im Ort aufgehängt hatten: eine Art nachgeholte Todesanzeige für vier ermordete jüdische Kinder aus Stommeln, darunter seine drei jüngeren Geschwister Walter, Johanna und Jona. Die Namen auf dem Plakat zu lesen traf ihn ins Herz, und zugleich überwältigte es ihn, dass Schülerinnen und Schüler – „Kinder", wie er selbst sagte – Anteil nahmen an dem Schicksal längst verstorbener jüdischer Kinder. In ihrem Brief luden diese „Kinder" ihn ein, nach Stommeln zu kommen und ihnen zu erzählen, was damals geschah.

Trotz seines Alters von 85 Jahren sagte Rudy Herz spontan zu. Er spürte: Dort, wo man ihn einst verfemt hatte, war eine neue Generation herangewachsen, die sich für ihn interessierte und ihm zuhören wollte. Im Februar 2011 kam er für fünf Tage nach Köln und Stommeln. Und in diesen fünf Tagen erzählte er fast ununterbrochen vom Schicksal seiner Familie: im privaten Kreis, bei öffentlichen Veranstaltungen. Es war eine schier übermenschliche Anstrengung, die er sich abverlangte, aber

Müdigkeit schien er kaum zu spüren. Bei einem „Begegnungsabend" in der Aula der Schule berichtete er in einem dreieinviertel Stunden dauernden Vortrag von seinem Schicksal, am nächsten Tag zweieinhalb Stunden noch einmal den dort versammelten Oberstufenschülern. Die Herzlichkeit und Anteilnahme, die ihm überall entgegenschlug, war für ihn wie eine Befreiung von der Fessel des Verstoßenseins, sie war der Beweis der Zugehörigkeit zur Stommelner Dorf- und deutschen Kulturgemeinschaft. Sein Schicksal war nicht mehr etwas, das ihn von den anderen trennte, sondern im Gegenteil etwas, das ihn mit diesen sympathisch verband. Weil Hörer sich ihm öffneten, konnte er reden. Sein Wort, das er sich – oft unter sichtbar großer psychischer Anstrengung – abrang, wurde zur Brücke der Begegnung. Mehrmals formulierte er das ihn selbst am meisten bewegende Bekenntnis: „Ich bin ein Stommelner"; hätte er vor Kölner Publikum gesprochen, er hätte gesagt: „Ich bin ein Kölner." Er fügte aber hinzu, das gelte im Hinblick auf seine Kindheit; jetzt sei er Amerikaner und amerikanischer Staatsbürger, dort sei seine Familie und dort sei heute sein Zuhause.

Nach seinem zweieinhalbstündigen Vortrag vor Schülern geschah das Unerwartete: Eine Schülergruppe, die ihn nach Ende der Veranstaltung noch umstand, rief er näher zu sich heran, entblößte seinen linken Unterarm und zeigte ihnen seine Auschwitznummer. Er hatte gespürt, dass die „Kinder" nicht von voyeuristischer Neugier getrieben waren, sondern ihm konzentriert zugehört hatten wie ihrem eigenen Opa und wissen wollten, was man ihm als jungem Menschen angetan hatte. Er fühlte sich angenommen und öffnete sich deshalb ganz. Es war ein bewegender Moment der seelischen Begegnung über die Grenzen der Generationen hinweg.

Herz war mit dem Vorsatz nach Stommeln gekommen, zum ersten Mal „alles" zu erzählen. Aber ganz gelang ihm das nicht. Wiederholt übermannte es ihn, seine Stimme versagte, eine ungehaltene ruckartige Kopfbewegung zur Seite verriet seine Unzufriedenheit mit sich selbst, und wer nahe genug bei ihm saß, hörte das leise und unwirsch zur Seite gesprochene *„damned"* – „verdammt". Es geschah in Momenten, wo er dem Leiden seiner Geschwister und insbesondere seiner Mutter zu nahe kam. Dieser Schmerz ist nicht verheilt, er ist von der Art, dass er ihn nur mit sich selbst austragen kann und muss, helfen kann ihm dabei niemand. Als Manfred Höffken 1987 für die WDR-Sendung „Hier und Heute" einen halbstündigen Film mit ihm drehte und er im WDR-Studio von der endgültigen Trennung von seiner Mutter in Auschwitz-Birkenau berichten wollte, übermannte ihn ein ähnlicher seelischer Zusammenbruch, der ihn sprachlos machte. Höffken hat im Film diese Situation mit Respekt vor der Person und in Verantwortung gegenüber der Wahrheit mit der gebotenen Diskretion festgehalten und gezeigt. Sein Film erzählt mit dem authentischen Bild des Sprachlosen, was dieser nicht in Worte zu fassen vermag. Das Stommelner Publikum erlebte eine solche erschütternde Situation leibhaftig vor Augen.

Warum, so mag man fragen, hat Rudy Herz im hohen Alter sich diese physische und psychische Kraftanstrengung noch abverlangt? Zum einen war es die im Einladungsschreiben und in dem reisevorbereitenden Gedankenaustausch entgegengebrachte Herzlichkeit, die ihm die Gewissheit gab, dass es in seiner verlorenen Heimat Menschen gab, die ihm zuhören wollten. Und damit gab es, um ein Wort der jungen Schriftstellerin Astrid Rosenfeld zu variieren, jemanden, dem er alles erzählen wollte.[3]

Zum anderen sah er sich selbst aus gesellschaftspolitischen Gründen in der Verantwortung. Was Mitglieder seiner Generation als Opfer erlitten oder als Täter verbrochen haben, soll sich nie mehr wiederholen. Deshalb musste er, nachdem man ihn gefragt hatte, Zeugnis davon ablegen, wozu Rassismus führt. Er spürte den demokratischen Geist junger Menschen, die neugierig waren auf das, was er zu erzählen hatte, und er wollte mithelfen, dieser Generation eine bessere Zukunft zu eröffnen.

Der vielleicht wichtigste Grund für sein Sprechen war die moralische Verpflichtung, das Andenken seiner Familie und insbesondere seiner Mutter in der Erinnerung der Nachgeborenen zu bewahren und sie nicht erneut zu töten durch das Vergessen. Im Gespräch erinnerte Rudy Herz an den Satz des Friedensnobelpreisträgers Elie Wiesel: *„They were killed once. They must not be killed again through forgetfulness."* Die junge

---

3   Vgl. Astrid Rosenfeld: Adams Erbe. Roman, Zürich 2011, S. 7.

Autorin Astrid Rosenfeld schreibt aus ähnlichem Antrieb; ihren Erstlingsroman „Adams Erben", der vom Leben im Warschauer Ghetto erzählt, eröffnet und schließt sie mit der rhetorischen Frage: „Fängt man an zu erzählen, weil der Gedanke, dass alles einfach verschwinden soll, unerträglich ist?"[4]

Rudy Herz ist davon überzeugt: Solange man von einem Menschen spricht, ist er nicht endgültig tot, will sagen: verliert er sich nicht im Nichts, sondern hinterlässt eine Spur, die ihn gegenwärtig hält. Die in Auschwitz Vergasten stiegen aus den Kaminen der Krematorien auf als Rauch, und die aus den Verbrennungsöfen herausgeholte Asche wurde in Wasser und Wind zerstreut. Spurlos sollten diese Menschen ausgelöscht werden. Dagegen sträubt sich das Herz des Sohnes und Bruders, aber auch des Angehörigen jüdischer Kultur. Den Verstorbenen einen dauernden und nicht durch eine endliche Belegungsfrist begrenzten Ruheplatz auf einem Friedhof zu geben und ihnen dort einen Gedenkstein zu setzen, der von ihnen kündet, ist Juden von jeher eine heilige Pflicht. Wer einmal uralte jüdische Friedhöfe besucht hat, sei es in Prag oder Worms oder anderswo, weiß davon. Rudy Herzens Eltern und Geschwistern und anderen Familienangehörigen war das nicht vergönnt, und deshalb wollte er im Erzählen einen geistigen Ersatz schaffen für die Beraubung um einen bleibenden Platz ewiger Ruhe und Erinnerung. Auf dichterischer Ebene tut Paul Celan in seiner berühmten „Todesfuge" etwas Ähnliches: Er setzt dem „Rauch" von Auschwitz ein künstlerisches Denkmal und gibt dem „aschenen Haar" einen Namen: Sulamith.

Wer nicht ertragen kann, dass das Leben eines Menschen spur- und folgenlos endet, denkt in übergreifenden Zusammenhängen. Religiöse Vorstellungen von einem ewigen Leben und einer Gemeinschaft in einer jenseitigen Welt, in die der Einzelne eingeht, haben hier ihre psychologischen Wurzeln. Noch vor allen metaphysischen Überlegungen zeigt dieses ganzheitliche Denken sich darin, dass der Mensch im Zusammenhang seiner Familie und in der Abfolge von deren Generationen wahrgenommen wird. Rudy Herz ist jemand, der, über die persönliche Mutterbindung hinaus, sich verwurzelt fühlte in einer großen Familie,

---

4   Rosenfeld, S. 7 und 385.

die, wie er immer wieder betont, seit Generationen in Stommeln ansässig war. Die nationalsozialistische Verfolgung und Ermordung hat diese tiefe Verwurzelung zu zerstören versucht. Sie hat seine Familie aus der Heimat vertrieben, in den Osten deportiert und ermordet und die Kontinuität eines von Kindheit an sich entfaltenden Lebens zerstört. Sie hat seinem Leben den großen familiären und kulturellen Zusammenhang genommen, in den er als Kind eingebettet war. Im Lager wurde das Leben mit dem wachsenden Grad der physischen und psychischen Erschöpfung zunehmend reduziert auf das Bedürfnis des nackten Überlebens, zerhackt in Momente der puren Gegenwart des augenblicklichen Überlebenskampfes, ohne Vergangenheit und Zukunft, ohne Erinnerung und Hoffnung, ohne Woher und Wohin. Im Zustand der todgeweihten „Muselmänner", wie sie im KZ-Jargon erbarmungslos genannt wurden, waren die Gefühle und Gedanken schließlich leer, das Leben nicht mehr menschlich, sondern instinkthaft-animalisch.

In seinen Erinnerungen, die er 1982/83 zu Papier brachte, schildert Rudy Herz, wie er 1945, in einem Eisenbahntransport nach der Befreiung von Oberösterreich kommend, an Köln, dessen Domtürme er in der Ferne sah, vorbeifuhr Richtung Holland, „aus einem Leben in ein anderes". Gemeint war damit, dass er damals Deutschland verließ, um sich im Ausland ein neues Leben aufzubauen, „vorbei an meiner Heimat und hinweg von einer Kultur, die ich gekannt und geliebt habe".[5] Dieses Bild vom Verlassen der eigenen Lebenswelt oder krasser formuliert: der Entwurzelung kennzeichnet zahlreiche Stationen seines Lebens: das erzwungene Verlassen des kindlichen Paradieses in Stommeln und anfangs auch noch in Rommerskirchen-Eckum und der Umzug nach Köln; die Deportation nach Theresienstadt; der Transport von dort nach Auschwitz und die immer rascher sich jagenden Verschiebungen in andere Arbeitslager. Auch nach der Befreiung dauerte es lange, bis er seinen Ort, wo er neue Wurzeln schlagen konnte, gefunden hatte. Die Stationen seines Lebens zeigen auch dessen Brüche: von Chicago zur Teilnahme am Krieg in Korea, die Rückkehr nach Chicago, dann die Niederlassung in Südfrankreich und schließlich erneut in den USA in Myrtle Beach S.C. Hier gelang es ihm

---

5   Wißkirchen (4), S. 262.

zusammen mit seiner Frau, sich ein bleibendes Zuhause für die Familie und damit eine neue Heimat zu schaffen.

Das Leidvolle an dieser durch viele Entwurzelungen geprägten Biographie ist die Zerstörung der Familie seiner Kindheit. Immer wieder taucht in den Äußerungen von Rudy Herz dieser Begriff auf. Im Interview sagte er 1991: „Wir haben die Holocaustopfer in unserer Familie gezählt, es ist eine traurige Bilanz; von den 64 direkten Familienangehörigen – Tanten, Onkel, Brüder und Schwestern – sind mein Bruder [Karl Otto] und ich die beiden einzigen Überlebenden"[6] – und, so müsste man noch ergänzen, sein zum Katholizismus konvertierter Onkel Hermann Jacobsohn. Wenn er vom Ghetto Theresienstadt und vom „Familienlager" in Auschwitz-Birkenau spricht, vergisst er nie zu erwähnen, dass die Familienmitglieder sich noch treffen konnten und es insofern noch letzte Reste eines „Familienlebens" gab. Erst als er und sein Bruder Alfred 1944 in das Lager Schwarzheide weitertransportiert wurden und ihre Eltern und Geschwister zurückließen, war das, was ihm bisher noch Halt gegeben hatte, endgültig zerstört.

Das Schicksal hat Rudy Herz über den halben Globus getrieben, aber im Grunde seines Herzens ist er ein bodenständiger Mann, einer, der tiefe, dauernde Wurzeln in den Boden treiben möchte. Und deshalb ist der ihm widerfahrene antijüdische Ostrakismus doppelt schmerzlich. „Bodenständigkeit" meint hier im metaphorischen Sinne die enge Verbindung mit der eigenen Familie und mit der menschlichen und kulturellen Gemeinschaft, in die er als kleines Kind hineinwuchs. Wie prägend für ihn diese Verbindung war, zeigt sich auch darin, dass er, obwohl seit mehr als einem halben Jahrhundert nicht mehr im deutschen Sprachraum lebend, seine rheinisch gefärbte Aussprache behalten hat – und er ist stolz darauf und fragt im Gespräch nach, ob man ihn als Rheinländer oder Stommelner noch akzeptiere. Und in Momenten, in denen er ganz spontan reagiert, greift er plötzlich zum Kölschen Dialekt; so, als der Stommelner Ferdi Schall ihm ganz überraschend am Ende einer Veranstaltung am 14. Februar 2011 ein mehr als hundert Jahre altes Schild überreichte, das einmal am Haus seines Großvaters in Stommeln ange-

---

6   South Carolina Voices.

bracht war und dieses als das Stommelner Postamt (bis 1905) auswies: „Ich kann et nit jläuve!!", entfuhr es ihm, völlig überwältigt. Der Refrain in Willi Ostermanns 1936 entstandener Liebeserklärung an seine Vaterstadt Köln („En Köln am Rhing ben ich gebore") treibt ihm auch heute noch Tränen in die Augen:

„Wenn ich su an ming Heimat denke
un sin d'r Dom su vör mer ston,
|: mööch ich direk op Heim an schwenke,
ich mööch zo Foß no Kölle gon. :|

Rudy Herz ist mit seiner rheinischen Heimatverliebtheit kein Einzelfall, sondern eher ein typischer Rheinländer. Als 1925, im Geburtsjahr von Rudy Herz, in den Kölner Messehallen die große „Jahrtausendausstellung der Rheinlande" ausgerichtet wurde, gab es darin auch eine Abteilung „Juden und Judentum im Rheinland", in der der Anteil der Juden an rheinischer Kultur seit anderthalb Jahrtausenden dokumentiert wurde. Bernhard Falk, aus Bergheim/Erft gebürtig und einflussreicher liberaler Politiker in Köln, veröffentlichte aus diesem Anlass in der „C.V.-Zeitung", dem Zentralorgan des „Centralvereins deutscher Staatsbürger jüdischen Glaubens", einen Artikel unter der Überschrift „Der deutsche Jude auf rheinischer Erde".[7] Darin bekennt er sich mit Herzblut zu seiner rheinischen Heimat: „Die Sehnsucht zum Rheinland, die Liebe zur Heimat geben dem Wollen und Denken des Rheinländers Richtung und Ziel. [...] Das gilt selbstverständlich [...] auch für uns rheinische Juden." Falk will nicht auf seine jüdische Identität eingeengt werden, sondern als Rheinländer verstanden werden. Die jüdischen Rheinländer hätten trotz Wellen der Verfolgung seit 1500 Jahren wichtige Beiträge zur rheinischen Kulturgemeinschaft geleistet. Zugleich verweist er auf die 12 000 jüdischen Soldaten, die im Ersten Weltkrieg für ihr deutsches Vaterland gestorben sind, und auf „nicht wenige rheinische Deutsche jüdischen Glaubens, die in den furchtbar schweren Tagen des Separatismus mit Standhaftigkeit und Treue dem Vaterlande gedient haben". Sein persönliches Bekenntnis zu seiner rheinisch-deutsch-jüdischen Identität gipfelt – nach dem Hinweis, dass auch ins Rheinland der Antisemitismus

---

7   Pracht-Jörns (2), S. 223–227.

„hereingetragen" worden sei – in der politischen Forderung: „Wir haben ein Recht, anerkannt zu werden als das, was wir sind und was wir sein wollen: *Gleichberechtigte, freie deutsche Bürger*. Unser deutsches Vaterland, unsere Zugehörigkeit zum deutschen Volke lassen wir uns nicht aus dem Herzen reißen. Wie wir den angestammten Glauben als hohes Erbgut bewahren und unseren Kindern übermitteln wollen, so betrachten wir unser Deutschtum als Erbe der Väter, das wir rein und unverfälscht unseren Nachkommen erhalten wollen und werden."[8]

Auch Rudy Herz verstand sich selbst als Rheinländer und Deutschen jüdischen Glaubens, aber seine Heimat hat ihm so zu leben nicht erlaubt. Welch tiefe seelische Verletzung das bedeutet, wird in einem Abschiedsbrief des bedeutenden jüdischen Kölner Industriellen Max Meirowsky deutlich, den er am 31. März 1938 nach seiner Emigration an einen langjährigen Mitarbeiter schrieb:

„Wenn Sie diese Zeilen erhalten, habe ich mein Vaterland verlassen, welches bis in mein hohes Alter meine Heimat gewesen ist und es heute nicht mehr zu sein wünscht; ich füge mich ohne Groll, mein Herz und meine Gedanken werden ihm auch in der Fremde gehören!"[9]

Die „Bodenständigkeit" von Rudy Herz meint auch ganz wörtlich seine Liebe zum Landleben, die Nähe zu den Feldern und Gärten, die er als Kind durchstreifte; das Spielen am Gillbach, an den der große Garten der Großeltern väterlicherseits in Butzheim angrenzte. Nach dem Kriege hat er zwar 17 Jahre lang, nur unterbrochen durch den Kriegseinsatz in Korea, in der Millionenstadt Chicago gelebt, aber richtig heimisch ist er dort nicht geworden. Er braucht den freien Blick auf Bäume und Sträucher, den Geruch der Erde, den Rhythmus des Lebens in der Natur. Um sich selbst zu charakterisieren, verglich er sich im Gespräch einmal mit dem libyschen Riesen Antaios aus der griechischen Sage, dem Sohn des Meeresgottes Poseidon und der Erdgöttin Gaia, der so lange unüberwindlich war, wie er seine Mutter, die Erde, berührte, die bei jedem Kontakt neue Kraft in ihn strömen ließ. Herakles aber besiegte und tötete ihn, indem er ihn hochhob, sodass er die Erde nicht

---

8   Pracht-Jörns (2), S. 225.
9   Wessel, S. 141f.

berühren konnte und seine Kräfte schwanden. Rudy Herz widerfuhr das gleiche durch den Holocaust. In immer brutaler aufeinander folgenden Stufen wurde ihm der Boden unter den Füßen entzogen, ihm schließlich seine Familie und seine Heimat genommen. Lange suchte er nach einem Ort, wo er Wurzeln treiben und bodenständig werden konnte, bis er ihn schließlich zusammen mit seiner Frau Ursula in Myrtle Beach S.C. fand, wo beide eine Baumschule gründeten und für ihre bald fünfköpfige Familie ein neues Zuhause schufen.

Seine Biographie spiegelt so viele Aspekte des Holocausts, dass sie als exemplarisch gelten kann. Sie ist ein gelebter, empathisch nachvollziehbarer Schlüssel, der die Tür öffnet in eine monströse Welt des politischen und menschlichen Verbrechens, die als ganze zu begreifen unser Fassungsvermögen übersteigt. Das Nachdenken über sein Leben führt nicht zum Verstehen und Erklären der staatlich praktizierten Unmenschlichkeit, aber es gibt den menschlichen Tragödien, die der Holocaust bewirkte, individuelle Gesichter, auf die der Leser mit seinen Gefühlen reagieren kann und die deshalb nachdrücklicher Auskunft geben können über die Unmenschlichkeit der Naziverbrechen als statistische Zahlen und allgemeine Überblicke.

Die Biographie von Rudy Herz ist auch exemplarisch für die Schwierigkeiten, nach 1945 wieder Fuß zu fassen und ein neues Leben aufzubauen. Unter Schmerzen und trotz aller Widrigkeiten ist es ihm zusammen mit seiner Frau Ursula gelungen.

Empathie zu ermöglichen ist Ziel dieser Veröffentlichung. Sie geht deshalb nicht von einem allgemeinen wissenschaftlichen Ansatz an das Thema heran, sondern will ganz nahe bei der Person des Rudy Herz bleiben, sie will ihm selbst eine Stimme geben – allerdings nicht im Sinne einer Autobiographie, sondern gefiltert durch das kritische Bewusstsein eines Dritten. In den vielen seit den 1980er Jahren entstandenen autobiographischen Zeugnissen[10] hat er selbst den Grundtenor der Darstellung vorgegeben; sie kommen durch umfangreiche wörtliche Zitate zu Wort.

---

10 Vgl. die Aufstellung im Quellenverzeichnis.

Kindheit in Stommeln und Rommerskirchen-Eckum

Rudy Herz entstammt einer alteingesessenen jüdischen Familie in Stommeln, einem vor dem Zweiten Weltkrieg fast rein katholischen Bauerndorf von etwas mehr als 2 000 Einwohnern im westlichen Kölner Umland. Der Lößboden ist hier fruchtbar, Zuckerrüben und Getreide gedeihen prächtig, für soziale Umbrüche, wie die Industrielle Revolution sie mit sich brachte, bestand lange kein Anlass. 1891 zählte man 445 Haushaltungen, von denen 433, also 97 Prozent, Viehzucht betrieben; es gab 266 Pferde, 1031 Stück Rindvieh, 890 Schweine und 340 Schafe und Ziegen.[11] Bis in die 1920er Jahre änderte sich daran nichts Grundlegendes. Der „Stommeler Buur", der auf den Kölner Märkten seine Produkte verkaufte, war im dortigen Karneval eine bekannte Type und im Alltag ein geflügeltes Wort.

Schon im Mittelalter lebten Juden in Stommeln. Im Pestjahr 1349, als eine mörderische antijüdische Pogromwelle auch über das Rheinland schwappte, wurde ihre kleine *Kehillah* jedoch ausgelöscht. Seit dem 18. Jahrhundert sind Juden dann wieder kontinuierlich nachweisbar; im 19. Jahrhundert waren es etwa sechzig, bis kurz nach dem Ersten Weltkrieg immerhin noch etwa vierzig Personen. Anfangs waren es mehrheitlich armselig lebende Trödlerjuden, die sich im 19. Jahrhundert jedoch zu Geschäftsleuten, Vieh- und Pferdehändlern, Metzgern und Immobilienmaklern hocharbeiteten. In der Geschichte der Stommelner Synagoge, dem geistigen Zentrum der kleinen jüdischen Gemeinschaft, spiegelt sich der soziale Aufstieg wider. Hatte man sich zum Beginn des 19. Jahrhunderts mit einem nur behelfsmäßig in einem ehemaligen Stall hergerichteten gemeinsamen Betraum begnügen müssen, konnte man 1831 durch den Umbau eines ehemaligen Stallgebäudes eine Fachwerk-Synagoge einrichten. An gleicher Stelle baute man 1882 in Backstein eine neue Synagoge, die als Gebäude bis heute erhalten ist. Ihre bescheiden-repräsentative Fassade zeigt ein neues jüdisches Selbstbewusstsein.

---

11 Wißkirchen (1), S. 108.

Stommelner Vorfahren
Die Familie Kappel/Jacobsohn, der Rudy Herz mütterlicherseits entstammt, lebte seit vier Generationen in Stommeln und war bei der Bevölkerung wohlgelitten. Als die Urgroßmutter Amalie Kappel geb. Kaufmann am 4. Januar 1928 ihren 98. Geburtstag feierte, nahm der ganze Ort daran Anteil. Pfarrer Paul Mertens, im katholischen Stommeln damals die wichtigste geistig-moralische Autorität, überbrachte die Glückwünsche der Pfarrgemeinde und notierte in der Pfarrchronik, die Jubilarin sei „überall beliebt wegen ihrer Hülfe an Kranken und Schwachen".

Amalie Kappel geb. Kaufmann stammte aus Nierendorf[12] bei Remagen. Als junge, unverheiratete Frau hatte sie im Geschäftshaus Politz am Carlsplatz in Düsseldorf eine Anstellung gefunden, die nicht zuletzt ihrer Ausbildung für die selbständige Leitung eines Hausstandes diente. Es war ein liberal-bürgerliches, gastliches Haus, in dem der Dichter Ferdinand Freiligrath, der 1849/50 in Düsseldorf-Bilk wohnte, ebenso verkehrte wie der von der Polizei überwachte Ferdinand Lassalle, einer der späteren Gründer der deutschen Sozialdemokratie. Das in der Küche dieses Hauses gelernte Rezept für das Schabbesgericht *Schalet* wurde in der Familie Kappel/Jacobsohn von Generation zu Generation weitergegeben.

Nach ihrer Hochzeit am 20. Mai 1859 mit Abraham Kappel aus Stommeln zog sie zu ihrem Mann und lebte dann siebzig Jahre lang in diesem Ort. Sieben Kinder wurden geboren, von denen drei jedoch schon kurz nach der Geburt bzw. als Kleinkinder verstarben. Die älteste Tochter Bertha (*20.10.1861) starb als junge Frau bei der Geburt ihres zweiten Kindes im Kindbett. Die Söhne David (*4.1.1867) und Salomon (*22.11.1868) gingen in den 1890er Jahren nach Brüssel und Mons in Belgien, wo sie Textilunternehmen (Einzel- und Großhandel) gründeten. 1895 wechselte David nach Antwerpen, wo er sich eine neue, große Textilhandlung aufbaute. Kurz vor dem Ersten Weltkrieg besuchte die seit 1911 verwitwete und inzwischen 84-jährige Mutter noch einmal ihre beiden ausgewanderten Söhne in Belgien.

---

12 Die Eltern kamen aus Kuckhof bei Rosellen, Kreis Neuss. Vgl. Backhausen (2), S. 135.

Es war ihre letzte Reise. Auch das nahe Köln hat sie seitdem nicht mehr besucht. Sie blieb in Stommeln im Hause Landstraße 7, betreut von ihrer Tochter Henriette (*27.7.1864), die zwar nach ihrer Heirat mit Jakob Jacobsohn ihrem Mann zuerst nach Frechen gefolgt war, wo er ein kleines Textilgeschäft betrieb, dann aber nach dem Tode des Vaters 1911 mit ihm nach Stommeln zurückkam, um sich um die Mutter zu kümmern und den kleinen Laden des Verstorbenen im Haus Landstraße 9 weiterzuführen. Weil dieser aber zu wenig abwarf, gaben sie ihn sehr bald auf. Henriette war als zweijähriges Mädchen an Kinderlähmung erkrankt, was zur Verkrüppelung eines Fußes führte. Ihr Leben lang war sie dadurch in ihrer Bewegungsfähigkeit behindert.

Jakob Jacobsohn hatte das Glück, dass seine Schwester in der Kölner jüdischen Gemeinde beschäftigt war und dort die jüdischen Inhaber des Hobelwerkes Dülken & Co. in Köln-Porz kennengelernt hatte. Hier fand er als Lagerarbeiter eine Anstellung. Von 1913 bis 1933 fuhr er jeden Morgen, eine Aktentasche unter dem Arm, von Stommeln bzw. ab 1931 von Eckum aus mit der Eisenbahn nach Porz zur Arbeit.[13]

Am 4. Januar 1929 beging die krebskranke Witwe Amalie Kappel geb. Kaufmann ihren 99. Geburtstag, den man aber als Beginn ihres hundertsten Lebensjahres groß feierte. Die Nachbarschaft bekränzte ihr Haus, im Ort wurden die Fahnen herausgehängt, und die in Stommeln gelesene Tageszeitung „Kölner Tageblatt" schickte einen Reporter, um ihr zu gratulieren. Zwei Tage später erschien sein umfangreicher Bildbericht (s. BT 14), in dem er die vielen Gratulanten aufführte, in blumenreichen Formulierungen die Verdienste und das Ansehen der Jubilarin würdigte und schließlich in sentimentaler Gemütsbewegung sein Innerstes offenbarte:

„Ein wenig zusammengesunken saß die Frau in ihrem Stuhl, das Gesicht von vielen kleinen Fältchen durchzogen. Es lag so viel Weisheit und Würde in den Zügen der Jubilarin, daß man von Ehrfurcht ergriffen wurde."[14]

Zum Beweis der bodenständigen Generationenfolge hatte der Fotograf die fast Hundertjährige zusammen mit Tochter, Enkelin und

---

13 Vgl. zum Voranstehenden: Wißkirchen (10), Bd. 2, S. 205f.; Backhausen (2), S. 135.
14 Kölner Tageblatt, 6.1.1929; Wißkirchen (2), S. 34f.

Urenkel auf einer Bank abgelichtet. Vier Generationen halten sich die Hände: Amalie Kappel, Tochter Henriette Jacobsohn geb. Kappel, Enkelin Karoline (Lily)[15] Herz geb. Jacobsohn und ein Urenkel, vermutlich Alfred Herz.

Wenige Wochen später verstarb Amalie Kappel und wurde am 1. März 1929 auf dem jüdischen Friedhof in Stommeln beerdigt. Ihre mit abgebildeten Nachfahren wohnten von Geburt an in Stommeln, aber ihnen war es nicht vergönnt, dort alt zu werden und zu sterben; sie alle wurden Opfer des Holocausts: Henriette Jacobsohn im Ghetto Theresienstadt, Lily Herz in der Gaskammer in Auschwitz, Alfred Herz im KZ Bergen-Belsen. Das Foto, gedacht als Zeichen bodenständiger Verwurzelung in der Dorfgemeinschaft, macht ungewollt den Riss deutlich, mit dem die Nationalsozialisten das christlich-jüdische Zusammenleben in Deutschland zerstörten. Selbst die noch in Stommeln verstorbene Amalie Kappel wurde davon betroffen; ihr Grab auf dem jüdischen Friedhof ist nicht mehr auffindbar, weil der Grabstein offenbar den Verwüstungen der SA vom 10. November 1938 („Reichspogromnacht") zum Opfer fiel und nach dem Zweiten Weltkrieg zusammen mit anderem Grabsteinschutt von einem benachbarten Bauherrn für Aufschüttarbeiten am Hang hinter seinem Haus abgefahren wurde. Sie erlitt noch nach ihrem Tod das jüdische Schicksal der Auslöschung.

Der Fotograf hatte 1929 die Vierergruppe mit Bedacht auf einer Bank vor dem Backsteinhaus der Familie gruppiert und nicht etwa im zurückliegenden Hof und Garten. Er mag es der Lichtverhältnisse wegen getan haben, aber vielleicht auch, weil ihm der öffentliche Raum der Straße passend schien – handelte es sich doch nicht nur um ein Familien-, sondern zugleich auch um ein Dorffest, an dem alle Anteil nahmen. Die seit dem Mittelalter überkommene Segregation der Juden in all ihren Erscheinungsformen schien damals endgültig der Vergangenheit anzugehören. Eine alteingesessene jüdische Familie präsentierte sich nicht ohne Stolz vor ihrem stattlichen vierachsigen, zweigeschossigen Backsteinhaus an der Hauptdurchgangsstraße des Ortes, das Heimstatt der Familie war für mehrere Generationen, bis 1931.

---

15 Die Rechtschreibung mit einem „l" entspricht Lilys eigener Schreibweise.

Erbauer des Hauses war der Ehemann der Jubilarin, Abraham Kappel, der 84-jährig am 24. August 1911 verstorben war.[16] In einer Auflistung des Stommelner Bürgermeisters aus dem Jahr 1853 wird der damals 26-Jährige als „Tagelöhner" bezeichnet, der „Aufträge anderer Juden" verrichte.[17] Nach seiner Heirat 1859 mit Amalie Kaufmann hat er dann wohl in dem kleinen Häuschen Landstraße 9[18] einen kleinen Krämerladen betrieben. Trotz der offensichtlich bescheidenen Lebensumstände der kinderreichen Familie war Abraham Kappel in der jüdischen Gemeinde angesehen und wurde zum stellvertretenden, 1888 sogar zu ersten Vorsteher gewählt.

Erstaunlich ist, dass Abraham Kappel vor 1890 in der Lage war, neben seinem Häuschen das bis heute erhaltene stattliche Backsteinhaus zu errichten. Vermutlich war ihm das nur möglich durch einen langfristigen Mietvertrag mit der Deutschen Reichspost, die ein neues Domizil für ihre Post- und Telegrafenstation in Stommeln brauchte. Es war ein Postamt III. Klasse, geleitet von einem Postverwalter, das sich zwischen 1890 und 1905 im Erdgeschoss des Gebäudes befand (s. BT 9).[19] Die Ortslage war günstig, weil entlang der Venloer Straße überirdische Telegrafenleitungen verliefen. Die Wohnräume befanden sich im Obergeschoss.

Lily und Ernst Herz

Hier lebten nach dem Tod des Vaters die Tochter Henriette Jacobsohn und ihr Mann Jakob mit den drei Kindern, darunter die am 5. März 1901 geborene Mutter von Rudy Herz. Man hatte ihr den Namen Karoline gegeben, der in der Familie ihres Vaters Jakob Jacobsohn, der aus Hönningen stammte[20], Tradition hatte. Als das Kind anfing zu sprechen, hatte es Schwierigkeiten mit der Aussprache; es nannte sich selbst immer

---

16 Vgl. Grabstein auf dem jüdischen Friedhof in Stommeln; danach am Abend des Schawuot (Offenbarung der Tora am Sinai) = Mai/Juni 1827 geboren; vgl. Backhausen/Schneider, S. 229f. (mit abweichenden Angaben).
17 Wißkirchen (10), Bd. 1, S. 223.
18 Heute steht an der Stelle ein Nachfolgehaus mit der Adresse: Venloer Str. 565.
19 Vgl. Wißkirchen (10), Bd. 1, S. 390f. Das außen angebrachte Emailleschild „Post und Telegraph / Landstrasse 7." ist erhalten; es befindet sich heute in Wilmington N.C. (USA) im Haus des Schwiegersohnes von Rudy Herz, Jim Thomas.
20 Geboren am 15.7.1868, gestorben am 4.11.1934 in Stommeln; sein Grabstein ist auf dem jüdischen Friedhof in Stommeln erhalten.

„Lily". Das wurde dann in der Familie als ihr Kosename und später in der Öffentlichkeit als ihr Rufname übernommen.[21]

Mit zwei Brüdern wuchs Lily heran: mit dem fast sechs Jahre älteren Hermann, der die Nazizeit im Kölner Untergrund überlebte[22], und dem gut vier Jahre älteren Siegfried, der als Kriegsfreiwilliger zu Beginn des Ersten Weltkrieges am 28. Dezember 1914 in Frankreich kurz nach seinem 18. Geburtstag fiel.[23] Die Eltern hatten ihren Kindern „deutsche" Namen gegeben, wie Kaiser des Mittelalters sie trugen, weil sie in ihrem Selbstverständnis ihrem vaterländischen Patriotismus den Vorrang gaben vor ihrem Judesein.

Lily besuchte die Volksschule in Stommeln. Einen Beruf hat sie nicht erlernt. Als herangewachsenes Mädchen, um 1919/20, besuchte sie aber in Konstanz das private jüdische Töchterpensionat mit Haushaltungsschule der Schwestern Anna und Irma Wieler, wo man, wie der Sohn augenzwinkernd meint, den Mädchen „die bäuerlichen Manieren auszutreiben und die Sitten höherer Töchter beizubringen"[24] versuchte und sie in allen Dingen unterwies, die zur Führung eines Haushaltes wichtig waren. Ihr Bruder Hermann, der als Jungunternehmer in Köln

---

21 Rudy Herz, Interview 12.2.2011.
22 Geboren am 5.7.1895 in Köln, gestorben am 2.12.1990 in Köln.
23 Geboren am 11.11.1896 in Frechen, gefallen am 28.12.1914 in Frankreich.
24 Rudy Herz, Interview 16.2.2011. – Norbert Fromm vom Stadtarchiv Konstanz teilte mir am 18.7.2011 freundlicherweise zu diesem Pensionat mit: „Die jüdischen Schwestern Anna und Irma Wieler gründeten 1912 ein internationales Töchter-Pensionat mit Haushaltungsschule in der Hebelstr. 6 (zeitweise Wirtschaft ‚Zum Seegarten'). Anna war ausgebildete Lehrerin und Irma die Pensionatsvorsteherin. Schon nach kurzer Zeit musste das Gebäude umgebaut und durch den Neubau eines Pensionats erweitert werden (Hebelstr. 8). Das Institut beherbergte zeitweise über 50 Mädchen und war weit bekannt. 1939 wurde es beschlagnahmt und dem städtischen Krankenhaus zur Verfügung gestellt. Irma wurde am 24.4.1942 aus Konstanz nach ‚unbekannt' deportiert – wahrscheinlich in ein Vernichtungslager im Osten. Die letzte Adresse von Anna Wieler war Stuttgart, Adalbert-Stifter-Str. 107 (21.4.1941). Was mit ihr geschehen ist, entzieht sich meiner Kenntnis." Im Gedenkbuch des Bundesarchivs finden sich folgende Angaben: Irma Wieler: geb. am 6.4.1882 in Konstanz, ab Stuttgart am 26.4.1942 in das Ghetto Izbica (bei Lublin) deportiert, von dort vermutlich weitergeleitet nach Belzec oder Sobibór; für tot erklärt. Anna Wieler: geb. am 7.6.1889 in Konstanz, ab Stuttgart am 1.12.1941 in das Außenlager des Rigaer Ghettos Riga-Jungfernhof deportiert. Von den 3984 dorthin deportierten Personen sind nur 148 Überlebende bekannt; Gottwaldt/Schulle, S. 115.

damals sehr erfolgreich war, hatte wohl veranlasst, dass sie das Pensionat besuchte, und kam auch für die nicht unerheblichen Kosten auf. Die Eltern wären finanziell dazu kaum in der Lage gewesen.

Für eine junge jüdische Frau, die die Vorschriften der kascheren Zubereitung von Speisen einhalten wollte, gab es im Mädchenpensionat viel zu lernen. Lily Herz hat sich daran ihr Leben lang gehalten. Ihre katholische Nichte Helga berichtet von einem Besuch bei ihr, wo man nach dem Essen angeboten habe, in der Küche mitzuhelfen beim Spülen; sie habe höflich abgelehnt: „Ihr bringt mir doch nur alles durcheinander" – denn die katholischen Verwandten wussten nichts von der Unterscheidung zwischen fleischigem und milchigem Geschirr und Besteck und vielem anderen mehr.

Am 6. Mai 1923 wurde Hochzeit gefeiert: Die inzwischen 22-jährige Lily Jacobsohn heiratete den 30-jährigen Ernst Herz aus dem nahen Butzheim am Gillbach. Aus Neuss war der Kantor und Lehrer Benno Nußbaum (1880–1944)[25] nach Stommeln angereist. Unter dem in der Synagoge aufgebauten Traubaldachin (*Chuppa*) wurde nach aschkenasischem Brauch die Hochzeitszeremonie vollzogen, begleitet von den wiederholten „*Masel tov!*"-Rufen („Herzlichen Glückwunsch!") der großen Hochzeitsgesellschaft. Zu Hause stellte man sich schließlich vor der Hausfront zu einem Gruppenfoto auf (s. BT 13) – in der Mitte das Brautpaar, vor ihm auf einem Ehrenplatz die Oma Amalie Kappel, eingerahmt von den Eltern der Brautleute: Henriette Jacobsohn und Helene Herz innen, Max Herz und Jakob Jacobsohn mit fescher Schirmmütze außen. Unter den Gästen waren auch die Geschwister des Bräutigams: Meta[26], Selma[27], Henriette verh. Kaufmann[28], Siegfried. Hermann Jacob-

---

25 Er war am 18. Februar 1880 in Helsdorf geboren und wurde am 11.12.1941 mit dem Transportzug „Do 38" ab Düsseldorf-Derendorf nach Riga deportiert und dort im März 1944 erschossen. Vgl. Gedenkbuch. In der Grünanlage in der Promenadenstraße in Neuss erinnert heute ein Mahnmal an ihn, das im November 1995 vom Ulrich Rückriem geschaffen wurde.

26 Geboren am 27.6.1888 in Butzheim, ledig, von Köln aus am 30.10.1941 nach Łódź deportiert, verschollen. Corbach (2), S. 353.

27 Geboren am 29.12.1890 in Butzheim, ledig, von Köln aus am 30.10.1941 nach Łódź deportiert, verschollen. Corbach (2), S. 353.

28 Geboren am 21.11.1895 in Butzheim, von Niederbardenberg aus am 20.7.1942 nach Minsk deportiert, zusammen mit der ganzen Familie: Ehemann Moritz Kaufmann, geboren am 8.12.1892 in Gindorf, und den in Nettesheim geborenen Kin-

sohn, der Bruder der Braut, fehlt auf dem Foto; er war der Fotograf. Es ist ein Erinnerungsfoto an glückliche Tage einer jüdischen Großfamilie mit ihren Freunden, aber zugleich auch ein Gedenkfoto für zahlreiche Opfer des Holocausts. Soweit sie nicht vorher verstarben, sind alle Personen auf dem Gruppenfoto entweder vor der Verfolgung durch die Nationalsozialisten ins Ausland geflohen oder deportiert und ermordet worden. In eine große Familie wurde Rudy Herz hineingeboren mit bald zahlreichen Cousinen und Vettern, und die Tragödie seines Lebens ist, dass deutsche Staatsorgane ihm diese Familie mit mörderischer Gewalt schrittweise fast vollständig genommen haben.

Rudy Herz wuchs unter anfangs vier, schließlich sogar sechs Geschwistern auf. Ein Foto aus dem Jahr 1934 (siehe BT 16) zeigt die Mutter mit ihren vier ältesten Kindern, die alle in Stommeln im Haus Venloer Straße gewohnt haben, 1931 dann aber nach Rommerskirchen-Eckum umgezogen sind: Alfred (*29.4.1924), Karl Otto (*9.4.1928), Rudolf (*23.8.1925) und Walter (4.8.1930). Urdeutsche Namen hatte man für die Kinder ausgesucht, keine jüdischen. Auch die Tochter Johanna, die am 25.4.1938 noch im Stommelner Krankenhaus geboren wurde, trug einen deutschen Namen. In Stommeln gewohnt hat sie jedoch nicht mehr. Die Familie, die seit 1931 in Rommerskirchen-Eckum gelebt hatte, war bereits 1936 in die Großstadtanonymität Kölns geflohen, um sich vor wachsender Verfolgung auf dem Lande zu schützen. In Köln wurde am 2. Januar 1942 der jüngste Sohn Jona geboren, der als Zweieinhalbjähriger auf dem Arm seiner Mutter in der Gaskammer in Auschwitz starb. Er trägt einen eindeutig jüdischen Namen – nicht weil die Eltern es so wollten, sondern weil der nationalsozialistische Staat es so vorschrieb. Im August 1938 hatten die Reichsminister des Innern und der Justiz verordnet: „Juden dürfen nur solche Vornamen beige-

---

dern Klara (*5.7.1926), Günther (*20.12.1928), Manfred (*10.9.1932) und Hilde (*4.8.1933). Corbach (2), S. 518.– Vor dem ehemaligen Wohnhaus der Familie in Nettesheim, Martinusstraße 10, liegen sechs Stolpersteine von Gunter Demnig. 1938 hat die Familie ihren Heimatort verlassen müssen und wurde nach Herzogenrath-Niederbardenberg eingewiesen, wo damals ein Lager für über 200 Juden entstand. In dem Transport nach Minsk vom 20.7.1942 saßen 220 Personen aus diesem Judenlager, das damals offensichtlich komplett geräumt wurde. Vgl. Transportliste in: Corbach (2), S. 496–552.

legt werden, die in den vom Reichsminister des Innern herausgegebenen Richtlinien über die Vornamen aufgeführt sind", d. h. nur solche, die eindeutig als jüdisch zu erkennen waren. Wer bereits einen anderen Vornamen trug, musste zukünftig den zusätzlichen Vornamen „Israel" bzw. „Sara" führen.[29] Den Eltern „Ernst Israel Herz" und „Lily Sara Herz" blieb also keine Wahl. Als deutsche Patrioten waren sie erzogen worden und hatten sich bisher so gefühlt, aber jetzt durften sie es nicht mehr sein. Seit den Nürnberger Rassegesetzen von 1935 waren sie keine „Reichsbürger" mehr, sondern nur noch „Staatsangehörige" minderen Rechts. Die Reichsflagge mit dem Hakenkreuz durften sie nicht mehr hissen, auch nicht die Reichsfarben Schwarz-Weiß-Rot zeigen, sondern nur noch „jüdische Farben".[30]

Von diesen bevorstehenden Schrecken ahnte die junge Familie in Stommeln nichts, als 1925 ihr zweiter Sohn Rudolf, liebevoll „Rudi" genannt, geboren wurde. Heute, als amerikanischer Staatsbürger, verwendet er den deutschen Namen Rudolf im Alltag nicht mehr, und die Schreibweise seines Rufnamens hat er in „Rudy" amerikanisiert. Im Kleinen spiegelt sich in dieser orthographischen Änderung sein ganzes Schicksal wider, und der Respekt davor gebietet es, dass sein Vorname in diesem Buch nur in der angenommenen Schreibweise „Rudy" verwendet wird.

Frühe Kindheitserinnerungen

Typische frühkindliche Erinnerungen verbinden Rudy Herz bis heute mit seinem Geburtsort Stommeln. Alte Ortsbilder haben sich ihm tief eingeprägt: der langgezogene, große Platz („Dorfanger") im Zentrum; die Windmühle, die über die Häuserzeile am Josef-Gladbach-Platz in den Ort schaut; alte Backstein- und Fachwerkhäuser; auch der rustikal-bäuerliche Umgangston der Menschen und der deftige Singsang des damals noch allgemeinen, ihm bis heute wohlvertrauten Stommelner Dialekts.

---

29 Zweite Verordnung zur Durchführung des Gesetzes über die Änderung von Familiennamen und Vornamen. RGBl. 1938 I, S. 1044.
30 Gesetz zum Schutz des deutschen Blutes und der deutschen Ehre vom 15.9.1935. RGBl. 1935 I, S. 1146.

Eng war und ist seine Bindung an die Mutter. Im Gegensatz zum eher wortkargen und ernsten Vater war sie eine fröhliche und mitteilsame Natur, liebte die Musik, tanzte gern, konnte fröhlich sein in fröhlicher Runde, sorgte aufopfernd für ihre Kinder. Die Familie besaß zu Hause ein Grammophon und einige Schallplatten mit Schlagern, die in den Goldenen Zwanzigern beliebt waren und „in die Beine gingen". Lily Herz hörte sie gerne und sang und tanzte dazu. Bis heute erinnert Rudy Herz sich an einen Schlager, den die Mutter zu Hause sang:

„Gestern Abend Rendezvous,
Mond und Sternlein schauten zu.
Das war knorke!
Als wir später kehrten heim,
kam sie nicht mehr ins Haus hinein.
Das war knorke! Das war knorke!
Denn sie blieb die Nacht bei mir.
Das war knorke!"

Die Lebensfreude, die von dem Lied und der zur Schallplatte mitsingenden Mutter ausging, ist Rudy Herz aus glücklichen Kindertagen bis heute haften geblieben.[31] Aber er betont, dass seine Mutter auch Opernmusik liebte. Besonders Richard Wagners „Tannhäuser" hatte es ihr angetan.

Sie teilte auch die Faszination der jungen Generation durch den Stummfilm, der künstlerisch seit der Mitte der 1920er Jahre seinen Höhepunkt erreichte und weltberühmte Stars hervorbrachte. Selbst in Dörfern, so auch in Stommeln, wurden Tanzsäle zu Lichtspieltheatern umfunktioniert. Lily Herz schwärmte von Rudolph Valentino, einem gutaussehenden italienischen Stummfilmstar. Als sie mit Rudy schwanger war, hatte sie ihn im Kino gesehen, und nach Ansicht des Sohnes ist sein Vorname nicht nur der deutschen Geschichtsträchtigkeit des Namens „Rudolf" geschuldet, sondern auch der kineastischen Schwärmerei seiner Mutter.[32]

Rudy Herz erinnert sich, dass seine Eltern gelegentlich nach Grevenbroich fuhren, wo die jüdische Jugend aus den Orten an der Erft sich

---

31 Rudy Herz, Interview 16.2.2011.
32 Ebd.

privat oder zu öffentlichen Tanzveranstaltungen traf. Die Kinder besuchten auch mit den Eltern Chanukka-Feiern der jüdischen Gemeinde Grevenbroich im November/Dezember. Gemeinsam gedachte man der Wiedereinweihung des zweiten jüdischen Tempels in Jerusalem nach dem Makkabäeraufstand und ließ es sich bei ölgebackenen Krapfen und *Latkes* (Reibekuchen) mit Apfelmus wohl ergehen. Die Kinder erhielten Süßigkeiten und kleine Geschenke. Zum Anzünden der acht Lichter des Channuka-Leuchters nach Einbrechen der Dunkelheit wurden Gebete gesprochen, fröhliche Lieder gesungen und die Chanukka-Geschichte erzählt.

Schmunzelnd erinnert Rudy Herz sich der beiden Gänse des Großvaters, „Christinchen" und „Kathrinchen" genannt; mit Berta Stock, die neunzehn Jahre älter war als er selbst und die er, wenig scharmant, in Anlehnung an die auch in den 1920er Jahren immer noch legendäre Wunderkanone des Ersten Weltkriegs die „dicke Berta" nannte, sammelte er entlang der Bahntrasse Richtung Rommerskirchen Grünfutter fürs häusliche Federvieh.[33]

In seinem Geburtsjahr floss noch der Stommelner Bach in einem offenen Graben durch den Ort, bevor er 1929, als er vier Jahre alt war, kanalisiert wurde und unter der Erde verschwand. Bis heute ist ihm die damalige Redensart geläufig, ein echter Stommelner sei man erst dann, wenn man einmal in „die Baach" gefallen sei. Ihm selbst, obwohl nach eigenem Bekunden ein „waschechter Stommelner", sei das jedoch nie passiert; dafür aber sei er in „die Gillbach" gefallen, die hinter dem Garten des Elternhauses seines Vaters in Butzheim floss.

Der Garten hinter dem Haus in Stommeln stieß an den der Apothekerin Maria Engels (1888–1974)[34], und dort befand sich „eine Walnussallee". Rudy Herz erinnert sich, wie er mit seinem älteren Bruder Alfred (Fredi) Knüppel in die Bäume warf und die heruntergefallenen Nüsse einsammelte.

„Wir haben sie auf dem Speicher ausgelegt, damit die Schalen herunterkamen. Als wir drei, vier Tage später hinaufgingen, um Nüsse zu essen, waren sie weg – unsere Mutter aß Walnüsse noch viel lieber als wir."[35]

---

33 Rudy Herz, Vortrag 14.2.2011.
34 Ihr Mann Ludwig Engels war 1922 gestorben.
35 Rudy Herz, Vortrag 14.2.2011.

Es sind ungetrübte, harmlose frühkindliche Erinnerungen, die Rudy Herz an seine ersten sechs Lebensjahre in Stommeln geblieben sind. Es war sein Kinderparadies. In einem Vortrag vor großem Stommelner Publikum am 14. Februar 2011 resümierte er:

„Wir waren ein Teil von Stommeln. Und für meine Zeit kann ich nicht sagen, dass ich je eine abfällige Bemerkung von einem Stommelner gehört hätte – obwohl mir der Onkel Hermann versichert hat: ‚Es gab da doch gewisse [Vorbehalte].' Z. B. war er in der Schule der ‚Güdde Hermann', meine Mutter war die ‚Güdde Lily', und ihr Bruder war eben der ‚Güdde Siegfried'. Aber sonst waren keine offenen antisemitischen Zeichen zu sehen, ich habe sie nie als Kind erfahren."[36]

Die Sprache brachte aber doch zum Ausdruck, dass man die Stommelner jüdischen Glaubens als Gruppe, als religiöse Minderheit wahrnahm, zudem eine Minderheit, der in kollektiver Schuldzuweisung über Jahrhunderte hinweg das Diktum anhaftete, Jesus gekreuzigt zu haben. Umgekehrt pflegte auch die kleine jüdische Gemeinschaft, um in der katholischen Mehrheitsgesellschaft überleben zu können, ein strenges Festhalten am jüdischen Herkommen. Insofern trugen beide Seiten dazu bei, dass der einzelne Jude immer als Angehöriger seiner Gruppe wahrgenommen wurde und Kontakte über diese Grenze hinweg in den meisten Fällen nicht die Intensität erreichten wie innerhalb des eigenen Gruppenverbandes.

An Kleinigkeiten kann man es beobachten. Als 1925 die greise Amalie Kappel sich aufmachte, um im Wahllokal in der Schule Eschgasse ihre Stimme bei der Reichspräsidentenwahl abzugeben, machte ihr Enkel Hermann Jacobsohn von ihr und einigen Personen um sie herum ein Foto. Es sind ausschließlich Juden. Das Foto macht das Gruppenbewusstsein evident. Und wenn der kleine Rudy Herz nach eigenem Bekunden wiederholt mit der viel älteren Berta Stock den Bahndamm entlang gestreift ist und Grünfutter für Opas Gänse gerupft hat, dann bestätigt das das Zusammengehörigkeitsgefühl der jüdischen Stommelner, in dem zugleich eine mentale Abgrenzung von der christlichen Dorfbevölkerung mitschwang.

---

36 Rudy Herz, Vortrag 14.2.2011.

Erste antisemitische Erfahrungen in Rommerskirchen-Eckum
Nicht nur die Erinnerungen von Rudy Herz, sondern auch andere Zeugnisse aus dem Ort belegen, dass solche gruppenspezifischen Verhaltensweisen zwar auf jüdischer und christlicher Seite existierten und das Bewusstsein der eigenen Identität stärkten, dass sie aber nicht mit aggressiver Feindlichkeit gegen die „Anderen" gekoppelt waren. Das änderte sich jedoch allmählich, als die Familie 1931 nach Rommerskirchen-Eckum verzog. Nahe dem dortigen Bahnhof hatte der Vater eine kleine Lagerhalle für sein Landhandelsgeschäft gebaut und fuhr von Stommeln aus, wo er seit seiner Hochzeit 1923 wohnte, mit der Bahn dorthin zur Arbeit. 1930 entschloss er sich dann, neben dem Lager ein neues Haus für die Familie zu errichten (siehe BT 17). Um es finanzieren zu können, wurde das Stommelner Haus der Schwiegereltern mit Hypotheken hoch belastet. Auch auf das Haus und den Grundbesitz in Butzheim, dessen Miteigentümer Ernst Herz war, wurde eine Grundschuld von 3500 Goldmark aufgenommen.[37] 1931 zog die Familie ins neue Haus in Eckum ein, mit ihnen auch die beiden Großeltern.[38]

Der neue Wohnort war nur wenige Kilometer vom alten entfernt, und doch war der Umzug ein tiefer Einschnitt für die Familie, trotz des Glücks, ein neuerrichtetes Eigenheim beziehen zu können; in Stommeln waren sie Alteingesessene und fühlten sich als Stommelner, in Eckum waren sie Zugezogene und vor allem: „Jüdde". Jedenfalls hat Rudy Herz es so in Erinnerung.

Eckum gehört zu den sieben Orten und mehreren großen Einzelhöfen, die sich zwischen Rommerskirchen und Anstel entlang dem Gillbach aneinanderreihen – ein Landstrich, der zu den fruchtbarsten in Deutschland zählt. Einige der Dörfer sind seit dem 18. und 19. Jahrhundert zusammengewachsen: Rommerskirchen mit Eckum und dem viel kleineren Gill, Nettesheim mit Butzheim, Frixheim mit Anstel. „Auf der Gillbach", wie man im Volksmund sagt, existiert bis heute ein großes Zusammengehörigkeitsgefühl, das am deutlichsten sich zeigt, wenn im August/September in kurzen Abständen die groß gefeierten Schützenfeste („Kirmesse") sich aneinanderreihen. Es waren fast rein katholische Dörfer, kirchlich und po-

---

37 Urkunde vom 3.3.1931; Ausfertigung im Besitz von Hans Nolden.
38 Mittlg. Rudy Herz, 18.4.2011.

litisch gegliedert in die Kirchspiele bzw. Ämter Rommerskirchen und Nettesheim. 1975 gingen sie auf in der größeren Gemeinde Rommerskirchen.

Die Nationalsozialisten waren „auf der Gillbach" früh aktiv. 1930 gab es bereits genug einheimische Nazis, um im Vorfeld der schicksalhaften Septemberwahl am Sonntag, dem 17. August 1930, in Butzheim zum Wahlkampfauftakt eine Saalveranstaltung auf die Beine zu stellen, zu der „auch eine stattliche Schar Einheimischer als Zuhörer" sich einfand. Stoßtrupps der KPD und der SA rückten auf Lastwagen heran und marschierten in den Saal, von den Nazis herbeigerufener Polizeischutz verhinderte eine Schlägerei. Nach dem beklatschten Vortrag des NSDAP-Propagandaredners gab's „Diskussion", von der Juden aber ausdrücklich ausgeschlossen wurden. Lorenz Simon, ein Zentrumsmann, der darüber im „Kölner Lokal-Anzeiger" berichtete, sprach von „Radaubrüdern", für die in Butzheim „kein Boden" sei.[39] Aber da irrte er sich. Zum gewalttätigen Rabaukentum der SA gesellten sich ihre disziplinierten Propagandamärsche, gelegentlich auch mit Blaskapelle und Gulaschkanone, und die Parallelität zu den öffentlichen Auftritten der traditionsverwurzelten Schützenbruderschaften gab ihnen etwas heimisch Vertrautes. Das galt erst recht, wenn sie, sehr zum Ärger der Geistlichkeit, frühzeitig zum sonntäglichen Hochamt in geschlossener Formation in die Kirche einzogen und ostentativ die ersten Bänke besetzten. Auf diese Weise gelang es den Nationalsozialisten, in den Gillbachdörfern eine starke SA-Organisation aufzubauen und öffentlichen Einfluss zu gewinnen. Die hier lebenden Juden bekamen es zu spüren.

Ernst Herz hatte als Soldat am Ersten Weltkrieg teilgenommen und kam anschließend in französische Kriegsgefangenschaft, aus der er erst 1921 nach Butzheim zurückkehrte. Als 1925 der Vater und Viehhändler Max Herz in Butzheim verstarb[40], betrieb er hier, zusammen mit seinem Schwager Louis Spier, einen Landhandel[41]. Vor 1930 baute er in

---

39 Kölner Lokal-Anzeiger, 20.8.1930; vgl. Wißkirchen (11), S. 121f. Vgl. zum Folgenden Herbst, S. 256.
40 Schmitz, S. 40.
41 Das Einwohner-Adreßbuch für den Kreis Grevenbroich-Neuss 1932 (Archiv des Kreises Neuss) nennt als Adresse dieser „Landesproduktenhandlung" das Haus Nr. 126 (heute Sebastianusstraße 46); nach Pracht, S. 495. Von 1926 bis 1931 war Katharina Pütz verh. Kelzenberg auf dem Büro angestellt. Selma, die Schwester von Ernst Herz, half ebenfalls bei der Büroarbeit. Mittlg. Rudy Herz, 18.4.2011.

Eckum ein neues Lager und verlegte sein Geschäft hierhin. Es stand unter keinem guten Stern. Seit 1928 war die deutsche Landwirtschaft krisengeschüttelt, und die 1929 einsetzende Weltwirtschaftskrise verschärfte diese Agrarkrise noch. Der dramatische Verfall der Agrarpreise – insbesondere bei Kartoffeln und Roggen – infolge einer weltweiten Überproduktion ließ die bäuerlichen Einkommen auf ein Drittel zusammenschrumpfen. Die Arbeitslosigkeit stieg in Deutschland bis auf 6,2 Millionen (1932), die Kaufkraft sank und mit ihr die Nachfrage nach Lebensmitteln. Aufgrund dieser Krisensituation gelang es den Nationalsozialisten schon vor 1933, die landwirtschaftlichen Organisationen und Selbstverwaltungskörperschaften zu unterwandern.[42] Der örtliche Landhändler war mit davon betroffen. Zusätzlich litt er noch unter der Konkurrenz von Großbetrieben, die billiges Getreide insbesondere aus den USA einführten. Auch für Ernst Herz galt das. Offenbar hat er noch im Laufe des Jahres 1931 seinen Getreidehandel einstellen müssen.

Dazu hat auch mit beigetragen, dass er, wie üblich, das Getreide bereits auf dem Halm, also lange vor seinem Ausdrusch, einkaufte und einen Preis vereinbarte. Nach der Erinnerung des Sohnes Rudy führte nasse Witterung aber dazu, dass die Bauern ihm später minderwertiges Getreide lieferten[43] und er dadurch starke Verluste erlitt. Da er auch schon wegen des Hausbaus erheblich verschuldet war, wurde er insolvent und musste sein Geschäft schließen. Für die Familie war es eine wirtschaftliche Katastrophe, denn die Gläubigerbank hielt sich am belasteten Elternhaus der Ehefrau Lily schadlos. Immerhin blieb noch das Haus in Eckum. Ernst Herz versuchte als Landmakler seine sechsköpfige Familie über Wasser zu halten, was sich aber als schwierig erwies.

Neben der allgemein krisenhaften Wirtschaftslage waren es die zunehmenden antisemitischen Feindseligkeiten, die Ernst Herz und seiner Familie zu schaffen machten. Rudy Herz sind bis heute deutliche Erinnerungen geblieben von SA-Kundgebungen vor dem Haus oder von Auftritten uniformierter SA- oder Parteiführer im Haus, die den Vater warnten und bedrohten. Er war damals ein kleines Kind, natürlich verstand er noch nicht, worum es ging. Das Gefühl der Bedrohung aber war

---

42 Vgl. Broszat, S. 61ff.; Herbst, S. 245f.; Wißkirchen (10), Bd. 2, S. 211.
43 Rudy Herz, Mittlg. vom 18.4.2011.

intensiv. Dass diese Erinnerungen, so unscharf sie in der konkreten Zuordnung der Vorgänge auch bleiben, nicht trügen, belegt eine Akte der Gemeinde Nettesheim, die im Archiv der Gemeinde Rommerskirchen erhalten ist.[44] Im Mai 1933, drei Monate nach der sogenannten „Machtergreifung", erhielt Ernst Herz einen Brief der NSDAP-Gauleitung in Köln: Man habe ihn angezeigt, „durch allerlei unlautere Manipulationen, die eine frühere marxist[ische] Regierung duldete, die Bauern usw. in gewissenloser Weise um ihren Nutzen aus den Arbeiten, durch Pfändungen, eigentümliche Verträge und Vertreiben aus ihrem Eigentum zur Verzweiflung [zu] treiben". Unmissverständlich drohte man, man lege „Wert auf Sauberkeit" und werde „die Schädlinge am deutschen Volke zu vernichten" wissen.

Es waren haltlose Anschuldigungen ohne Wahrheitsgehalt. Aus dem Antwortschreiben der Gemeindeverwaltung geht hervor, „daß Herz vor etwa zwei Jahren in Konkurs gegangen ist und seitdem kein Geschäft mehr betreibt; wenigstens treibt er keinen Handel mehr". Und als Urheber der Klagen erwies sich ein angeblich geschädigter NSDAP-Parteigenosse aus dem Kreis Bergheim, also nicht einer der Bauern vor Ort. Er machte sich zum Sprachrohr der Parteigenossen in Rommerskirchen und Nettesheim, die selbst in Deckung blieben, um nicht den Wahrheitsbeweis für falsche Verdächtigungen antreten zu müssen. Der Vorgang macht deutlich, dass Ernst Herz, weil er Jude war, von Anfang an Zielscheibe nationalsozialistischer Angriffe in Eckum war und sich hier auf Dauer nicht halten konnte.

Um die politische Stimmung und die Anfälligkeit für antisemitische NS-Parolen im Ort zu verstehen, muss man die damalige allgemeine Notlage auch in den Orten am Gillbach bedenken. Auch hier grassierte die Arbeitslosigkeit und stürzte viele Familien in Not. Die Gemeinde Rommerskirchen drohte unter den Wohlfahrtslasten zusammenzubrechen, und vielen Eltern fiel es schwer, für ihre schulpflichtigen Kinder die Lernmittel zu beschaffen.[45] Auch Ernst Herz beantragte mehrfach für sich Wohlfahrtsunterstützung, wurde aber regelmäßig abschlägig

---

44 Schmitz hat diese Akte ausgewertet (S. 109f.); danach das Folgende.
45 Schul- und Ortschronik Rommerskirchen, S. 59; Archiv der Gemeinde Rommerskirchen.

beschieden[46]; für einen Juden hatte man offenbar kein Geld. In Rommerskirchen wurde 1931 eine öffentliche Sammlung von Geld, Lebensmitteln und Kleidern durchgeführt, deren Erträge von einem „Karitasausschuss" an bedürftige Familien verteilt wurden.[47]

1931 zogen auch die Eltern von Lily Herz, Henriette und Jakob Jacobsohn, zu ihrer Tochter nach Eckum. Möglicherweise war dieser Umzug nicht von vornherein geplant, sondern wurde durch die Insolvenz des Schwiegersohnes erzwungen – griff doch die Gläubigerbank auf das ihr verpfändete Haus in Stommeln zurück. Gestorben ist Großvater Jakob Jacobsohn am 4. November 1934 im Krankenhaus in Stommeln und ist auch auf dem dortigen jüdischen Friedhof beerdigt.

Zusammenhalt der jüdischen Verwandtschaft

In Butzheim, dem Geburtsort des Vaters, lebten nahe Verwandte der Familie Herz, zu denen der Fußweg vom Wohnhaus in Eckum wenig mehr als einen Kilometer betrug. Sie boten der Familie in schwierigen Zeiten seelischen Halt. Die beiden unverheirateten Schwestern des Vaters, Meta und Selma Herz, wohnten bei ihrer Mutter Helene Herz in Butzheim (Haus Nr. 126, heute Sebastianusstraße 46). Die Lebensumstände waren ärmlich. Das kleine Schuhgeschäft, das sie führten, warf nur wenig Gewinn ab, aber der große Garten ermöglichte eine weitgehende Selbstversorgung. In unmittelbarer Nachbarschaft wohnte die älteste Schwester Paula (*23.8.1884), die mit dem Arbeiter Ludwig (Louis) Spier (*3.1.1888 in Kalkar) verheiratet war und drei Kinder hatte: Edith (*24.3.1923), Alfred (*18.9.1924) und Max (*28.9.1927).[48] Henriette (Jettchen), die jüngste Schwester des Vaters (*21.11.1895), wohnte mit ihrem Mann Moritz Kaufmann (*8.12.1892 in Gindorf) nur wenige

---

46 Schmitz, S. 109.
47 Schul- und Ortschronik Rommerskirchen, rückwärts, S. 68; Archiv der Gemeinde Rommerskirchen.
48 Vgl. Archiv der Gemeinde Rommerskirchen, Meldekartei; Corbach (2), S. 424 und 425. Die Eltern verzogen am 25.9.1939 nach Köln, Utrechter Str. 6; Tochter Edith am 17.4.1937 nach Köln-Sülz, Raumerstr. 4, kehrte aber am 27.12.1937 nach Butzheim zurück; am 11.8.1939 verzog sie nach Köln, Werderstr. 5. Die Söhne Alfred und Max verzogen am 25.9.1939 nach Köln, Aachener Str. 443. Die gesamte Familie wurde am 7.12.1941 von Köln-Deutz aus nach Riga deportiert; als letzter Wohnort wird „Köln, Jakordnstr. 17" angegeben. Niemand überlebte.

hundert Meter entfernt in der Martinusstraße 10 in Nettesheim, zusammen mit ihren fünf[49] Kindern: Else (*1924), Klara (*5.7.1926), Günther (*20.12.1928), Manfred (*10.9.1932) und Hilde (*4.8.1933). Für Rudy und seine Geschwister gab es also zahlreiche Vettern und Cousinen, zu denen sie von ihrer Wohnung in Eckum aus problemlos zum Spielen hingehen konnten.[50]

Die Familien trafen sich regelmäßig am Morgen des *Schabbat* zum Gottesdienst in dem kleinen Bethaus, das 1850 in dem Wohnhaus mit der heutigen Adresse Lommertzweg 9[51] eingerichtet worden war. Da man allerdings alleine nicht mehr die für einen Gottesdienst erforderliche Zehnzahl religionsmündiger männlicher Besucher *(Minjan)* aufbringen konnte, tat man sich mit den Juden in Rommerskirchen zusammen und traf sich abwechselnd in der Synagoge dort oder in Butzheim.[52] Es war eine kleine, schrumpfende Gemeinde, und umso wichtiger wurde für sie die Erfahrung der Zusammengehörigkeit, die das gemeinsame Beten und Lesen in der Thora vermittelte. Je größer der Druck der Verfolgung wurde, umso mehr rückten die jüdischen Familien zusammen. Jedenfalls erinnert sich Rudy Herz:

„Am Samstag nach dem Gottesdienst wurde das Gotteshaus schön in ein Familienhaus umgewandelt."[53]

Bedrückend für die jüdischen Familien in den Dörfern war, dass es für sie immer schwieriger wurde, das gemeinsame geistliche Leben aufrechtzuerhalten. Rommerskirchen und Butzheim waren da kein Einzelfall. Auch im benachbarten Stommeln waren zu der Zeit schon keine synagogalen Gottesdienste mehr möglich, sodass das dortige

---

49 Schmitz; S. 41. Mit Ausnahme der ältesten Tochter Else wurde die gesamte Familie am 20.7.1942 nach Minsk deportiert. Niemand überlebte. Corbach (2), S. 518.
50 Ein weiterer Vetter, Sohn vom Vaterbruder Siegfried Herz, wohnte 1931 noch in Butzheim, zog dann aber nach Rotterdam, Pluimhoefstraat. Um nach seiner Befreiung in Mauthausen-Gusen seine Ausreise nach Holland zu ermöglichen, gab Rudy Herz sich 1945 als Sohn dieses Onkels Siegfried aus.
51 Ursprünglich: „Blumenstraße 40", seit ca. 1958 „Kirchstraße 40". Zur Synagoge vgl. Bau-Hausakte Blumenstraße 40 (frühere Synagoge), Archiv der Gemeinde Rommerskirchen. Brocke, S. 395. Pracht, S. 494. Nach dem Novemberpogrom 1938 ging das zweigschossige Gebäude in Privatbesitz über und wurde von 1958 (Baugesuch) bis 1960 in ein privates Wohnhaus umgebaut.
52 Rudy Herz, Telefonat 17.6.2011.
53 Rudy Herz, Vortrag 14.2.2011.

Synagogengebäude ungenutzt blieb. Hintergrund dieser allenthalben zu beobachtenden Auszehrung der kleinen ländlichen jüdischen Gemeinden waren einerseits die sozialen Veränderungen infolge der sich entwickelnden modernen Industriegesellschaft, die den Juden in den Ballungszentren neue Chancen bot, zum anderen aber auch der nach dem verlorenen Ersten Weltkrieg wachsende öffentliche Antisemitismus, dem der 1922 ermordete Außenminister Walther Rathenau zum Opfer fiel. Das führte zur Abwanderung ländlicher Juden in die Großstädte und insbesondere zu einem Erstarken der zionistischen Bewegung, die die Schaffung eines jüdischen Nationalstaates in Palästina zum Ziele hatte und zur Emigration dorthin aufrief. Die Familie des letzten Vorstehers der Stommelner Synagogengemeinde, Josef Heymann, ging diesen Weg, zunächst 1926 nach Köln und dann von 1930 bis 1936 nach Palästina. Als 1931 auch noch die Familie Herz Stommeln verließ, war ein synagogaler Gottesdienst endgültig nicht mehr möglich. 1933 lebten nur noch zehn Juden in Stommeln.[54]

Der *Schabbat* war offenbar in Nettesheim-Butzheim ein Familientag, und für Rudy Herz ist die hier erfahrene Gemeinschaft ein kostbarer Erinnerungsschatz. Nach dem Gottesdienst streiften die Vettern und Cousinen durch die Felder oder spazierten zum jüdischen Friedhof am Stommelner Weg, wo der Gedenkstein für Onkel Alfred lag, von dem bei Oma oft gesprochen wurde. Zum Mittagessen gingen die Kaufmann-Kinder aus Nettesheim nach Hause, während die Eckumer Kinder Herz oft bei der Oma in Butzheim zu Mittag aßen. In Omas Wohnzimmer fiel Rudy Herzens Blick beim Mittagessen auf die an der Wand hängende Urkunde, mit der dem 1918 in Gefangenschaft gestorbenen[55] Onkel Alfred das Eiserne Kreuz II. Klasse verliehen worden war. Obwohl noch ein Kind, begriff er den Zusammenhang mit dem Gedenkstein auf dem Friedhof und spürte den mit Stolz gemischten Schmerz der Oma über den Verlust ihres Sohnes. Für die Familie waren Urkunde und Gedenkstein Beweisstücke ihrer deutsch-patriotischen Gesinnung.

---

54 Handbuch des Erzbistums Köln, Ausgabe 1933, S. 441.
55 Nach Aussage von Rudy Herz, Vortrag 14.2.2011, wurde er erschlagen.

„Wir waren ein Teil der Bevölkerung, jedenfalls dachten wir so. Aber man hat uns ausgegrenzt, uns langsam segregiert, abgesondert und verbot uns immer mehr und immer mehr."

Bitter klingen diese Sätze aus dem Mund des 85-Jährigen bei einem Vortrag 2011 in Stommeln.[56] Er beschreibt damit die Entwicklung in seinem neuen Heimatort Eckum.

„Im Winter war die Gosse (‚de Sot') zugefroren, und wir haben mit Genuss darauf geschlittert. Ich erinnere mich, wie man mich aufgefordert hat: ‚He, Rudy, versuch's doch mal!' Wir hatten einfache Lederschuhe, die Bauernjungen hatten genagelte Schuhe. So bin ich dann runtergeschlittert, und einer, [der wegen der genagelten Schuhe schneller war], hat sich hinter mich gesetzt und hat mir meine Beine weggezogen, und ich bin auf den Hinterkopf gefallen. Als man mich dann beim nächsten Mal einlud, habe ich dankend abgelehnt."[57]

Man kann das als jungenhaft üblen Scherz abtun, der jedem passieren konnte, aber dass das Opfer ein Judenjunge war, hatte für den Übeltäter einen besonderen Reiz. Rudy spürte, dass dergleichen immer wieder ihm und seinen Geschwistern und den wenigen anderen jüdischen Kindern geschah.

Schulerfahrungen in Rommerskirchen

Nach Ostern 1932 wurde er in der fünfklassigen katholischen Volksschule in Rommerskirchen eingeschult.[58] Das Gebäude war zwar dringend erneuerungsbedürftig, aber man hatte immerhin die Klassenräume frisch renoviert und die uralten mehrsitzigen Schulbänke durch neue, zweisitzige ersetzt. Rudy traf im ersten Schuljahr noch eine jüdische Mitschülerin an, ansonsten waren alle Jungen und Mädchen katholisch. Freitags kam der katholische Pfarrer, und wenn er über das Alte Testament, die jüdische Bibel, sprach, nahmen auch die beiden jüdischen Kinder am Unterricht teil, nur wenn er das Neue Testament oder den Katechismus behandelte, waren sie vom Unterricht befreit. Zur Beloh-

---

56 Rudy Herz, Vortrag 14.2.2011.
57 Ebd.
58 Vgl. die im Archiv der Gemeinde Rommerskirchen erhaltene Schulchronik.

nung gab's für brave Schüler manchmal Heiligenbildchen, auch für die jüdischen. Mit schelmischem Lächeln meint Rudy Herz:

„In gewissem Maße habe ich auch eine katholische Erziehung genossen."[59]

War das erste Schuljahr noch weitgehend ungetrübt, so änderte sich das mit der sogenannten „Machtergreifung" der Nationalsozialisten am 30. Januar 1933 und in den aufgeheizten Wochen bis zu den Reichstagswahlen vom 5. März und den unmittelbar anschließenden Kommunalwahlen vom 12. März 1933.

Als einschneidende Zäsur hat Rudy Herz den Tag in Erinnerung, an dem in der Schule zum ersten Mal die Hakenkreuzfahne gehisst wurde und das Horst-Wessel-Lied erklang: „Die Fahne hoch!" Noch am 12. März hatte der Reichspräsident durch einen einstweiligen Erlass die schwarz-weiß-rote Fahne und die Hakenkreuzfahne zu Reichsflaggen erklärt. Und er ordnete an, dass vom 13. März an sämtliche Dienstgebäude einschließlich der Schulen drei Tage lang diese Reichsflaggen hissen sollten. Ganz so schnell ging es in Rommerskirchen nicht, man musste erst noch eine Hakenkreuzfahne beschaffen. Am 14. März 1933 war es dann soweit:

„Wir wurden alle auf dem Schulhof zusammengerufen, und etwas von uns noch nie Gesehenes geschah: Die Staatsflagge Schwarz-Weiß-Rot wurde aufgerollt, und wir sangen ‚Deutschland, Deutschland über alles!' – wogegen ich nichts einzuwenden hatte, da ich mich wie die meisten Menschen als aufrichtigen Deutschen empfand, wenn auch jüdischen, oder wie wir zu sagen pflegten: mosaischen Glaubens.

Nach dem Fahnenaufrollen dachte ich, wir gingen jetzt zurück in die Klasse, da aber kam das prägende Ereignis meines jungen Lebens: Langsam und majestätisch wurde das Hakenkreuzbanner gehisst unter dem Klang einer ganz neuen Hymne, die ich wahrscheinlich schon vorher gehört hatte, weil sie schon früher auf den Straßen gesungen wurde (…):

‚Die Fahne hoch!

Die Reihen fest geschlossen!

---

[59] Rudy Herz, Vortrag 14.2.2011.

SA marschiert
Mit ruhig festem Schritt."" [60]

Zwei Nationalsozialisten in Uniform hatten die Hakenkreuzfahne gehisst, und während die versammelten Schüler das Horst-Wessel-Lied sangen, entboten sie der Fahne den „Deutschen Gruß". So war es in Zukunft immer: Das Horst-Wessel-Lied wurde zur zweiten Nationalhymne, die im Anschluss an das „Lied der Deutschen" gesungen wurde. Der zweiundzwanzigjährige Horst Wessel, den ein Kommunist am 14. Januar 1930 in seiner Wohnung durch Kopfschuss schwer verletzt hatte und der neun Tage später an Blutvergiftung verstorben war, wurde zum Märtyrer der „Bewegung" stilisiert. Beim Absingen des Horst-Wessel-Liedes hatten Lehrer und Schüler den „Deutschen Gruß" zu erweisen.[61] Humorlos pathetische Feierlichkeit stimulierte das Trugbild eigener Bedeutsamkeit.

Rudy Herz, der gerade das erste Schuljahr absolviert hatte, erinnert sich bis heute an den 14. März 1933, an dem das „revolutionäre Kampflied" der SA auch in der Volksschule Rommerskirchen bei der Fahnenehrung zum ersten Mal erklang. Schon der kleine Junge spürte, welche Bedrohung von diesem kämpferischen Ritual für ihn ausging. Bisher unterschwelliger christlicher Antijudaismus gegen das Volk der angeblichen „Christusmörder" wurde abgelöst durch einen rassistischen Antisemitismus. Die Schule war kein Schutzraum mehr für ihn vor den Anfeindungen auf der Straße, sie war vielmehr selbst zur Keimzelle solcher aggressiver Verhaltensweisen unter Gleichaltrigen geworden. Sein Klassenlehrer Becker war der führende SA-Mann im Ort. Unter ihm hatte Rudy Herz viel zu leiden.

1934 wurde durch den Minister für Wissenschaft, Kunst und Volksbildung eine neue Grußordnung eingeführt. Hauptlehrer Kock beschreibt sie in der Schulchronik so:

„Lehrer und Schüler erweisen einander innerhalb und außerhalb der Schule den Deutschen Gruß (Hitlergruß).

---

60 South Carolina Voices.
61 Erlass und Rundschreiben d. Preuß. Min. f. Wissenschaft, Kunst und Volksbildung vom 22.7.1933. Amtl. Schulblatt für den Regierungsbezirk Köln, 1933, S. 214f.

Der Lehrer tritt zu Beginn jeder Unterrichtsstunde vor die stehende Klasse, grüßt als erster durch Erheben des rechten Armes und die Worte ‚Heil Hitler'; die Klasse erwidert den Gruß durch Erheben des rechten Armes und die Worte ‚Heil Hitler'. Der Lehrer beendet die Schulstunde, nachdem sich die Schüler erhoben haben, durch Erheben des rechten Armes und die Worte ‚Heil Hitler'; die Schüler antworten in gleicher Weise.

Sonst grüßen die Schüler die Mitglieder des Lehrkörpers im Schulbereich nur durch Erheben des rechten Armes in angemessener Haltung.

Den nichtarischen Schülern ist es freigestellt, ob sie den Deutschen Gruß erweisen oder nicht."

Ein Judenkind zu sein war zum Stigma geworden. Wenn am ersten oder letzten Schultag nach bzw. vor den Ferien die vorgeschriebene Flaggenehrung vor der gesamten Schülerschaft durch Hissen bzw. Niederholen der Reichsfahnen unter dem Singen einer Strophe des Deutschland- und des Horst-Wessel-Liedes stattfand, spürte der kleine Rudy das Kainszeichen des Ausgestoßenseins besonders deutlich. Auch in den Lehrbüchern begegnete ihm der verletzende judenfeindliche Ungeist. Sich dagegen wehren konnte er nicht, darunter nicht seelisch zu zerbrechen war schwer.

Die Wirkung auf die Mitschüler blieb nicht aus:

„Auf einmal standen oder saßen wir jüdischen Kinder nach 1933/34 allein auf dem Schulhof in einer kleinen Gruppe, und keiner spielte mehr Nachlaufen mit uns, keiner warf uns den Ball zu."

Auch im Unterricht wurde die Veränderung spürbar:

„Wir jüdischen Kinder merkten, dass wir weniger und weniger aufgerufen wurden. Ganz allmählich wurden wir abgesondert."[62]

Hänseleien auf seinem einen Kilometer langen Schulweg machten ihm zunehmend zu schaffen:

„Man rief mir nach:

‚Jüd, Jüd, Jüd! Hep, Hep, Hep!

hät en Nass wie en Wasserschepp.'

Und ich hörte das Lied:

---
62 Rudy Herz, Vortrag 15.2.2011.

‚Töff, töff, töff, do kütt ene Jüd jefahre,
töff, töff, töff, mit singem Kinderwagen,
töff, töff, töff, wo will de Jüd dann hin?
|:De Jüd will noch Jerusalem wo alle die Jüdde sin.:|'
Meistens rief man uns einfach nur ‚Jüd!' oder ‚Jüd Hep!' nach. Das hat uns auf dem Weg zur Schule begleitet. Die Gesinnung war offen antisemitisch.

Wir haben unseren Eltern davon erzählt, und sie waren uns eigentlich eine Erklärung schuldig. Sie hätten uns ehrlich sagen sollen, was wirklich los war. Aber man sagte uns nur: ‚Das sind Straßenjungen und Lümmel ohne Erziehung; stört euch nicht daran.' Ich hätte aber lieber gehabt, wenn unsere Eltern uns erklärt hätten: ‚Die haben hier Juden nicht gerne.'

Bald kamen noch weitere öffentliche Beleidigungen. Die ersten Nazitrupps formierten sich in Eckum, Rommerskirchen und Butzheim und marschierten durch den Ort. Sie kamen während des Tages an unserem Haus vorbei, in Uniformen, von denen Hitler sagte, er habe sie selbst entworfen: mit Kappe, Sturmriemen, Koppel und Schnürstiefeln [und mit schwarzem Hakenkreuz im schneeweißen Kreis auf roter Armbinde]. Es war ein militärisch aussehender Trupp. Abends oder nachts haben sie vor unserem Haus gehalten und haben solche ‚schönen' Lieder gesungen wie:

‚Ihr Sturmsoldaten jung und alt nehmt die Waffen in die Hand, denn der Jude hauset fürchterlich im deutschen Vaterland.
(…)
Auf uns Acht- und Zehnjährige hat das einen tiefen Eindruck gemacht. Und immer wieder und immer mehr erfuhren wir solche Beleidigungen."[63]

Nationalsozialistische „Liedersingerei"

Immer häufiger wehten die Hakenkreuzfahnen an den öffentlichen Gebäuden und privaten Wohnhäusern, zahlreiche nationale Feiertage waren Anlass für Aufmärsche der „Braunen Bataillone". In Eckum

---

63   Rudy Herz, Vortrag 14.2.2011.

selbst wohnte einer der wichtigsten örtlichen SA-Führer, und im Saal Lyrmann im Ort drängte man sich bei politischen Veranstaltungen. Für die Familie war es eine offene Drohung, wenn abends spät draußen ein SA-Trupp vor dem Haus hielt und aus rauen Kehlen und mit alkoholisierter Inbrunst das Horst-Wessel-Lied erklang, in dessen zweiter Strophe es hieß:

Die Straße frei den braunen Bataillonen
Die Straße frei dem Sturmabteilungsmann!
|: Es schau'n aufs Hakenkreuz voll Hoffnung schon Millionen
Der Tag der Freiheit und für Brot bricht an. :|

Die politischen Zusammenhänge konnte der neun- oder zehnjährige Junge noch nicht verstehen, aber er hörte die Lieder und in ihnen den drohenden Ton der Gewalt. Das damals weitverbreitete Soldatenlied „Ein Schifflein sah ich fahren", das er kannte, hörte er plötzlich auf der Straße mit neuem Text. Hieß es bisher im Refrain:

|: Soldaten, Kameraden!
Nehmt das Mädel, nehmt das Mädel bei der Hand! :|
hörte er nun draußen grölende Stimmen:
|: Soldaten, Kameraden!
Hängt die Juden, stellt die Bonzen an die Wand! :|

Solche „Liedersingerei" sei in Eckum und Rommerskirchen schließlich „gang und gäbe" gewesen, „meistens vor unserem Haus."[64]

Seit 1933 hingen Bilder Adolf Hitlers in den Klassenräumen. „Rassenkunde"[65] mit ihren kruden Vorstellungen vom „Wesen der Blutreinheit" und der Notwendigkeit „der rassischen Aufnordung des deutschen Volkstums"[66] hielt auch in die Volksschule ihren Einzug; sie sollte alle Fächer durchwirken, und das tat sie auch, wenn ein Lehrer mit nationalsozialistischer Gesinnung den Unterricht leitete und die Zielvorgaben der neuen Lehrbücher konsequent umsetzte.

---

64 Rudy Herz, Vortrag 15.2.2011.
65 Erlass des Reichs- u. Preuß. Ministers für Wissenschaft, Erziehung und Volksbildung vom 13.9.1933. Zentralbl. f. d. ges. Unterr.-Verw. 1933, S. 244.
66 Zitate aus Erlass des Reichs- u. Preuß. Ministers für Wissenschaft, Erziehung und Volksbildung vom 15.1.1935; zit. n. Amtl. Schulblatt für den Reg.bez. Köln, 1935, S. 86.

Die erschreckendste Erfahrung, die er als Kind machte, war ein Hetzlied, das er ca. 1934/1935 von einem SA-Trupp hörte:
„Wenn's Judenblut vom Messer spritzt,
dann geht's noch mal so gut.
Schmeißt sie raus, die ganze Judenbande,
schmeißt sie raus aus unserem Vaterlande,
schickt sie wieder nach Jerusalem
und schneidet ihnen die Hälse ab,
sonst kommen sie wieder hem!"

Auch den Eltern wurde klar: In Eckum gab es für sie keine Zukunft. Die öffentliche Stimmung war gegen sie, der Landhandel lag am Boden; der Versuch des Vaters, durch Maklerdienste bei Landverkäufen Geld zu verdienen, bot keinen Ausweg. Die neue berufliche Tätigkeit lenkte erst recht die Aufmerksamkeit und den Hass der Nationalsozialisten auf ihn. Die Blut-und-Boden-Ideologie der Nationalsozialisten, die das schollenverbundene deutsche Bauerntum „zum Lebensquell der Nordischen Rasse"[67] hochstilisierte, hielt damals Einzug ins bäuerliche Milieu. Es schmeichelte dem Landmann, dass (bis 1937) alljährlich auf dem Bückeberg bei Hameln am Sonntag nach Michaelistag (29.9.) zum neu eingeführten Reichsbauerntag Großkundgebungen zur Propagierung des Bauerntums stattfanden und überall in den Dörfern Erntedankzüge organisiert wurden. Um die krisengeschüttelte Landwirtschaft vor Überschuldung und Zersplitterung im Erbgang zu schützen, erließ man am 29. September 1933 das Reichserbhofgesetz. Gefährlich für das ländliche Judentum war darin die ideologische Verbindung von Blut und Boden, die rassistische Grundierung der Bestellung des „heiligen deutschen Ackerbodens". Als wenige Tage vorher durch Gesetz vom 13. September 1933[68] der nationalsozialistische „Reichsnährstand" unter der Losung „Blut und Boden" als Zwangsvereinigung der deutschen Ernährungswirtschaft geschaffen wurde, wozu auch der Landhandel gehörte, war Ernst Herz schon klar geworden, dass für ihn als jüdischer Händler mit Landprodukten im nationalsozialistischen Staat kein Platz war.

---

67 Vgl. den Buchtitel von Richard Walter Darré: „Das Bauerntum als Lebensquell der Nordischen Rasse", 1929.
68 Gesetz über den vorläufigen Aufbau des Reichsnährstandes und Maßnahmen zur Markt- und Preisregelung für landwirtschaftliche Erzeugnisse.

Auch die allgemeine politische Entwicklung war für die Familie fatal. Das „Blutschutzgesetz" 1935[69] erklärte „die Reinheit des deutschen Blutes" zur „Voraussetzung für den Fortbestand des Deutschen Volkes", aus dem Juden endgültig ausgeschieden wurden. Ehen zwischen einem jüdischen und einem christlichen Deutschen, wie sie Lilys Bruder Hermann Jacobsohn eingegangen war, waren von nun an als „blutschänderisch" verboten. Und weil man in ideologischer Hysterie „den Juden" die diabolische Absicht unterstellte, durch „Schändung" das „deutsche Blut" zu verunreinigen, war es jüdischen Familien ab dem 1. Januar 1936 nicht mehr gestattet, Hausangestellte „deutschen Blutes" unter 45 Jahren zu beschäftigen. Auch im kinderreichen Hause Herz musste deshalb das Dienstmädchen entlassen werden.

In Rommerskirchen-Eckum sahen die Eltern keine Zukunft mehr für sich und ihre Kinder, weder geschäftlich noch sozial. Die Familieneinkünfte gingen zurück, und eines Tages erschien „ein voll uniformierter SA-Häuptling mit Schnürstiefeln und Ehrendolch und sagte: ‚Herr Herz, wir kennen Sie schon seit langer Zeit. Aber ich sage Ihnen ehrlich: Für Juden ist hier kein Platz mehr.'"[70] Solche Anfeindungen waren auf Dauer unerträglich. Nicht zuletzt ihre Kinder wollten die Eltern davor schützen. 1936 entschlossen sie sich deshalb zum Umzug nach Köln. Hier kannten die Straßenpassanten sie nicht wie im Dorf, in der Anonymität der Stadt hofften sie Schutz zu finden.

„Mit einem Möbelwagen wurden unsere Möbel nach Köln geschafft, und als ich in den Möbelwagen einstieg, hörte ich als letztes Wort in Eckum: ‚Tschüss, Jüd! Tschüss, Jüd!'"[71]

---

69 Gesetz zum Schutz des deutschen Blutes und der deutschen Ehre, 15.9.1935. Es ist Bestandteil der „Nürnberger Gesetze".
70 Rudy Herz, Vortrag 15.2.2011.
71 Rudy Herz, Vortrag 14.2.2011.

Rudy Herz, 12. Februar 2011

Ihr Rudy Herz

BT 1

LEBENSSTATIONEN 1942–1946

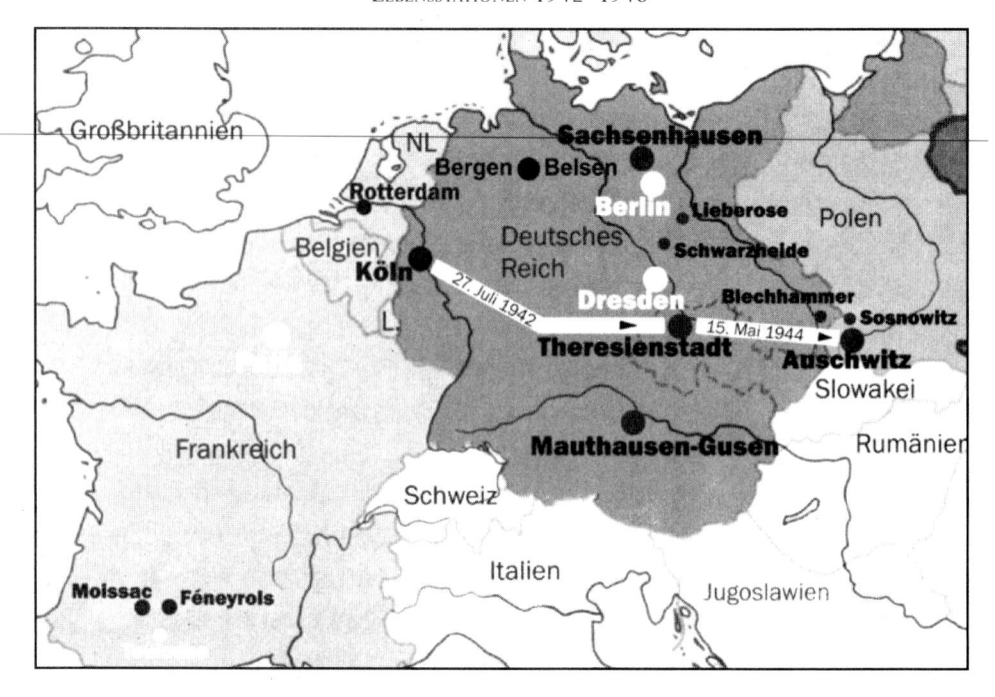

FAMILIE HERZ

27. Juli 1942	Deportation nach Theresienstadt
	Am 17. März 1944 stirbt hier die Oma Henriette Jacobsohn.
15. Mai 1944	Deportation nach Auschwitz-Birkenau
	Am 11. Juli 1944 wird Lily Herz mit ihren drei jüngsten Kindern (Walter, Johanna, Jona) vergast.

RUDY HERZ

2./3. Juli 1944	Deportation nach Schwarzheide
September 1944	Deportation nach Lieberose
Anfang Februar 1945	Todesmarsch nach Sachsenhausen
Ende Februar 1945	Deportation nach Mauthausen-Gusen
Juni/Juli 1945	Transport nach Rotterdam
Anfang 1946	Mit Hilfe der *Jewish Brigade* und der *Éclaireurs israélites de France* nach Féneyrols und im Juli 1946 nach Moissac

VATER ERNST HERZ

2. Juli 1944	Deportation nach Blechhammer; dort verschollen

BRUDER ALFRED HERZ

2./3. Juli 1944	Deportation nach Schwarzheide
23. Januar 1945	Deportation nach Bergen-Belsen
	Dort Anfang April 1945 verstorben

BRUDER KARL OTTO HERZ

Oktober 1944	Deportation nach Sosnowitz
17.–29. Januar 1945	Todesmarsch nach Troppau (nicht verzeichnet)
Ende Januar 1945	Deportation von Troppau nach Mauthausen-Gusen

BT 2

Synagoge in Stommeln, erbaut 1882 (2011)

Synagoge in Stommeln, erbaut 1882, außen und innen, Zustand 1979

Jüdischer Friedhof in Stommeln (2011)

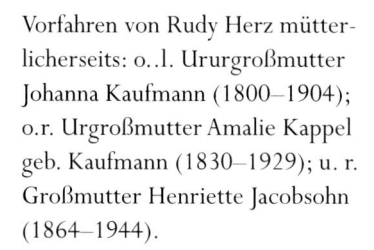

Vorfahren von Rudy Herz mütterlicherseits: o..l. Ururgroßmutter Johanna Kaufmann (1800–1904); o.r. Urgroßmutter Amalie Kappel geb. Kaufmann (1830–1929); u. r. Großmutter Henriette Jacobsohn (1864–1944).

Goldhochzeit von Abraham und Amalie Kappel (Urgroßeltern von Rudy Herz) am 9. Mai 1909 in Stommeln; Aufnahme vor dem Wohnhaus Venloer Straße 567

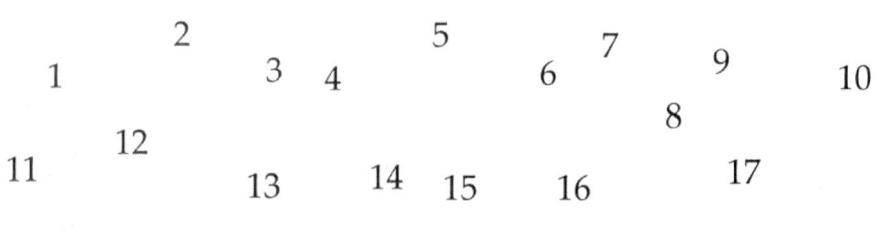

1 Clara Herz (15 J.)
2 Josef Herz (20 J.)
3 Salomon Kappel (40 J.)
4 Hermann Jacobsohn (14 J.)
5 Jakob Herz (ca. 50 J.)
6 Jacques Kappel (14 J.)
7 Jakob Jacobsohn (41 J.)
8 Siegfried Jacobsohn (12 J.)
9 David Kappel (42 J.)
10 Hedwig Herz (19 J.)
11 Elisa Kappel geb. Rieser
12 René Kappel (13 J.)
13 Abraham Kappel (82 J.)
14 Lily Jacobsohn (8 J.)
15 Walter Kappel (7 J.)
16 Amalie Kappel geb. Kaufmann (79 J.)
17 Henriette Jacobosohn geb. Kappel (45 J.)

BT 6

Rechts: Hermann und Siegfried Jacobsohn, um 1900 (v.l.)

Unten: Henriette und Jakob Jacobsohn mit ihren Kindern Hermann, Lily und Siegfried, um 1907 (v.l.)

Geschwister Jacobsohn: Lily, der Kriegsfreiwillige Siegfried und Hermann, 1914

Oben: Elternhaus von Rudy Herz in Stommeln, Landstraße 7, heute Venloer Str. 567 (vierachsiger Backsteinbau in der rechten Bildhälfte). Bis 1905 befand sich die Stommelner Post- und Telegraphenstation in diesem Haus, die private Wohnung lag im Obergeschoss.

Emailleschild, das bis 1905 am Haus angebracht war.

Silberhochzeit von Jakob und Henriette Jacobsohn, 11.9.1919; oben: der engste Familienkreis, die Oma Amalie Kappel in der Mitte, vorne Hermann und Lily Jacobsohn. Unten: die ganze Festgesellschaft; obere Reihe v.l.: Jean und Käthe Herhahn, Jakob Jacobsohn, Berta Cahn und deren Tochter Erna; mittlere Reiche: Rosalie Cahn, Lily Jacobsohn, Amalie Kappel, Henriette Jacobsohn; unten: Peter Giesen, Resi Cremer, Hermann Jacobsohn

Privates jüdisches Töchterpensionat mit Haushaltungsschule der Schwestern Anna und Irma Wieler in Konstanz, das Lily Jacobsohn 1919/20 besuchte

BT 11

Unbeschwerte Mädchenfotos von Lily Jacobsohn aus der Pensionatszeit

In Konstanz lockte der Bodensee; linkes Foto: Lily, oben mit Kopftuch, im Kreise von Freundinnen

Hochzeit von Ernst und Lily Herz geb. Jacobsohn in Stommeln, 6.3.1923;
Gruppenbild vor Haus Landstraße 7 (Venloer Str. 567)

1 Selma Herz
2 Berta Cahn
3 Maly Salomon
4 Ernst Salomon
5 Henriette Salomon
6 Karl Salomon
7 christl. Freundin
8 Kantor Benno Nußbaum
9 Lily Jacobsohn
10 Meta Herz
11 Ernst Herz
12 Onkel Willi
13 Tante von Ernst Herz
14 Frau Marx
15 Moritz Kaufmann
16 Henriette Kaufmann geb. Herz
17 Erna Eppstein geb. Cahn
18 Siegfried Herz
19 Max Herz
20 Henriette Jacobsohn
21 Amalie Kappel
22 Helene Herz geb. Marx
23 Jakob Jacobsohn

Bei der ältesten Frau des Landkreises Köln

Der 100. Geburtstag der Wwe. Kappel in Stommeln — Erinnerungen...

Am vergangenen Freitag feierte die älteste Frau des Landkreises Köln, die Wwe. Kappel in Stommeln ihren 100. Geburtstag. Wir nahmen Gelegenheit, Frau Kappel, die eine der ältesten Abonnentinnen des K. T. ist, das sie noch in seinen ersten Ausgaben kannte, zu beglückwünschen.

Stommeln. Abseits der Heerstraße liegt dieses Dorf, einige Kilometer nur von Köln entfernt. Der Ort hat keine Industrie und so ist seine Entwicklung stehen geblieben. Die Menschen dort sind nicht reich an irdischen Gütern. Aber darum fühlen sie sich gewiß nicht unglücklich.

Wenn man in Stommeln die große Dorfstraße hinabschreitet, sieht man im Hintergrund zur Linken eine Windmühle mit großen erhaltenen Flügeln. Sie könnte jeden Augenblick beginnen sich zu bewegen. So ist Stommeln: ein stiller Ort, wenige Kilometer von Köln entfernt. Aber der Großstadtverkehr brandet nicht bis an die Toren des Dorfs.

Da hieß die Frau noch Amalie Kaufmann und war in einem großen Geschäftshause am Düsseldorfer Karlsplatz bei Poliß angestellt. Ein gastliches Haus, in dem der Dichter Freiligrath und auch Ferdinand Lassalle, zu dieser Zeit noch ehrsamer Anwalt der Rechte, verkehrten. Die Fa. Poliß verkaufte Kleiderstoffe, Leinen und dergleichen. Eines Morgens ging es los. Rechtzeitig vermochten die Hausbewohner die Türen zu verbarrikadieren. Sie schleppten die Ladeneinrichtungen vor die Eingänge ehe der Sturm einsetzte. Unter dem Rufe: Teilen! und mit dem Feldgeschrei des Aufstands zogen die Massen durch die Stadt.

Freiheit, Gleichheit, Republik...

Bären um doch die Preußen quick, erschallte es. Ein russischer Student gehörte zu den Hauptträdelsführern. Er wurde in der folgenden Nacht auf den Barritaben erschossen.

Die Greisin schwieg. Schönere Bilder zogen in ihrer Erinnerung herauf. Sie lächelt: Große Freude

Vier Generationen auf einem Bild

Es muß eine gute Luft draußen in der Tiefebene wehen. Denn Stommeln besitzt eine ganze Anzahl von alten Leuten, die über 80 sind und sich sehr wohl fühlen. Die älteste Einwohnerin von Stommeln, die Frau Wwe. Kappel, feierte am Freitag ihren 100. Geburtstag. Das Haus in der Landstraße war bekränzt, die übrigen Häuser hatten Fahnen herausgehängt.

Es war eine wirkliche Feier im Hause der Greisin. Keine laute Feier, trotz der vielen Menschen, die sich eingefunden hatten um Glückwünsche zu bringen. Ein wenig zusammengesunken saß die Frau in ihrem Stuhl, das Gesicht, von vielen kleinen Fältchen durchzogen. Es lag soviel Weisheit und Würde in den Zügen der Jubilarin, daß man von Ehrfurcht ergriffen wurde. Sehr deutlich, überraschend deutlich, war die Stimme der Greisin: „Soviel Wesens um eine alte Frau"! Aber es klang doch eine Freude aus diesen Worten. Und dann hat Urgroßmutter erzählt.

Vor dem Kriege war sie zuletzt in Köln. Sie fand, daß man sich dort nicht mehr aufhalten könne. Dies, obwohl ihre große Städte und Menschen nicht fremd waren, tat sie doch 83jährig eine Reise nach Antwerpen, um ihre beiden Söhne zu besuchen.

Die Erinnerung der Jubilarin springt um 80 Jahre zurück. Damals, als die Revolution ausbrach.

war in Düsseldorf als 1849 die Petroleumbeleuchtung aufkam. Abends erschien ein Mann mit einem Kännchen und einer kleinen Leiter. Er füllte die Laternen und zündete das Licht an.

... eines Tages war die Eisenbahn da. Und das Leben nahm seinen Gang. Amalie Kaufmann heiratete nach Stommeln und sah ihre Nachkommen heranwachsen. Heute besitzt sie neun Enkel und neun Urenkel. Sie leben bei den Preußen quick, Kinder. Auf einem Photo, das man gemacht hat, sind vier Generationen vertreten. In einer Seitenlinie der Familie hat es sogar fünf gegeben.

Auf dem Tisch des gut bürgerlichen Zimmers stehen Blumenkörbe, liegen Geschenke und Gratulationsschreiben. Die Gemeinde hat ein Arrangement geschickt und Landrat Heimann ließ seine Glückwünsche aussprechen.

Die Greisin verlangt zu trinken, da sie dann besser sprechen kann. 1909 noch feierte sie mit ihrem Mann goldene Hochzeit. „Alles sah aus wie heute". Blumen dufteten auf dem Tisch und die Geschenke häuften sich. Kinder und Enkel waren dabei aber nach den Jahren ist nicht mehr alle beisammen. Es war immer ein starker Zusammenhalt in der Familie. Der Sohn ist eigens aus Belgien herüber gekommen. Man sieht ihm seine 70 Jahre auch nicht an.

Amalie spricht von der eigenen Mutter und der Großmutter, die sie noch gekannt hat. Die wurde in dem Jahre geboren, da der Fritz den 7jährigen Krieg begann. Die Mutter kam im Jahre

1800 zur Welt und war, bevor sie 1904 in Bodendorf, ihrer Heimat starb, ebenfalls die älteste Frau ihres Landkreises.

Das Gedächtnis der Greisin springt wieder um Jahrzehnte zurück, als sie über den Fall der Gräfin Hatzfeld spricht, die eine tolle Abenteurerin gewesen sei.

*

Selbst eine alte Dame freut sich über Komplimente. Sie nickt wenn man ihr sagt, daß sie ein bewundernswertes Erinnerungsvermögen besitzt. Und bedauert nur, nicht mehr restlos auf gesundheitlicher Höhe zu stehen. Vor Monaten konnte sie sich den Urenkeln stärker widmen als es ihr heute möglich ist. Auch kann sie nicht mehr sehen. Der Kölner Tageblatt kam in ihr Haus, schon um die Zeit, als noch Tages-Telegraph hieß. Auch einer der Gratulanten, Herr Moses aus Stommeln, hat von seinem Vater das Abonnement der Zeitung übernommen, die seit ihren ersten Anfängen im Hause gehalten wurde.

Es war bedauerlich, nach kurzer Zeit schon aus dem freundlichen Kreise rund um die Frau scheiden zu müssen. Ein letzter Wunsch, einige Händedrücke. Die Greisin wünschte mir Glück...

Aus dem Reiche der Erinnerungen trete ich hinaus in eine Gegenwart, die den schrecklichen Ruf „Tempo" noch nicht hat kennen lernen müssen. Stommeln liegt in seinem Rieselschlaf. Es dämmert. Der Abend zieht herauf. Drüben wartet die Großstadt, eine mahnende und doch so ferne Welt. Vor ihren Toren aber gibt es noch Urgroßmütter, die den Urenkeln und den Kindern einer neuen Zeit von Dingen erzählen die Märchen klingen müssen...

B.

Kölner Tageblatt, Morgenausgabe, 6.1.1929

Stommeln 1956.
(1) Haus Venloer Str. 567 (ehemals Jacobsohn/Herz); (2) Synagoge

Sechs jüdische Stommelner vor dem Wahllokal zur Reichspräsidentenwahl 1925, v.l.: hinten: Henriette Jacobsohn, Amalie Kappel, Dora Heymann; unten: Paula Rosendahl, Sophie Ehrlich, Josef Heymann

Lily Herz mit ihren Kindern (v.l.) Karl Otto, Rudy, Alfred und Walter, 1934

Johanna Herz, geb. am 25.4.1938 im Krankenhaus in Stommeln

Leben in Köln 1936-1942

In Köln übernahm Ernst Herz ein kleines Transportunternehmen. Die Familie wohnte, zusammen mit Großmutter Henriette Jacobsohn, im Belgischen Viertel der Stadt, in der Neuen Maastrichter Straße Nr. 3. Das Miethaus war in jüdischem Besitz und ausschließlich von Juden und „Halbjuden" bewohnt. Zwei Tempo-Dreirad-Kleintransporter, angetrieben von knatternden Zweitaktmotoren am Vorderrad, bildeten den Fuhrpark des Kleinunternehmens; den einen fuhr der Vater selbst, für den anderen stellte er einen „arischen" Fahrer und Mitarbeiter ein: Wilhelm von Witzenhausen, ein Mann aus verarmtem deutschem Adel, den die Kinder seiner Freundlichkeit wegen mochten.

Familie, Schule, Synagoge: Schutzräume in feindlicher Umwelt

Oma Henriette Jacobsohn war eine wichtige Stütze im Haus. Sie beaufsichtigte die Kinder, wenn die Mutter nicht da war, trug ihnen Gedichte vor, von denen sie manche auswendig kannte, oder sang mit ihnen deutsche Volkslieder. Sie selbst konnte gut singen, die Enkelkinder ebenfalls, sie hatten es von ihrer Mutter geerbt, während der Vater eher unmusikalisch war. Deutsches Kulturgut wurde in der Familie gepflegt, in den vier Wänden ihrer Wohnung trotzte sie den Anfeindungen, die ihr draußen entgegenschlugen, in der Hoffnung, dass der nationalsozialistische Spuk einmal ein Ende haben werde.

Die schulpflichtigen Kinder Alfred, Rudy, Karl Otto und Walter besuchten die Städtische Israelitische Volksschule in der Lützowstraße 8–10; sie gehörten damit zu den 200 bis 250 jüdischen Kindern, deren Eltern damals aus dem Umland nach Köln gezogen oder die aus Nachbardörfern dorthin umgeschult worden waren; trotz der Verluste durch Auswanderung jüdischer Familien aus Köln stieg die Schülerzahl dadurch zwischen 1934 und 1937 auf über 900.[72]

Ähnlich wie die Familie war auch die Schule in den ersten Jahren ein geschützter Raum, in dem Rudy Herz sich wohlfühlte. Unbeschwert

---

72 Walk (2), S. 417.

konnte er durch das Portal das geräumige Schulgebäude betreten und sich unter die Mitschüler mischen. Tüchtige Lehrer gewannen sein Vertrauen, fesselten seine Neugier und befriedigten seinen Wissensdurst, und aus den benutzten Lehrbüchern schlug ihm nicht mehr der irritierende Ungeist teutonischer Selbstüberhebung entgegen. Mit den jüdischen Mitschülern, die überwiegend aus kleinen Verhältnissen und Mittelstandsfamilien kamen, teilte er das gleiche Schicksal und die gleiche Gefährdung durch eine feindliche Außenwelt, und das schloss sie zusammen. Jüdische Kultur und Religion, die die Schule ihnen vermittelte, gewann gerade durch die staatlich verordnete Dissimilation für sie an Bedeutung. Die durch Unterdrückung aufgezwungene jüdische Identität musste man mit Stolz für sich anzunehmen versuchen, um nicht dem Gefühl der Minderwertigkeit zu verfallen.

Die Familie Herz behielt auch in der Stadt das gewohnte religiöse Leben bei. Zu Hause achtete Mutter Lily Herz darauf, dass die jüdischen Speisegebote eingehalten wurden; sie war darin strenger noch als ihre Mutter Henriette Jacobsohn, die es nicht immer so genau nahm und sich bei einem – äußerst seltenen – Besuch im Hause ihres katholisch verheirateten Sohnes Hermann auch Schweineschinken schmecken ließ. Zum Gottesdienst ging man in die nicht weit von der Wohnung entfernte Synagoge in der Roonstraße, das religiöse Zentrum der liberal orientierten Kölner Juden. Deren Reformideen zeigten sich bereits im neoromanischen, dem christlichen Zeitgeist angepassten Baustil des 1899 errichteten Gebäudes, aber auch in der Verlegung des Vorlesepultes (Almemor) aus der Mitte des Raumes nach Osten hin oder im Einbau einer Kanzel wie in christlichen Kirchen. Im Gottesdienst sang an Festtagen ein gemischter Chor, und der Gesang des Kantors wurde von einer Orgel begleitet. Die Frauen blieben allerdings auf Emporen (an den Enden der Kreuzarme) von den Männern getrennt. Rund 1400 Menschen, Männer und Frauen, fanden hier Platz, und die großartige Pracht des weiten Synagogenraums mit kostbaren ornamentalen Wand- und Deckenmalereien, eingetaucht in das farbige Licht, das durch große Rosettenfenster fiel, richtete die gedemütigten Seelen wenigstens für die Zeit des Gottesdienstes auf.

Familie, Schule, Synagoge: es waren Räume, in denen Juden Schutz und Halt finden konnten. Aber es blieben Inseln in einer feindlichen Umwelt. Als Rudy Herz 1936 nach Köln kam, war er 11 Jahre alt, und ihm blieb nicht verborgen, dass die meist katholischen Kölner Kinder andere Schulen besuchten als er und dass er nicht zu deren Cliquen gehörte, sondern gezwungenermaßen in einer Parallelwelt lebte, die zunehmend angefeindet wurde. Im Kölner Grüngürtel spielte er – aber nur mit seinen Geschwistern oder anderen jüdischen Kindern. Er las zwar keine Zeitung und begriff wenig von dem rassistischen Hintergrund der auf dem Nürnberger „Reichsparteitag der Freiheit" im September 1935 beschlossenen Rassengesetze, aber Zeugnisse dieses antisemitischen Ungeistes sah er regelmäßig, wenn er sich auf seinen Schulweg machte. Jeden Tag musste er an einem „Stürmerkasten" vorbei, in dem die von Julius Streicher herausgegebene antisemitische Wochenzeitung „Der Stürmer" aushing. Woche für Woche neu sah er in diesem Hetzblatt pornographische Texte über angebliche jüdische Wolllüstlinge und Sexualverbrecher („Als Judenjunge nehm ich immer, nur Christenmädchen auf mein Zimmer"), las skandalisierende Berichte über jüdische Metzger, Rechtsanwälte oder Ärzte. „Die Juden sind unser Unglück!" stand in fetten Buchstaben am Fuß jeder Titelseite; widerliche Karikaturen von bösartigen, mörderischen, hinterlistigen, geizigen Judenfratzen mit krummen Hakennasen und feisten Nacken schauten ihn an und ließen ihn erschaudern. Hier wurden sein Vater, seine Mutter, er selbst als „Untermensch" verhöhnt, und weil niemand so etwas verbot, musste er davon ausgehen, dass die Mehrheit diese Meinung teilte. Ein eisiger, feindlicher Wind schlug ihm entgegen in einer Stadt, die er zugleich als seine Heimat liebte.

„Juden unerwünscht!" las er auf Schildern an den Schaufenstern vieler Geschäfte, bei anderen „Arischer Besitzer" oder „Arisches Geschäft". Zahlreiche nationale Feiertage oder aktuelle Ereignisse waren das Jahr über immer wieder Anlass, Hakenkreuzfahnen an den Häusern flattern zu lassen oder Kindern kleine Hakenkreuzfähnchen in die Hand zu drücken. Juden war das verboten. Das Blutschutzgesetz von 1935 bestimmte in Paragraph 3, Absatz 1: „Juden ist das Hissen der Reichs- und

Nationalflagge und das Zeigen der Reichsfarben verboten." Ihnen war nur „das Zeigen der jüdischen Farben gestattet". An Tagen öffentlicher Aufmärsche war es ratsam, zu Hause zu bleiben. Aber den demütigenden Schmerz, als unwürdig ausgeschieden zu sein aus der „deutschen Volksgemeinschaft", wurde man damit nicht los. Das Wissen darum nagte im Innern am Selbstwertgefühl, und von außen drang der Marschschritt der Kolonnen durch das Fenster, und aus Lautsprechern, die an Straßenecken und Plätzen angebracht waren, erscholl die Stimme des Führers, des Propagandaministers Joseph Goebbels oder eines anderen Parteigenossen, oft mit Hetztiraden gegen das Judentum, das angeblich das Deutsche Reich zerstören wollte.

Nicht verwirklichte Auswanderungspläne

Viele Juden, die nicht mehr an eine Zukunft in Deutschland glaubten, kehrten damals ihrer Heimat den Rücken und flohen ins Ausland, um sich und ihre Familien in Sicherheit zu bringen. Auch Ernst Herz dachte an Emigration, und zwar nach Argentinien, wo die Hilfsorganisation *„Jewish Colonization Association"* (JCA) zahlreiche jüdische Familien aus Deutschland gruppenweise in der Kolonie Avigdor (Provinz Entre Rios) angesiedelt hatte. Gleichzeitig organisierte sie landwirtschaftliche Vorschulungen.[73] Ca. 1936 besuchte Ernst Herz für drei Monate ein jüdisches Auswanderungslehrgut in der Nähe von Berlin, um sich umschulen zu lassen. Die JCA bewilligte die Auswanderungspläne, und für die Eltern und Kinder wurden die erforderlichen Einwanderungspapiere besorgt, aber für die ca. 74-jährige Großmutter Henriette Jacobsohn wurden sie verweigert: weil sie zu alt war und auch nicht gesund. Dieser selbst war das nicht unwillkommen: Sie wollte ihre deutsche Heimat, in der ihr Mann begraben war, gar nicht verlassen. Als Ernst und Lily Herz deren Bruder Hermann fragten, ob er und seine katholische Frau die Mutter bei sich aufnehmen könnten, lehnten diese das ab[74]; die Familie

---

73 Die jüdische Emigration, S. 195f. - Der aus München stammende und zu großem Reichtum gelangte jüdische Baron Maurice de Hirsch (1831–1896) hatte 1891 mit privatem Kapital die „Jewish Colonization Association" gründet, die u. a. in Argentinien große Ländereien aufkaufte, um hier die Ansiedlung von jüdischen Kolonisten zu ermöglichen.

74 Helga Pilar, Interview 23.3.2011.

war selbst in Schwierigkeiten, die durch eine weitere jüdische Person im Haushalt noch vergrößert worden wären. Die Mutter aber sich selbst zu überlassen brachte Tochter Lily nicht übers Herz. Man gab deshalb die Auswanderungspläne auf. Rudy Herz resümierte 2011:

„Am Ende blieben wir in Deutschland, die Falle klappte zu, wir konnten nicht mehr weg."[75]

Versuche, 1938 noch eine Einwanderungsgenehmigung in die USA zu erhalten, schlugen fehl – weniger wegen der gesetzlich vorgesehenen Einwanderungsquote aus Deutschland, sondern wegen der Schwierigkeit, eine Bürgschaft *(Affidavit)* von einem Verwandten oder Freund in den USA zu beschaffen, in der dieser zusicherte, im Notfalle für die Einwanderer aufzukommen.

Im April 1938, ein halbes Jahr vor der Reichspogromnacht, brachte Lily Herz ihr fünftes Kind zur Welt, die Tochter Johanna, und zwar im Maria-Hilf-Krankenhaus in Stommeln, das sie von den früheren Geburten her kannte. Ein sechstes Kind, der Sohn Jona, kam schließlich am 2. Januar 1942 im Israelitischen Krankenhaus in der Ottostraße in Köln-Ehrenfeld zur Welt. Der Krieg dauerte damals schon mehr als zwei Jahre, und ab Köln-Deutz rollten bereits die Deportationszüge. Die Geburt dieser beiden Kinder fiel in eine Zeit, in der die Spirale der Gewalt gegen Juden sich immer schneller drehte. Die Situation der jetzt neunköpfigen Familie wurde immer schwieriger, zumal die Oma Henriette Jacobsohn unter Diabetes litt, zunehmend unsicher auf den Beinen war und intensiv betreut werden musste. Zu der enormen Arbeitsbelastung für Lily Herz durch die pflegebedürftige Mutter und die sechs Kinder kamen die Sorge, wie der Lebensunterhalt bestritten werden sollte, das Leiden unter Krieg und öffentlicher Diskriminierung, der bange Blick in die Zukunft. Nach der Geburt des sechsten Kindes habe er seine Mutter zum ersten Mal voll Angst gesehen:

„[Sie] lag im Bett nach der Entbindung und sagte: ‚Rudy, ich blute. Ist das schlimm?' Ich sagte: ‚Das geht vorüber.' Das hat meine Mutter beruhigt, und ihr ging es dann auch wieder besser. Soweit es ging, haben wir noch etwas Magermilch beschaffen können, Weißbrot haben wir

---

75   Rudy Herz, Vortrag, 15.2.2011.

zu Zwieback verarbeitet. Stommelner haben uns geholfen. So haben wir uns am Leben erhalten mit den kleinen Kindern. Die älteren Kinder haben mitgeholfen, soweit sie konnten. Ich habe mich viel mit dem kleinsten beschäftigt. Ich war wahrscheinlich der, der sich um die kleinen Kinder [Johanna und Jona] am meisten gekümmert hat. Ich habe sie gebadet, gewickelt, ihnen die Flasche gegeben, sie beruhigt, soweit ich konnte."[76]

Reichspogromnacht 1938

Seit dem Herbst 1938 änderte sich auch in der Schule für die schulpflichtigen Kinder Wesentliches. Der Reichspogromnacht im November 1938 war die Abschiebung nach Polen von insgesamt etwa 17 000 Juden polnischer Staatsangehörigkeit, die in der Mehrzahl in Deutschland lebten und arbeiteten, vorausgegangen, darunter am 28. Oktober 1938 etwa 600 Juden, die von Köln-Deutz aus deportiert wurden.[77] Rudy Herz, der damals als Dreizehnjähriger die Schule Lützowstraße besuchte, erinnert sich, dass plötzlich sechs oder acht Kinder fehlten und die Lehrer den verunsicherten Mitschülern von der Abschiebung berichteten.

Weil der polnische Staat die Abgeschobenen nicht ins Land lassen wollte, hatten sie zunächst zwischen den Staatsgrenzen bei Bentschen/ Zbaszyn kampieren müssen und wurden dann monatelang zu Tausenden in ausgedienten Militärbaracken oder ehemaligen Pferdeställen unter katastrophalen hygienischen Bedingungen und ohne hinreichende Versorgung mit Lebensmitteln untergebracht. Die Eltern des aus Hannover stammenden Herschel Grynspan, der sich damals in Paris aufhielt, waren darunter, und in einer verzweifelten Kurzschlussreaktion schoss er in der deutschen Botschaft den Gesandtschaftsrat Ernst vom Rath nieder. Als dieser am 9. November 1938 seinen schweren Verletzungen erlag, löste Joseph Goebbels von München aus Gewaltaktionen gegen die Juden durch die SA und die SS aus: Synagogen wurden in Brand gesteckt, unzählige jüdische Wohnungen und Geschäfte verwüstet, zahlreiche Juden ermordet oder in den Selbstmord getrieben, bis zu 30 000 männliche Juden verhaftet und in Konzentrationslager verschleppt.

---

76   Rudy Herz, Vortrag 14.2.2011.
77   Corbach (2), S. 57.

Die Familie Herz ahnte, dass der Anschlag vom 7. November 1938 in Paris schlimme Folgen für die deutschen Juden haben würde. Sie hingen am Radio, schauten in die Zeitungsaushänge, aber dass es so schlimm kommen würde, hätten sie nicht für möglich gehalten. Nach zwei Tagen bangen Wartens erhielten sie Gewissheit: In der Nacht zum 10. November rief jemand an: „Die Synagoge brennt!" Und als die Familie draußen Ausschau hielt, sahen sie den Feuerschein in der Roonstraße, vielleicht 800 Meter entfernt. Auch die Synagogen in der Glockengasse und in der Körnerstraße in Ehrenfeld wurden in jener Nacht in Brand gesteckt, die in der St. Apern-Straße sowie die in Deutz und Mülheim wurden verwüstet.

Verängstigt zog die Familie sich in ihr Haus zurück. Wenig später, vor Eintritt der Morgendämmerung, hörten sie draußen Lärm, und es rumste an der Tür. Ein SA-Kommando schlug mit Axt und schwerem Hammer auf die Tür ein. Ernst Herz öffnete notgedrungen, der Blick des Anführers fiel auf die völlig verängstigten Kinder und dann auf das Bild des ehemaligen Generalfeldmarschalls und Reichspräsidenten Paul von Hindenburg an der Wand. Rudy Herz hatte es aus einer Zeitschrift ausgeschnitten und im Flur an die Wand geheftet, denn dieser Mann mit langem, gezwirbeltem Schnurrbart und ordenübersäter Marschalluniform, darunter der Pour le Mérite, imponierte ihm. Der SA-Mann stutzte, darauf war er nicht vorbereitet. Die Kinder versteckten sich, und der Vater Ernst Herz erklärte geistesgegenwärtig, er habe vier Jahre im Ersten Weltkrieg unter Hindenburg gedient und an der Westfront gekämpft, er sei mit dem Eisernen Kreuz II. Klasse ausgezeichnet worden und bis 1921 in französischer Kriegsgefangenschaft gewesen; deshalb hänge das Bild da. Der SA-Mann war verunsichert:

„Für diesmal werden wir abziehen, aber morgen möchte ich Sie nicht mehr hier sehen!"[78]

Die Eltern nahmen die Drohung ernst. Überhastet wurden die notwendigsten Habseligkeiten auf einen Kleintransporter geladen, um über die Grenze nach Belgien zu fahren und bei den beiden Onkeln Salomon und David Kappel in Mons bzw. Antwerpen Unterschlupf zu

---

78 Rudy Herz, Vortrag 14.2.2011. Hiernach auch der folgende Abschnitt.

finden. Man kam bis in die Gegend von Jülich, aber dann wurde Ernst Herz klar, wie aussichtslos das Unternehmen war. Wie sollten sie unbemerkt über die Grenze kommen? Und was würde passieren, wenn sie in die Grenzkontrolle gerieten? Er wendete wieder und fuhr nach Hause zurück. Dort traf man die Wohnung an, wie man sie verlassen hatte. Nichts war zerstört oder verwüstet, nur die Haustür war beschädigt, konnte aber repariert werden. Man war noch einmal glimpflich davongekommen.

Für die Verwandten in Rommerskirchen-Butzheim galt das nicht. Heimische und auswärtige SA-Männer hatten das Haus der achtzigjährigen Großmutter Helene Herz verwüstet und im Keller ein Rohr der Wasserleitung zerschlagen, sodass Wasser in großer Menge auslief. Die gehbehinderte, altersgebeugte Frau war die Kellertreppe hintergestürzt, und die bei der Mutter lebenden Töchter Meta und Selma vermochten sie nicht aus dem Keller und dem ansteigenden Wasser herauszuziehen. Sie holten Hilfe bei zwei benachbarten Mitgliedern der Freiwilligen Feuerwehr, die auch sofort zupackten und die Oma heraufholten. Dass beide wegen dieser Hilfe für eine Jüdin angezeigt und aus der Freiwilligen Feuerwehr ausgeschlossen wurden, irritiert bis heute und wirft ein grelles Licht auf die politische Situation im Ort.[79]

Für die drei Frauen gab es nur eins: möglichst rasch weg aus Butzheim. Sie riefen bei der Familie Herz in Köln an und schilderten ihre Lage. Ernst Herz ließ sich nicht lange bitten, rief seinen Fahrer und fuhr mit seinen beiden Kleintransportern los, um seine Mutter und die beiden Schwestern zu sich nach Köln zu holen. Die Oma hatte einen Schlaganfall erlitten und konnte sich nicht mehr bewegen und nicht mehr sprechen. Man schaffte es, die völlig verängstigte Frau in einen Korbsessel auf einer der Ladeflächen zu setzen, in Decken einzupacken und nach Köln in die Wohnung in der Neuen Maastrichter Straße zu bringen. Dort pflegten die Frauen, so gut es ging, die Kranke.

Meta und Selma Herz, die zunächst auch in der Neuen Maastrichter Straße unterschlüpften, konnten in der Thieboldsgasse 138 auf einer ersten Etage für sich und ihre Mutter eine Wohnung finden, in einem

---

79 Vgl. Backhausen (2), S. 149.

etwas heruntergekommenen Viertel mit vorwiegend jüdischer Bevölkerung. Die Mieten waren niedrig, und deshalb waren viele Einwanderer aus dem Osten hier hingezogen.[80] Vor allem Rudy Herz und die anderen Enkelkinder besuchten hier ihre Oma regelmäßig, auch Tochter Lily und ihr Mann Ernst Herz taten alles für sie. Aber sie starb 1941 an den Folgen des Schlaganfalls und wurde auf dem Jüdischen Friedhof in Köln-Bocklemünd beerdigt. Heute ist ihr Grab nicht mehr auffindbar, obwohl man noch einen Grabstein für sie hatte errichten lassen.[81]

Auch die anderen Verwandten in Butzheim und Nettesheim, die Familien Spier und Kaufmann mit ihren vielen Kindern, wurden damals Opfer schlimmer Ausschreitungen und mussten ihren Heimatort verlassen. Die beiden Kinder Günther und Manfred Kaufmann, zehn und sechs Jahre alt, wurden noch am 10. November 1938 von der Volksschule in Butzheim verwiesen.[82] Mit ihren Eltern und Geschwistern wurden sie in das Lager Niederbardenberg nordöstlich von Aachen umgesiedelt, gelegen auf dem heutigen Stadtgebiet von Würselen. Genaueres hierüber ist bisher nicht bekannt. Nettesheim-Butzheim wurde bald nach dem Novemberpogrom 1938 „judenrein", auf dem Land war man in dieser Hinsicht „erfolgreicher" als in der Stadt Köln.

Systematische Ausbeutung der Juden

Immer ungehemmter betrieb der nationalsozialistische Staat nach dem Pogrom vom 9. und 10. November 1938 die systematische Ausplünderung der Juden. Der offene Terror gegen sie war auf keine nennenswerte öffentliche Gegenwehr gestoßen, im Gegenteil: Der Mob der Straße hatte sich den Rollkommandos der SA angeschlossen. Das Ausbleiben öffentlichen Widerstandes stellte den Tätern einen Freibrief für weitere „Maßnahmen" aus und gab dem Aggressionsstau rassistischer Wahnideen freie Bahn. Zugleich wies es dem Staat, der infolge der nationalsozialistischen Aufrüstung hochverschuldet war, einen räuberischen Ausweg aus dem drohenden Staatsbankrott.

---

80 Becker-Jákli (1), S. 74.
81 Rudy Herz, Vortrag 14.2.2011.
82 Mttlg. von Magda Becker; Schmitz, S. 41.

Bereits am 13. November 1938 veröffentlichten die Tageszeitungen drei Verordnungen, die Hermann Göring in seiner Eigenschaft als Beauftragter des Vierjahresplanes noch am 12. November 1938 erlassen hatte[83]:

1. Den Juden in ihrer Gesamtheit wurde die „Zahlung einer Kontribution von 1 000 000 000 (Milliarde) Reichsmark an das Deutsche Reich" auferlegt. Ca. 20 Prozent der jüdischen Vermögen schöpfte damit der Staat als sogenannte „Judenvermögensabgabe" ab, die von den einzelnen Steuerzahlern in vier Raten von Dezember 1938 bis August 1939 an die Finanzämter abzuführen war. Für viele jüdische Familien bedeutete es den finanziellen Ruin.

2. Juden wurde mit Wirkung vom 1. Januar 1939 das Betreiben eines Geschäftes oder Handwerksbetriebes untersagt; zugleich wurden sie von allen unternehmerischen Positionen und leitenden wirtschaftlichen Stellungen ausgeschlossen.

Durch Erlass des Reichsführers SS und Chefs der Deutschen Polizei Heinrich Himmler vom 3. Dezember 1938 wurden alle Führerscheine und Fahrzeugpapiere im Besitz von Juden für ungültig erklärt. Aufgrund der Verordnung des Reichsverkehrsministers Julius Dorpmüller vom 22. Februar 1939 wurden alle für sie ausgestellten Führer-, Fahrzeug- und Anhängerscheine eingezogen.[84] Für das kleine Speditionsunternehmen des Ernst Herz war es das endgültige Aus. Er sah sich gezwungen, es an seinen Fahrer Wilhelm von Witzenhausen zu verkaufen.

Ernst Herz und sein fünfzehnjähriger Sohn Alfred, der offenbar mit im Betrieb gearbeitet hatte, waren damit arbeitslos. Seit Anfang 1939 wurden Juden, die Arbeitslosenunterstützung beantragten, im „Geschlossenen Arbeitseinsatz" als Hilfsarbeiter zwangsverpflichtet, insbesondere bei Straßenbauarbeiten u. Ä.[85] Es war der Beginn jüdischer Zwangsarbeit. So erging es auch Ernst Herz und seinem Sohn Alfred. Sie wurden vom Arbeitsamt der Kölner Straßenbaufirma Reifenrath GmbH zugewiesen und

---

83 Verordnung über eine Sühneleistung der Juden deutscher Staatsangehörigkeit; Verordnung zur Ausschaltung der Juden aus dem deutschen Wirtschaftsleben; Verordnung zur Wiederherstellung des Straßenbildes bei jüdischen Gewerbebetrieben. RGBl 1938 I, S. 1579–1581.
84 Hochstetter, S. 412.
85 Herbert, S. 167.

kamen mit Hacke und Schaufel beim Ausbau der Reichsautobahn zum Arbeitseinsatz.[86]

Der Sohn Rudy entging zunächst einer solchen Dienstverpflichtung. Während des Novemberpogroms 1938 besuchte er noch die jüdische Volksschule Lützowstraße, deren Gebäude allerdings 1938 auf Anordnung der städtischen Schulbehörde geräumt werden musste, sodass sie umgezogen war in ein Schulgebäude in der Löwengasse/Weberstraße in der Altstadt-Süd.[87] Ein Jahr lang ging er noch mit seinen jüngeren Brüdern Karl Otto und Walter hierhin zur Schule. Am 1. Oktober 1939 wurde die Schule Lützowstraße dann ganz geschlossen und mit der jüdischen Volksschule *Moriah* vereinigt und zusammen mit dem jüdischen Reform-Realgymnasium *Jawne* im Schulgebäude an der St.-Apern-Straße 29–31 untergebracht. Karl Otto und Walter Herz haben als Schüler diesen Wechsel noch mitgemacht, Rudy nicht mehr. Er war nicht mehr schulpflichtig. Eine normale Lehre zu beginnen, wie er es sich gewünscht hätte, war für ihn als Jude nicht mehr möglich. Bereits seit 1933 nahmen viele Meister keine jüdischen Lehrlinge mehr an. Das Israelitische Lehrlingsheim in der Utrechter Straße 6 in Köln wurde 1933/34 aufgelöst. Um den jungen Menschen, die nach der Schulentlassung ohne Lehrstelle blieben, eine Zukunftsperspektive zu bieten, richtete der zionistische Verband *Hechaluz* in dem Gebäude Lehrwerkstätten ein, die auf eine Auswanderung nach Palästina vorbereiten sollten.[88] In der Pogromnacht zum 10. November 1938 waren die Werkstätten „in bestialischer Weise zerstört und ausgeplündert"[89] worden, der Lehrbetrieb konnte aber wieder aufgenommen werden. Im Interview berichtete Rudy Herz:

„Wir wohnten in Köln nahe der Michaeliskirche, in der Neuen Maastrichter Str. Nr. 3. Die Jüdische Lehrwerkstätte war nahebei. Der Hausmeister war ein gewisser Herr Berg. Dessen Tochter lud mich manchmal zum Radfahren nach Zons ein. In der Lehrwerkstätte konnte man Schreinerei, Bauschreinerei und Schlosserei lernen. Ich wollte Schlosser

---

86 Rudy Herz, Vortrag 14.2.2011. Im Bereich des heutigen Autobahnkreuzes Köln-Süd (bei Hochkirchen) wurde damals eine Anschlussstelle für die geplante Autobahn nach Aachen gebaut.
87 Jüdisches Schicksal in Köln, Mappe 5.
88 Becker-Jákli (1), S. 61 und 344f.
89 Pracht-Jörns (2), S. 266.

werden, aber da war für mich kein Platz, deshalb habe ich dann Bauschreinerei gewählt. Anderthalb Jahre hatte ich diese Ausbildung. Wir hatten jüdische Schreinermeister, die ganz ausgezeichnet waren: Herr Lindemann[90] und Herr Kahn. Unglücklicherweise ist wohl keiner von ihnen am Leben geblieben. Eine Abschlussprüfung habe ich nicht machen können, da war der Himmler gegen. Mit scharfem Auge hat man auf die jüdische Lehrwerkstatt geguckt. Man wollte keine Ausbildung für Juden. Aber man hat es doch getan, die Gestapo konnte ja nicht überall sein. Stichel, Stoßaxt, alle diese Werkzeuge habe ich dort benutzen gelernt."[91]

Nach seiner anderthalbjährigen Ausbildung erhielt Rudy Herz eine Anstellung bei der Kölner Firma Westdeutscher Barackenbau am Ubierring. Besitzer der Firma war ein gewisser Herr Kerkhoff, NSDAP-Parteigenosse, aber umgänglich. Er wohnte in einer Villa an der Aachener Straße. Rudy Herz erinnert sich, für seine Kinder ein Kindertheater mit Soffitten gebaut zu haben. Die Werkstatt war in einer ehemaligen Wäscherei eingerichtet, die Kerkhoff gekauft hatte. Gearbeitet wurde im Wesentlichen für die Deutsche Wehrmacht; man baute vor allem Baracken, aber auch Kranführerhäuser und Ähnliches. Die Geschäftsleitung oblag weitgehend dem Geschäftsführer Dr. Rüber, der, so Rudy Herz, sich ihm gegenüber anständig verhalten hat, obwohl er Parteigenosse war. Unter einem Zimmermeister arbeiteten in der Werkstatt ca. vier Schreiner- oder Zimmergesellen. Dieser Meister war ein Stommelner, Michael Lamprecht. Er kannte Rudy Herz und seine Familie von zu Hause aus, und er störte sich nicht daran, dass er Jude war und keinen Gesellenbrief vorweisen konnte. Er sah, wie er mit Hobelmaschine oder Kreis- und Pendelsäge umzugehen verstand, und das genügte ihm. Dass er zugleich einem bedrohten jungen Juden Schutz bot, mag sein Verhalten auch beeinflusst haben. Wichtig für Rudy Herz war insbesondere, dass er auch ihm, obwohl er Jude war, die Langarbeiterzulage zukommen ließ. Bis heute ist Rudy Herz ihm dankbar dafür. Man wird aber auch davon ausgehen können, dass alle anderen Angestellten und auch

---

90 Ein Adolf Lindemann, geb. 1898 in Berlin, wurde 1942 nach Minsk deportiert. Vgl. Die jüdischen Opfer des Nationalsozialismus aus Köln.
91 Rudy Herz, Interview 12.2.2011.

der Besitzer selbst davon wussten und es stillschweigend duldeten – ein anständiges Verhalten, das der ganzen Familie Herz ihre Notlage etwas erleichterte:

„Wir hatten durch meine schöne Arbeitsstelle eine zusätzliche Nahrungsquelle. Unsere Lebensmittelkarten waren ja mit einem schönen ‚J' versehen. Aber weil wir 56 Stunden die Woche arbeiteten, bekamen wir sogenannte Langarbeiterzulage für Brot, Fleisch und andere Lebensmittel, auch Zucker und Seife. Sie war nicht mit ‚J' gestempelt. Meine Mutter konnte so etwas besseres Fleisch usw. kaufen und etwas besser kochen, und das hat uns viel geholfen."

Für die ganze Bevölkerung gab es seit Kriegsbeginn die wichtigsten Lebensmittel nur noch gegen unterschiedlich gefärbte Berechtigungsscheine: Reichsbrotkarte, Reichsfleischkarte, Reichsfettkarte, Reichseierkarte usw. Ähnliches galt für Textilien, Schuhe, Seife usw. Für Juden wurden spezielle Lebensmittelkarten eingeführt und mit der Aufschrift „J" für „Jude" gekennzeichnet, zunächst die ganze Karte durch ein großes „J", später jeder einzelne kleine Abschnitt. Die für Juden vorgesehenen Rationen waren deutlich geringer als die für die übrige Bevölkerung, und einlösen konnte man sie nur in besonders bezeichneten Geschäften und zu bestimmten Zeiten – wenn die Ware in hinreichendem Maße vorrätig war. Fleischmarken wurden schließlich für Juden ganz abgeschafft. Die Langarbeiterzulage, die Rudy Herz mit nach Hause bringen konnte, war deshalb hochwillkommen. Er erinnert sich:

„Als die Not groß wurde, fuhren meine Mutter und ich mit einem Körbchen am Rad nach Stommeln oder Frechen und haben dort Kartoffeln geholt, weil wir doch eben Stommelner waren und meine Mutter mit vielen Bauern zur Schule gegangen war, und wir haben auch etwas Fleisch bei Bauern kaufen können. Wir haben uns also durchschlagen können. Wir haben keinen Hunger gelitten. Es war etwas knapp, ja. Wir hatten auch vorher einfach gelebt. Leute, die Rübenkraut auf Schwarzbrot mit Quark essen, brauchen keine Fasane unter Glas. Wir haben einfache Gerichte gemacht, aber das hatten wir auch vorher schon getan. Wir haben dabei die Speisegesetze doch überschritten. Wo wir konnten, haben wir etwas Schweinefleisch gekauft. Es war zwar gegen das jüdische Gesetz, es war auch gegen das deutsche Gesetz, aber wir haben es doch getan."[92]

Waren 1939 zunächst nur Juden, die eine Arbeitslosenunterstützung beantragten, zur Zwangsarbeit verpflichtet worden, wurde dies 1940 auf alle arbeitsfähigen Juden, Männer und Frauen, ausgedehnt. In Arbeitskolonnen kamen sie vorwiegend in der Industrie zum Zwangseinsatz.[93] Während der sechzehnjährige Alfred Herz bei der Straßenbaufirma Reifenrath blieb, wurde sein Vater Ernst Herz zur Arbeit in einer Zuckerfabrik verpflichtet. Rudy Herz arbeitete bei der Firma Westdeutscher Barackenbau. Der jüngere Bruder Karl Otto besuchte zunächst noch das jüdische Realgymnasium *Jawne*. Als die Schule im Herbst 1941 mit dem Einsetzen der Deportationen ihren Schulbetrieb einstellen musste, wurde er in einer Schiffsschraubenfabrik eingesetzt; er war damals erst dreizehn Jahre alt.

Antijüdischer Ostrakismos

Die Familie Herz lebte in einem Haus, das in jüdischem Besitz und nur von jüdischen Familien bewohnt war. Deshalb war sie nicht von den Maßnahmen betroffen, mit denen man seit 1939 Juden in sogenannte „Judenhäuser" zusammenlegte und schließlich ganze Stadtviertel „judenrein" machte; ihre Wohnung entsprach bereits dieser Zielsetzung einer innerstädtischen Ghettoisierung auf der Grundlage des Gesetzes über die Mietverhältnisse mit Juden vom 30. April 1939, das den Mieterschutz für Juden aufhob. Andere diskriminierende Gesetze und Verordnungen schränkten sie jedoch zusätzlich in ihrem Alltagsleben ein. Seit Kriegsbeginn, dem 1. September 1939, durften Juden ihre Wohnungen abends nicht mehr verlassen: im Sommer ab 21 Uhr, im Winter ab 20 Uhr. Im September wurden ihre Rundfunkgeräte beschlagnahmt. Als besonders demütigend empfand Rudy Herz die Polizeiverordnung vom 1. September 1941, nach der alle Juden im Deutschen Reich – wie vorher schon in den besetzten polnischen Gebieten – vom sechsten Lebensjahr an in der Öffentlichkeit einen „Judenstern" tragen mussten. Er war auf der linken Brustseite der

---

92　Rudy Herz, Vortrag 14.2.2011.
93　Herbert, S. 167.

Kleidungsstücke weithin sichtbar aufzunähen. Rudy Herz bekennt, sich nie so geschämt zu haben wie damals:

„Ich betrachtete mich auch damals noch als Deutschen, war mit der deutschen Kultur verschmolzen und sah in Friedrich dem Großen auch meinen König. Jetzt aber kam für mich die endgültige Ausgrenzung, der Ostrakismus. Der Begriff *ostracism* ist in Amerika allgemein üblich, er bedeutet: von der Gesellschaft ausgestoßen. Und das habe ich dann auch gefühlt: Ich wurde von der Gesellschaft ausgestoßen, indem man mir den gelben Judenstern mit dem jüdelnden deutschen Schriftzug ‚Jude' anheftete. Er musste angenäht werden. [...] Wir empfanden es als ein Kainszeichen, als hätte man uns auf der Stirn eingebrannt: ‚Jude'."[94]

Diese Brandmarkung der Juden, als wären sie Aussätzige oder ein Stück Vieh, geschah in aller Öffentlichkeit. Sie wurde zwar nicht durch Volksabstimmung wie der *Ostrakismos* im alten Athen beschlossen, aber doch von der Bevölkerung geduldet. Das im Amerikanischen geläufige Wort *ostracism* bringt die darin sich äußernde allgemeine Mitverarbeitung für das Ungeheuerliche, das geschah, begrifflich auf den Punkt. Allerdings bedeutete der athenische *Ostrakismos* „nur" eine zehnjährige Verbannung und besaß nicht die fundamentalistische Radikalität des nationalsozialistischen Rassenwahns.

Den Judenstern in der Öffentlichkeit nicht zu tragen war gefährlich. Trotzdem haben Mitglieder der Familie Herz es hin und wieder getan, um noch irgendeine Verbindung zur Außenwelt zu haben oder etwas einzukaufen in einem Geschäft, das für Juden verboten war.[95] Immer schikanöser wurden die Verordnungen, mit denen man den Juden das Leben erschwerte und ihre Würde verletzte: Bald durften sie keine Haustiere mehr halten oder Bücher kaufen oder pelzgefütterte Kleidung tragen. Sie mussten ihre Fahrräder abgeben und durften keine öffentlichen Verkehrsmittel mehr ohne Ausnahmegenehmigung (für die Fahrt zur Arbeit) benutzen; hatten sie eine Fahrerlaubnis, durften sie sich aber nicht setzen. In aller Öffentlichkeit geschah das, und als Gauleiter Josef Grohé in einer Großveranstaltung in der Kölner Messehalle am 28. September 1941 mit unüberbietbarer Häme über die gedemütigten Juden,

---

94 Rudy Herz, Vortrag 15.2.2011.
95 Rudy Herz, Vortrag 14.2.2011.

die angeblichen „Urheber des Krieges", herfiel, jubelten die Massen seinen Tiraden zu:

„Ja, wenn wir sie alle an die Wand gestellt hätten, hätten wir das vor der Geschichte rechtfertigen können und vor unserem eigenen Gewissen. Denn der Jude war noch niemals ein Nutzen für die Menschheit, sondern immer nur ein Schaden. Der Jude ist der geborene Verbrecher."[96]

Die jüdischen Familien versuchten in ihrer Not zusammenzuhalten, obwohl die Synagoge zerstört und Versammlungen von Juden verboten waren.

„Trotzdem wurden in unserem Haus Gottesdienste abgehalten. Wir hatten zwar keine Thorarollen mehr, aber es gab die fünf Bücher Mose, die ja dasselbe waren, noch in kleinem Buchformat. Es fanden sich immer zehn jüdische Männer, um Gottesdienst am *Schabbat*, am Samstag abzuhalten. Wir brauchten ja nichts anderes zum Gottesdienst als Männer mit Kopfbedeckung und schwarzweiß gestreiftem Gebetsmantel, dem Tallit *(Talles)*."[97]

Im Herbst 1941 setzten die Deportationen ein. Auf Anweisungen der Gestapo hatte die Synagogengemeinde bzw. die „Bezirksstelle Rheinland der Reichsvereinigung der Juden in Deutschland"[98] Transportlisten in der angegebenen Größenordnung, in der Regel 1000, zusammenzustellen. Diese Behörde teilte den „Abwandernden" etwa eine Woche vor Abtransport mit, dass sie sich zu dem mitgeteilten Zeitpunkt im Kölner Messegelände einzufinden hätten. Merkblätter informierten darüber, wie viel Bargeld (anfangs 50, später 25 RM) und Gepäck (anfangs 50 kg, später weniger) mitzunehmen sei. Ein sechzehnseitiges Formular für eine „Vermögenserklärung" war akribisch auszufüllen, einschließlich einer Aufstellung des gesamten Wohnungsinventars und der Kleidungsstücke. Wertgegenstände aus Gold etc. waren, in einem Briefumschlag verpackt, mitzubringen und abzugeben. Dieter Corbach,

---

96 Zit. n. Matzerath (2), S. 410.
97 Rudy Herz, Vortrag 14.2.2011.
98 Die „Reichsvereinigung der Juden in Deutschland" war am 4. Juli 1939 durch die 10. Verordnung zum Reichsbürgergesetz zwangsweise angeordnet worden. Alle „Juden" (nach den nationalsozialistischen Bestimmungen) mussten ihr angehören und Beiträge entrichten. Die Reichsvereinigung verfügte über Mitgliederlisten, und die Gestapo zwang sie, diese Listen zur Zusammenstellung der Deportationslisten zu missbrauchen.

der in jahrelanger Arbeit alle verfügbaren Informationen über die Kölner Deportationen zusammengetragen und veröffentlicht hat, lässt seine Erschütterung spüren, wenn er schreibt:

„Kann man sich heute noch eine Vorstellung von der Angst und der Bestürzung machen, die jene Leute befiel, wenn sie den Brief der Bezirksstelle in Händen hielten? Woran sollte man jetzt denken? Was war zu tun? Wen sollte man noch benachrichtigen? Sollte man etwa untertauchen oder doch noch versuchen, ins Ausland zu entkommen? Viele waren unfähig, die notwendigsten Dinge zusammenzupacken. Sie waren wie gelähmt."[99]

Als erste traf es die beiden unverheirateten Schwestern des Vaters, die nach dem Novemberpogrom 1938 aus Butzheim nach Köln gekommen waren und in der Thieboldsgasse 138 eine bescheidene Wohnung gefunden hatten: Meta und Selma Herz, 53 und 52 Jahre alt. In der Liste des zweiten Transportes von Köln nach Łódź (Litzmannstadt) vom 30. Oktober 1941 sind sie unter Nr. 370 und 371 aufgeführt.[100] Rudy Herz erinnert sich, dass sein Vater sie zur Messehalle in Köln-Deutz, wo sie sich einfinden sollten, begleitet und ihnen die Koffer getragen hat.

„Von seinem Abschied von seinen Schwestern hat er uns nichts erzählt. Er war sehr erschüttert, hat es aber nicht zeigen wollen."[101]

Sie schickten aus dem Lager noch eine Postkarte an die Familie Herz und baten um Hilfe. Viel konnten Lily und Ernst Herz nicht geben, sie waren selbst verarmt, aber sie packten ein Paket mit Kleidung und ein paar Lebensmitteln. Ob es jemals angekommen ist, hat man nie erfahren. Rudy Herz hat später, als er selbst im Lager Lieberose war, einen polnischen Häftling getroffen, der ihm berichtete, seine beiden Tanten in Łódź gesehen zu haben.[102] Sie seien bereits im November 1941 nach Auschwitz weitertransportiert worden, wo sie dann vergast wurden.[103]

Als nächste folgte die Tante Paula, eine Schwester des Vaters, die mit Louis Spier verheiratet war und bis zum Novemberpogrom mit ihren drei Kindern in Butzheim gelebt hatte. Am 7. Dezember 1941 wurden

---

99 Corbach (2), S. 32.
100 Corbach (2), S. 353.
101 Rudy Herz, Vortrag 15.2.2011.
102 South Carolina Voices.
103 Wißkirchen (4), S. 251.

Louis Spier (53 J.), seine Frau Paula (57 J.) und die Kinder Edith (18 J.), Alfred (17 J.) und Max (14 J.) in das Ghetto Riga deportiert. Alle kamen ums Leben.[104] Von einem Kölner Juden, der Riga überlebt hat, erfuhr Rudy Herz später, dass sein Vetter Alfred, ein großer, kräftiger junger Mann, wegen eines angeblichen Vergehens erhängt worden sei.[105]

Die einst große Verwandtschaft der Familie Herz war damit aus dem Umkreis der Familie Herz in den unbekannten Osten abtransportiert worden. Dass dort der Tod auf sie wartete, wussten die Zurückgebliebenen nicht mit Gewissheit, aber Gerüchte machten die Runde, die Schlimmes ahnen ließen. Nur Hermann Jacobsohn, der Bruder von Lily Herz, wohnte mit seiner katholischen Frau und seiner Tochter Helga noch in Köln. Er lebte in einer sogenannten privilegierten Mischehe und war deshalb zunächst von der Deportation verschont, nicht aber von vielen anderen Verfolgungsmaßnahmen. Auch er konnte nicht mehr seinem Beruf nachgehen und wurde als Jude, obwohl er konvertiert war, zur Zwangsarbeit in einer Fabrik herangezogen.

Verschärfte Ghettoisierung nach dem Tausend-Bomber-Angriff

In der Nacht vom 30. auf den 31. Mai 1942 erlebte Köln seinen bis dahin verheerendsten Luftangriff. 1455 Tonnen Bomben fielen auf die Stadt, darunter zahllose Brandbomben, und verwandelten sie in ein Feuermeer. Krankenhäuser waren betroffen, ganze Wohnviertel wurden zerstört, 469 Menschen starben, Tausende wurden verletzt. Zigtausende Menschen verließen danach die Stadt. Der Schweizer Konsul in Köln, Franz Rudolph von Weiss, der nach dem Angriff mit seinem Auto durch die Straßen fuhr, um sich ein Bild zu machen, sah in den Gesichtern der Menschen ihre „Gleichgültigkeit, Apathie, vollständige Mutlosigkeit und Verzweiflung". „Überall bot sich das gleiche Bild der Verwüstung. Der Dom stand majestätisch, vollständig unversehrt, vom brennenden Domhotel und verschiedenen anderen Brandherden umgeben, inmitten einem Feuerring."[106]

---

104 Corbach (2), S. 424 f. (Nr. 888, 889, 890, 917, 879).
105 Rudy Herz, Vortrag 14.2.2011.
106 Rüther (1), S. 215 und 217.

Kölns schönste romanische Kirchen – St. Maria im Kapitol, St. Gereon, St. Aposteln, Groß St. Martin – waren rauchende Ruinen. Die Familie Herz wohnte zu dem Zeitpunkt schon nicht mehr in der Neuen Maastrichter Straße 3. Zehn jüdische Mitbewohner aus diesem Haus waren bereits 1941 nach Łódź und Riga deportiert worden, der Sohn Rudi der Familie Löwenstein einige Zeit später verhaftet worden. Im Frühjahr 1942 hatte dann auch die Familie Herz die Wohnung räumen müssen und war in das Barackenlager vor dem Fort V in Köln-Müngersdorf eingewiesen worden. Es war Ende 1941 eingerichtet worden und diente als jüdisches Sammellager. Von hier aus führte der Weg über den Bahnhof Köln-Deutz Tief in die Ghettos und Vernichtungslager im Osten. Die Familie Herz blieb dort aber nur ein paar Tage. Vater Ernst Herz gelang es durch seine Bekanntschaft mit einem Vertreter der Synagogengemeinde, die den „Umzug" bewilligte, seine Familie im Komplex der Synagoge in der St.-Apern-Straße unterzubringen, wo auch ein jüdisches Sammellager eingerichtet worden war.[107] Das Gymnasium *Jawne* hatte bereits 1941 seinen Lehrbetrieb einstellen müssen, kurze Zeit später auch die hier untergebrachte jüdische Volksschule. Die Räumlichkeiten wurden nun als jüdisches Massenquartier genutzt.

Die Familienmitglieder, soweit sie tragen konnten, packten die wenigen Habseligkeiten, die sie noch hatten – Matratzen, Decken, Koch- und Essgeschirr usw. – und schleppten sie in die St.-Apern-Straße, wo sie einen Nebenraum des Synagogengebäudes bezogen. Von diesem aus gelangte man über vier, fünf Treppenstufen abwärts auf die Frauenempore, wo in einer Ecke ein Stapel hebräischer Bücher lag und wo man ein paar Bettstellen aufstellte für das Nachtlager. Durch eine Brüstung und einen Vorhang war die Frauenempore von dem Unterraum der Synagoge getrennt, die als Gebäude die Reichspogromnacht überlebt hatte; er war voll gestellt mit Kleiderschränken, Tischen, Stühlen usw. aus den Wohnungen der bereits Deportierten.[108] Diese mochten noch glauben, die Möbel würden hier bis zu ihrer Rückkehr verwahrt; in Wahrheit

---

107 Andere Sammelunterkünfte waren im Jüdischen Asyl in der Ottostraße, im Gebäude der Rheinlandloge in der Cäcilienstraße, in der Kölner Messe sowie in größeren Judenhäusern, z. B. in der Bachemer Straße, Utrechter Straße, Lochnerstraße usw.
108 Rudy Herz, Vortrag 14.2.2011.

waren sie dafür vorgesehen, ausgebombten Familien zur Verfügung gestellt zu werden.

Die Familie Herz wurde Wohnnachbar der Familie von Dr. Erich Klibansky, dem letzten Direktor der inzwischen aufgelösten höheren Schule *Jawne*. Er wohnte mit seiner Frau und seinen drei Söhnen im Erdgeschoss. Die Familie Herz kannte ihn schon länger, da Karl Otto die *Jawne* bis zu deren Auflösung besucht hatte.

„Jede Nacht, wenn die Sirenen heulten, sind wir zu ihm in den unteren Stock gegangen und haben uns da in Ecken gesetzt, wenn die Bomben fielen. Wir Kinder haben mit den Klibansky-Kindern gespielt."

Hier erlebte Rudy Herz auch den Tausend-Bomber-Angriff vom 30./31. Mai 1942. Er stieg mit Herrn Klibansky auf das Dach der Schule, um Brandbomben zu löschen; Eimer mit Sand standen hierfür bereit. Einige der „Phosphorkanister" warfen sie auch hinunter, und als Phosphor an Rudys Fingern klebte, kratzte Klibansky ihn herunter.

„Dort oben habe ich etwas gesehen, was ich nie vergessen werde: ein Feuermeer. Köln stand im Flammen. Uns gegenüber, ganz nahebei, war das Kaufhaus Karl Peter; es brannte lichterloh. Köln brannte überall. Ich hatte noch nie in meinem Leben hundert Meter hohe Flammen gesehen, aber die gibt es."[109]

Am nächsten Tag machte der sechzehnjährige Rudy Herz sich auf den Weg zu seiner Arbeitsstätte, aber er fand die Werkstatt ausgebrannt vor. Leere Fensterhöhlen starrten ihn an. Er wurde daraufhin der Kölner Synagogengemeinde zugewiesen, die einen Barackenbauer suchte für den Ausbau des Barackenlagers auf dem Gelände vor dem Fort V in Köln-Müngersdorf. Durch den Tausend-Bomber-Angriff waren „59 100 Volksgenossen wohnungslos" geworden,[110] und um für diese Wohnraum zu beschaffen durch die Räumung jüdischer Wohnungen, forcierte man seit Juni 1942 wieder die Deportationen und auch die Einweisungen in das Sammellager Müngersdorf. Das Bürgerhospital, eines der wichtigsten Krankenhäuser Kölns, war völlig zerstört worden; deshalb ließ die Gestapo das Israelitische Krankenhaus und das angeschlossene Altersheim

---

109 Ebd.
110 Rüther (1), S. 203.

räumen und die Kranken und Alten mit Lkw in das Müngersdorfer Barackenlager bringen.[111] Das Gebäude in der Ottostraße wurde hinfort als Hilfskrankenhaus für „deutsche Kranke" genutzt. Gleichzeitig wurde mit dem Sammeln der noch in Köln lebenden Juden in Lagern aber auch das langfristige Ziel verfolgt, Köln zu einer „judenfreien" Stadt zu machen, wie Gauleiter Josef Grohé Anfang Juli 1942 verkündigte.[112]

Ein Ausbau des Barackenlagers wurde dadurch notwendig, und ihn zu organisieren wurde offenbar der Synagogengemeinde auferlegt. Rudy Herz erinnert sich, dass er nach dem Tausend-Bomber-Angriff an drei oder vier neuen Baracken in Müngersdorf mitgebaut hat. Ihm erging es wie der Leitung der Synagogengemeinde und der Reichsvereinigung der Juden: Die jüdischen Opfer wurden instrumentalisiert zur Organisation ihrer eigenen Vernichtung.

Der amerikanische Historiker Eric A. Johnson beschreibt in seinem Buch „Der nationalsozialistische Terror", wie die Deportationen in Köln vonstatten gingen:

„Das Reichssicherheitshauptamt in Berlin wies zunächst den Leiter der Kölner Gestapo schriftlich – per Brief oder Telegramm – an, einen Transport von soundso viel Juden mit bestimmten Merkmalen und aus bestimmten Altersgruppen zusammenzustellen, die von Köln an einem bestimmten Tag an einen bestimmten Ort zu deportieren waren. Nachdem er diese Anweisung erhalten hatte, gab der Leiter der Kölner Gestapo den Inhalt rasch an die einzelnen Abteilungsleiter weiter, so dass diese die nötigen Vorbereitungen für den Transport treffen konnten. Bald darauf kam der Leiter des Judenreferats in der Kölner Gestapo, bis zum Herbst 1942 Karl Löffler, mit dem Vorsteher der jüdischen Gemeinde zusammen und übertrug ihm die Aufgabe, eine Liste der Juden aufzustellen, die deportiert werden sollten, und ihnen alles mitzuteilen, was sie über den bevorstehenden Transport wissen mussten, den Zeitpunkt und den Ort, an dem sie sich einfinden, und was sie mitnehmen sollten."[113]

Die Schlinge um die Familie Herz zog sich immer enger. Am 20. Juli 1942 wurde eine Schwester des Vaters, Henriette Kaufmann geb. Herz (46),

---

111 Becker-Jákli (2), S. 336f.
112 Rüther (2), S. 193.
113 Johnson, S. 425f.

mit ihrer ganzen Familie deportiert: mit ihrem Mann Moritz Kaufmann (49) und den Kindern Klara (16), Günther (13), Manfred (11) und Hilde (8 Jahre).[114] Die Familie hatte zuletzt im Lager Niederbardenberg bei Aachen gewohnt. Deportationsziel war Minsk. Niemand hat überlebt. Unmittelbar nach der Ankunft wurden die Insassen des Zuges an offenen Gruben bei Maly Trostenez in der Nähe von Minsk erschossen.

Auch direkte Nachbarn der Familie Herz aus dem Gebäude der ehemaligen *Jawne* in der St.-Apern-Straße gehörten zu diesem Todestransport, unter ihnen Dr. Erich Klibansky mit seiner Frau Meta geb. David und den drei Kindern Michael (6 J.), Alexander (11 J.) und Hans-Raphael (14 J.) sowie die 64-jährige Großmutter Jenny Klibansky.[115] Rudy Herz erinnert sich, wie unmittelbar vor dem Abtransport der Familie Klibansky ein SS-Mann zu ihnen in die Synagoge auf die Empore kam, während die Oma krank im Bett lag, und sagte: „Ich möchte euch morgen hier nicht mehr sehen. Verschwindet!"

„Also haben wir uns aufgepackt und sind durch die zertrümmerte, ausgebrannte Stadt gegangen, wohin wir auch konnten. Wir haben uns also nicht in unserem ‚Zuhause' sehen lassen, und als wir dann doch zurückkamen, war der Herr Klibansky nicht mehr da, waren die Kinder nicht mehr da. Wir konnten auch niemanden fragen, was ist denn passiert? Niemand war mehr da. Es war unheimlich. In den verbrannten Häusern waren keine Leute mehr. Wir wussten nicht, was los war. Aber man hat uns doch gefunden."[116]

Am 27. Juli 1942 wurde die Familie Herz mit allen neun Personen nach Theresienstadt deportiert: Oma Henriette Jacobsohn (78 Jahre), die Eltern Ernst (49) und Lily Herz (41) sowie die Kinder Alfred (18), Rudy (16), Karl Otto (14), Walter (11), Johanna (4 Jahre) und Jona (6 Monate).[117]

---

114 Corbach (2), S. 518. Das Schicksal der 1924 geborenen Tochter Else ist ungeklärt. Mit der Familie zusammen wurde eine am 14.3.1919 in Bonn geborene Hilde Kaufmann, ledig, deportiert. Möglicherweise handelte es sich um eine Verwandte.
115 Corbach (2), S. 519.
116 Rudy Herz, Vortrag 14.2.2011.
117 Corbach (2), S. 560.

Exkurs 1: Onkel Hermann Jacobsohn[118]

Auf einem Schulfoto der 1. Knabenklasse der kath. Volksschule in Stommeln aus dem Jahr 1903 steht er rechts außen in der ersten Reihe (s. BT 22). Der damals Achtjährige fällt unter den anderen Jungen schon durch seine Kleidung auf: Er steht da in einem schicken, damals modischen und in der Zeit des Flottenbaus in patriotisch gesinnten Familien angesagten Matrosenanzug, die anderen im traditionellen dörflich-bäuerlichen Sonntagsstaat. Diese Welt ist sichtbar nicht das, worin er seine Zukunft sieht. Sein Blick verrät die entschlossene Neugier auf die Vielfalt und Fülle des Lebens. Man glaubt die Energie und den Willen des Jungen zu spüren, die dörflichen Lebensumstände hinter sich zu lassen.

Ausbildung in Belgien bei Onkel Sally
Zunächst sahen seine Aussichten allerdings nicht rosig aus. Vergeblich suchte der Lehrer, der Hermanns Begabung erkannte, die Eltern auf, um ihnen nahezulegen, den Sohn auf eine höhere Schule zu schicken. Sie hatten nicht das Geld, das zu bezahlen. Ihm blieb zunächst nur die Volksschule seines Heimatortes, die er bis zum vierzehnten Lebensjahr besuchte. Die entscheidende Weichenstellung seines Lebens kam dann 1909 mit seiner Kaufmannslehre im Textilgeschäft eines Bruders seiner Mutter, des 1868 geborenen Onkels Salomon („Sally") Kappel, der in Mons, gelegen im wallonischen Teil Belgiens, nicht weit entfernt von der französischen Grenze, als Textilkaufmann zu Wohlstand gekommen war. Ähnlich wie sein älterer Bruder David war er als junger Mann nach dort ausgewandert und hatte eine Textilhandlung und ein Fabrik für Strickwaren gegründet. Er war klein und verwachsen, aber ein tüchtiger Kaufmann, der seinen Laden im Griff hatte, und war wie geschaffen für die Förderung des vierzehnjährigen Hermann Jacobsohn. Auch der hatte das Kaufmännische im Blut, und sein Kopf war voller sprühender

---

118 Die folgenden Ausführungen beruhen vor allem auf Informationen der Tochter Helga verh. Pilar (Interview vom 23.3.2011). Ergänzend werden die Ausführungen von Backhausen (2) herangezogen, die auf Informationen von Hermann Jacobsohn selbst beruhen.

Ideen. Zeit seines Lebens galt er als Rechengenie, das dreistellige Multiplikationsaufgaben schneller im Kopf zu lösen vermochte als andere mit Stift und Papier. Onkel Sally hatte Freude an dem Jungen, der wie aus seinem Holz geschnitzt schien, und er tat alles zu seiner Förderung. Er schickte ihn auf eine höhere Handelsschule, wo er zusätzlich zu seiner praktischen Ausbildung als Einzel- und Großhandelskaufmann einen tieferen Einblick in kaufmännische Zusammenhänge erhielt und zugleich perfekt Französisch, aber auch Englisch lernte. Das Französische wurde Hermann Jacobsohn in den vier Jahren in Mons zur selbstverständlichen Verkehrssprache des Alltags, in der er schließlich besser rechnen konnte als im Deutschen – was er später auch in Deutschland im Stillen für sich beibehielt. Die vornehmen Damen, die als kaufkräftige Kundinnen in Onkel Sallys Geschäft ein und aus gingen, beeindruckten ihn. Sie waren wie Botinnen einer anderen Welt jenseits der dörflichen Enge, die er von Stommeln aus kannte.

Auch die Stadt Mons eröffnete Hermann Jacobsohn ganz neue Kulturerfahrungen. Ihre reiche, bis in römische Zeit zurückreichende Geschichte war an einem eindrucksvollen Stadtbild ablesbar. Ihr Wahrzeichen, der 87 Meter hohe, freistehende Belfried aus spätbarocker Zeit, wurde von der UNESCO in die Liste des Weltkulturerbes aufgenommen. Bedeutende Sehenswürdigkeiten, Museen, kulturelle Veranstaltungen und das städtische Flair auf den Straßen weiteten den Blick des Heranwachsenden.

Erste Berufsjahre in Köln

Als er 1913 nach Stommeln zurückkam, war aus ihm ein junger Mann geworden, der der Dorfwelt seines Heimatortes entwachsen war. Ihn lockte die Stadt, aber zunächst konnte dieser Wunsch nicht in Erfüllung gehen. Er lebte wieder im Elternhaus in Stommeln, wurde Mitglied des Männergesangvereins und trug dessen Fahne in die katholische Pfarrkirche St. Martinus und stimmte mit das „Ecce, sacerdos magnus" an, als dieser aus Anlass des 50-jährigen Priesterjubiläums von Pfarrer Christian Klausmann 1916 im Festhochamt sang.[119]

---

119 Wißkirchen (10), Bd. 2, S. 209.

Arbeit fand er als Kaufmannsgehilfe bei der Firma Meirowsky & Co. AG, die künstliche Isolierstoffe für die Elektrotechnik herstellte und verarbeitete.[120] Sie genoss einen europaweiten Ruf und gehörte zu den Pionieren der deutschen Elektroindustrie. 1906 gelang Max Meirowsky[121] die Fertigung des Werkstoffes „Pertinax" aus Papier und Schellack, der als Isoliermaterial in der Fernmeldetechnik und im Transformatorenbau von größter Bedeutung war und heute noch in der Elektronik als Trägermaterial für Platinen dient. In dem nach 1900 sich entwickelnden Gewerbegebiet östlich des Bahnhofs von Porz-Urbach waren nach und nach die Fabrikanlagen der rasch expandierenden Firma entstanden. Zwischen 500 und 600 Personen waren hier vor dem Ersten Weltkrieg beschäftigt. Allmorgendlich machte Hermann Jacobsohn sich mit der Bahn auf den Weg zur Arbeit nach Porz, zusammen mit seinem Vater, der dort in dem Hobelwerk Dülken & Co. beschäftigt war.

Die Ermordung des österreichischen Thronfolgerpaares in Sarajewo im Juni 1914 und die auf die Julikrise folgende deutsche Kriegserklärung an Russland und Frankreich am 1. August 1914 lösten den Ersten Weltkrieg aus. Zu Beginn begriffen die patriotisch überhitzten Bürger noch nicht die katastrophale Tragweite dieses Schritts. Eine Welle der Begeisterung erfasste die deutsche Bevölkerung, die an einen raschen Sieg glaubte. Hermann Jacobsohns jüngerer Bruder Siegfried, 17 Jahre alt, meldete sich als Kriegsfreiwilliger zu den Fahnen, und der Stolz der patriotisch denkenden Eltern war ihm gewiss, wenn auch gepaart mit Sorge. Er absolvierte eine kurze militärische Ausbildung und kam, inzwischen achtzehnjährig, an den westlichen Kriegsschauplatz in der Champagne. Bereits wenige Wochen später, am 28. Dezember 1914, ereilte ihn der Soldatentod.

Dieses Schicksal blieb Hermann Jacobsohn erspart: Er war zwar gemustert worden, wurde aber wegen „körperlicher Schwäche" infolge eines „zu großen Herzens" vom Kriegsdienst befreit. Ob es ihn ernsthaft störte, dass manche ihn deshalb als Drückeberger scheel ansahen – vor allem nach der unerwarteten Niederlage, für die man nach Schuldigen

---

120   Zur Firmengeschichte vgl. Wessel.
121   Er war Jude und musste 1938 emigrieren. Die Firma benannte sich um in „Dielektra".

suchte –, scheint fraglich. Sein eher spielerisches Naturell ließ sich nicht so schnell einfangen von nationalem Heldenpathos.

Eine traurige Folge des Ersten Weltkrieges, die mehr Todesopfer forderte als das Kriegsgeschehen selbst, ließ ihn jedoch nicht unverschont: 1918 erkrankte er an der Spanischen Grippe, die durch amerikanische Truppen nach Europa eingeschleppt worden war und sich rasend schnell pandemisch ausbreitete, sodass Millionen Menschen daran starben, vergleichbar mit der Pest von 1348/49. Todkrank ging Hermann Jacobsohn in ein Sanatorium nach St. Blasien im Schwarzwald, wo seine Gesundheit nach vier Monaten wiederhergestellt wurde.

Hermanns „Glanzzeit" Anfang der zwanziger Jahre

1919, als Deutschland, inzwischen eine Republik, nach dem verlorenen Krieg den Friedensvertrag von Versailles unterzeichnen musste, gründete Hermann Jacobsohn zusammen mit einem Kompagnon, den er von früher her kannte, eine eigene Firma zum Isolieren von Elektrokabel. Trotz schwieriger wirtschaftlicher Zeiten infolge der Kriegslasten und der britischen Besatzung im Rheinland bestand dafür eine große Nachfrage, sodass das Geschäft boomte. In Köln-Westhoven hatte Hermann Jacobsohn für die Produktion eine Halle erworben.

Von 1917 bis 1924 lebte er in Köln. Wiederholt wechselte er seine Wohnung: von der Trierer Straße 18 (1917–1919) über die Engelbertstraße 1 (1919–1920) und die Aachener Straße 7 (1920–1922) zur Volksgartenstraße 10 (seit 1922). Die Ansprüche wuchsen mit dem Erfolg des Jungunternehmers, und sein öffentliches Ansehen auch. Das befriedigte seinen Ehrgeiz, aber er ließ sich von der Arbeit nicht auffressen. Im Gegenteil. Durchtanzte Nächte, Freundschaften und Liebschaften erfüllten sein Leben. Es waren seine wilden Jahre, seine „Goldenen Zwanziger". Er selbst nannte sie seine „Glanzzeit". Um 1920 entstandene Fotos zeigen ihn als elegant gekleideten jungen Dandy mit Strohhut und Spazierstock und mit formvollendeten Manieren. Auf Gruppenfotos findet man ihn inmitten Gleichgesinnter seines „Tanzkränzchens", die sich mit extravaganten Maskeraden herausgeputzt haben (s. BT 24 und 25). Man setzte sich in Szene, hob sich mit snobistischer Hochnäsigkeit ab von der Gewöhnlichkeit des bürgerlichen Alltags und feierte das Vergnügen als den eigentlichen Sinn des Lebens. Hier fühlte der junge Hermann Jacobsohn sich in seinem Element. Auch auf Porträtfotos, die er in Kölner Fotoateliers von sich anfertigen ließ, wusste er sich elegant in Szene zu setzen. Er liebte die Frauen und war im Umgang mit ihnen galant und scharmant. Schon früh schaffte er sich eine Fotokamera auf großem Holzstativ an und fotografierte viel und mit Begeisterung.

In Gelddingen war Hermann Jacobsohn großzügig und spendabel. Freunde, die ihn um Hilfe baten, fanden offene Ohren, seinem Tanzkränzchen half er mit Spenden, um Tanzfeste oder einen Silvesterball veranstalten zu können. Ein Jugendfreund ließ sich lange Jahre von ihm aushalten, aber Hermann störte das nicht. Auch später waren Geld und Besitz für ihn nie Selbstzweck. An seinem Kaufmannsberuf liebte er das Austüfteln von Geschäftsideen, und finanzieller Erfolg war ihm die Bestätigung, dass er auf dem richtigen Weg war. Das bloße Besitzen, das Sitzen auf dem Erreichten war nie seine Art. Er brauchte immer neue Herausforderungen, ein Betätigungsfeld für seinen nie stillhaltenden Ideenreichtum. Insofern war er ein gewiefter Geschäftsmann, andererseits aber fehlte ihm die für einen dauerhaften geschäftlichen Erfolg erforderliche kritische Abwägung von Risiken und eine zuverlässige Menschenkenntnis. Immer wieder erwies er sich als zu leichtgläubig und gutmütig und ließ sich von anderen, mit denen er sich geschäftlich zusammentat, ausnutzen. Sein wirtschaftlicher Erfolg kannte deshalb manche Höhen, aber auch tiefe Täler.

Einem alten Jugendfreund lieh er um 1921 zinslos auf Treu und Glauben 20 000 Goldmark, mit denen er sich in Köln-Kalk ein Zigarren- und Zigarettengeschäft einrichten wollte; zur Zeit der Hochinflation 1923 zahlte er den Geldbetrag zurück – aber jetzt konnte Hermann Jacobsohn sich dafür, wie er seiner Frau und Tochter sagte, „einen Ring Blutwurst kaufen". Trotzdem nahm Hermann Jacobsohn sein Missgeschick hin. In diesem Falle zahlte sich seine Gutmütigkeit letztlich aber doch aus: Nach 1945 half dieser Freund ihm aus seiner eigenen Not.

Abruptes Ende durch die große Inflation

Mit der Inflation zogen düstere Zeiten auf. Sein Kompagnon verließ die Firma, die galoppierende Geldentwertung vernichtete sein Kapital. Er gab seine Selbständigkeit auf und brachte seine Firma in das größere Unternehmen der Rheinischen Draht- und Kabelwerke in der Amsterdamer Straße ein; aber als diese bald darauf wegen der Einführung der Rentenmark im November 1923, durch die die bisherige Mark im Verhältnis 1:1 Billion entwertet wurde, in Turbulenzen geriet, wurde seine Filiale geschlossen. Nur mühsam gelang es ihm, der Zwangsversteigerung durch einen Vergleich mit den Gläubigern zu entkommen. Mit dem, was ihm noch an Vermögen blieb, stieg er in die Unternehmen zweier Freunde ein, die Fahrräder und Textilien produzierten. Aber als diese Firmen 1924 insolvent wurden, stand er buchstäblich vor dem Nichts. Statt in seinem „Tanzkränzchen" ausgelassene Feste zu feiern, plagte ihn nun die ausweglose Sorge, wie er seine Miete und seinen täglichen Lebensunterhalt bezahlen sollte. Er war ohne Arbeit, ohne Einkommen, ohne Geld. Ende 1924 kehrte er nach Stommeln zurück und fand Unterschlupf bei seinen Eltern.

Unversöhnlicher Gegensatz zwischen „Jüd" und „Goi"

Zu dieser wirtschaftlichen Katastrophe kam eine persönliche. Noch in guten Zeiten hatte er ein Mädchen kennengelernt, und zwar im Haus von deren Schulfreundin[122]: Elisabeth Neukirchen, eine kräftige und resolute, rothaarige Person. Sie kam aus streng katholischem, wohlhabendem Hause. Ihr Vater Heinrich hatte mit seiner Frau Anna geb. Metternich eine gutgehende Metzgerei mit 18 Angestellten auf dem Eigelstein in Köln gehabt, die er aber kurz vor Kriegsbeginn 1914 aufgab. Das Ladenlokal vermietete er an das jüdische Schuhhaus Sinn, das dann 1938 durch Arisierung an das Ehepaar Clemens und Johanna Kämpgen überging, die in diesem Geschäft als Verkäufer gearbeitet hatten und in der ersten Etage darüber zur Miete wohnten – bei Oma Anna Neukirchen, deren Wohnung das zweite Obergeschoss über beiden Häusern (Eigelstein 127-129) einnahm (s. BT 26).[123] Heinrich Neukirchen, obwohl

---
122 Helga Pilar, Interview 23.3.2011.
123 Helga Pilar, Interview 27.5.2011.

erst 42 Jahre alt[124], lebte seit 1914 von den Mieteinnahmen; er verstarb 1925.[125] Als die Eltern erfuhren, dass ihre Tochter mit einem „Jüd" ein Verhältnis angefangen hatte, brach für sie ihre katholische Welt zusammen. Strikt untersagten sie ihr diese Beziehung, und als sie sich weigerte, wiesen sie sie aus dem Haus. Elisabeth rettete sich in das Mädchenheim des Vinzentinerinnenklosters „Maria-Hilf" in der Rolandstraße 57–61. Bis zu 175 Studentinnen und berufstätige Mädchen fanden hier Aufnahme.[126] Sie arbeitete damals als Empfangsdame in dem jüdischen Geschäft Meyer und Leifmann, einem führenden Innenausstatter für Tapeten, Gardinen usw. am Hohenstaufenring.

Die Beziehung zu ihrem jüdischen Freund hielt sie aufrecht, aber als dieser sich 1924 zunehmend als Bankrotteur erwies, der ihr keine Zukunft bieten konnte, wurde sie offenbar nachdenklich. Ihre Mutter bewegte sie dazu, wieder nach Hause zu kommen, und von Hermann Jacobsohn verlangte sie, auch seinerseits die Beziehung zu beenden.

Geschäftlich und persönlich war Hermann Jacobsohn gescheitert, als er Ende 1924 etwa für ein halbes Jahr wieder in sein Elternhaus nach Stommeln zurückkehrte. Dort wohnte seit ihrer Hochzeit im Jahr zuvor auch seine Schwester Lily mit ihrem Mann und ihrem ersten, wenige Monate alten Kind. Große Pläne hatte er gehabt, und sie waren alle gescheitert. Und zudem musste er auch noch ertragen, dass man zu Hause froh war, dass seine Beziehung zu einer Katholikin beendet war. Vor allem der Vater war ein strenggläubiger Jude, eine Katholikin hatte in seinem Hause nichts zu suchen. War seine Familie nicht schon gebeutelt genug, weil eine Schwester seiner Schwiegermutter[127] ca. 1869 einen Katholiken geheiratet hatte und konvertiert war? Seitdem war sie für die Familie gestorben, ihr Name wurde nicht mehr erwähnt, jegliche Beziehung war abgebrochen. Dass deren Sohn Antonius Mönch, ein Vetter seiner Frau Henriette Jacobsohn, auch noch katholische Theologie stu-

---
124 Er wurde aber noch zum Kriegsdienst eingezogen.
125 Helga Pilar, Interview 27.4.2011; vgl. Berglar.
126 Handbuch des Erzbistums Köln, S. 382.
127 Anna Maria Kaufmann, geb. am 4.2.1825 in Nierendorf. Sie heiratete den katholischen Volksschullehrer Johann Ludwig Mönch; deren 1870 in Niederholzweiler geborener Sohn Antonius wurde Priester und 1915 Weihbischof in Trier; gest. 1935. Am Geburtshaus in Niederholzweiler hängt eine Gedenktafel. Vgl. Backhausen (2), S. 145, und Wikipedia.

dierte und als gelehrter Geistlicher mit zweifachem theologischem und philosophischem Doktortitel 1915 sogar Weihbischof in Trier geworden war, machte die Sache nicht besser, sondern noch schlimmer. Was dem Katholiken der *„Jüd"*, war dem Juden der *„Goi"* bzw. die *„Goje"*. Eine Eheschließung zwischen Juden und Nichtjuden war nach jüdischem Gesetz nicht möglich, daran gab es für Vater Jakob Jacobsohn nichts zu deuteln.

Heirat, erneute Selbständigkeit und Konversion

Hermann Jacobsohn muss es als Demütigung empfunden haben, dass seine scheinbar aussichtslose Notlage ihn zwang, hilfesuchend in eine Welt zurückzukehren, der er sich geistig entwachsen fühlte. Aber dann rappelte er sich wieder auf, fand erneut eine Anstellung bei der Firma Meirowsky in Porz, zog wieder nach Köln in die Volksgartenstraße 10 und nahm Kontakt zu Elisabeth Neukirchen auf. Man traf sich heimlich. 1926 zog er für kurze Zeit nach Bonn-Beuel. Das junge Paar war sich einig und eröffnete schließlich zu Hause seinen festen Entschluss zu heiraten – und stieß damit in beiden Familien auf strikte Ablehnung. Keiner der Eltern und Familienmitglieder kam zur Trauung auf dem Bonner Standesamt im Februar 1926, nur einige Freunde. Unversöhnlich zeigten beide Familien den Brautleuten, dass ihre Ehe unerwünscht war.

Das junge Paar zog 1927 in eine Mietwohnung in der Schillerstraße 16 in Köln-Porz, wo es dann gleich um die Ecke (heute Max-von-Schenkendorf-Straße) eine Doppelhaushälfte errichtete, die 1928/29 bezogen werden konnte. Hier wohnte die Familie bis 1931. Das Haus steht heute noch.

Am 20. Januar 1927 wurde die Tochter Helga geboren und gleich darauf katholisch getauft. Vor der Geburt hatten die Eltern sich darauf verständigt: wird's ein Junge, soll er jüdisch erzogen werden, wird's ein Mädchen, katholisch. Die Taufe des Enkelkindes stimmte die katholische Schwiegermutter versöhnlicher, obwohl der Ehe der kirchlich-katholische Segen fehlte; bei Jakob Jacobsohn in Stommeln aber fand die katholische Schwiegertochter jetzt erst recht keine Gnade. Mit ihr wollte er nichts zu tun haben, sein Leben lang. Wenn sie, was höchst selten vorkam, einmal zu Besuch kam, zog er sich ins Obergeschoss zurück, um ihr nicht zu begegnen. In der Familie vermied man ihren Namen; sprach man über sie, nannte man sie „*das Mensch*", eine hochdeutsche Abwandlung des kölschen „*dat Minsch*", womit man eine liederliche Frauensperson meinte.

Auf katholischer Familienseite war es nicht besser. Opa Heinrich Neukirchen war bereits vor der Geburt seiner Enkelin Helga verstorben. Oma Anna Neukirchen hat diese zum ersten Mal gesehen, als sie bereits acht Jahre alt war. Die Franziskaner-Pfarrschwester Joviniana, die von der kleinen Helga erfahren hatte, dass sie keinen Kontakt zu ihrer katholischen Oma hatte, war eines Tages mit ihr entschlossen zu Anna Neukirchen gegangen, um das Eis zu brechen, aber sie hatte nur wenig bewirkt. Für die kleine Helga war es die erste Begegnung mit dieser Oma.

Nur Hermann Jacobsohn ließ den Kontakt zu seiner Schwester Lily nie ganz abbrechen. Prinzipienfeste Starre war seinem Naturell fremd. 1946 schreibt Rudy Herz seinem Onkel Hermann, dass dieser „uns allen der liebste Onkel war"; er erinnert sich an seinen „Humor, der uns immer viel Freude machte."[128] Das lässt mit Sicherheit darauf schließen, dass Hermann Jacobsohn seine Schwester des Öfteren besucht hat.

Seit Geburt der Tochter 1927 war Hermann Jacobsohn in der Verantwortung eines jungen Familienvaters, und umso mehr war er mit seiner Stellung als lohnabhängiger Kontorist nicht zufrieden. 1931 machte er sich wieder selbständig als Vertreter der Firma Smeets aus Brüssel und verkaufte deren Kabel und Isoliermaterial in Deutschland. Trotz der Weltwirtschaftskrise liefen die Geschäfte gut an. In der Lothringer Straße 7 hatte er zwei Geschäftsräume für seine Agentur angemietet und zwei Mitarbeiter eingestellt. Mit seiner Familie zog er in eine größere Wohnung ins Vringsveedel, Im Dau 11. Zehn Jahre lang wohnte die Familie hier. Mutter und Tochter besuchten die Gottesdienste in der nahen katholischen Pfarrkirche St. Johann Baptist, und vermutlich ging der Vater des Öfteren mit. Der Tochter war jedenfalls überhaupt nicht bewusst, dass er jüdisch war. Nur als sie 1936 zur ersten heiligen Kommunion ging, fiel ihr auf, dass ihr Vater nicht zur Kommunionbank schritt

---

128 Briefe vom 3.11.1946 und 23.8.1946.

und auch nicht ihre Mutter, die nach damals gültigem katholischem Kirchenrecht in „Sünde" lebte, weil die Ehe nicht den kirchlichen Segen hatte und sie deshalb von den Sakramenten ausgeschlossen war. Oma Anna Neukirchen war erst gar nicht gekommen, obwohl sie eingeladen war. Sie schickte nur per Post zwei Geschenke für ihr Enkelkind: eine Besuchstasche und ein kleines „Marterl" zum Aufhängen überm Bett, das sie von einer Reise mitgebracht hatte.

1939 trat Hermann Jacobsohn zum katholischen Glauben über. Zwei Jahre lang war er vorher zur privaten Glaubensunterweisung zu dem jungen Kaplan Heinrichs[129] gegangen, bis dann die Taufe in St. Johann Baptist stattfand und anschließend eine kirchliche Trauung nachgeholt wurde. Die familiäre Situation mag ein Grund gewesen sein: Er wusste, dass er damit einen Herzenswunsch seiner Frau und seiner Schwiegermutter und wohl auch seiner Tochter erfüllte. Die politisch schwierige Lage für Juden, wie sie durch diskriminierende antijüdische Gesetzgebung seit 1933 und zuletzt im Pogrom vom 9. und 10. November 1938 unübersehbar zum Ausdruck kam, ließ sich dadurch allerdings nicht lösen. Für den rassistischen Antisemitismus der Nationalsozialisten änderte sich durch eine Konversion nichts. Hermann Jacobsohn dürfte sich hierüber keine Illusionen gemacht haben.

Erzwungene Geschäftsaufgabe

Die wirtschaftliche Lage der Familie war inzwischen düster geworden. Bereits 1937[130] (Tochter Helga glaubt sogar, schon 1934) hatten die Nationalsozialisten Hermann Jacobsohn zur Aufgabe seiner international tätigen Handelsfirma gezwungen, die Kabel und Isoliermaterial der Firma Smeets in Brüssel importierte und in Deutschland verkaufte. Verschärfungen im Devisenrecht führten zu schikanösen Kontrollen, insbesondere bei Juden, um eine „jüdische Kapitalflucht" zu verhindern.[131] Das im Dezember 1936 novellierte Devisenbewirtschaftungsrecht gab den Devisenstellen, die den Warenverkehr mit dem Ausland kontrollierten, sowie den Zollfahndungsämtern weitgehende Kompetenzen, um

---

129 Er starb während des Krieges an Flecktyphus.
130 Backhausen (2), S. 139.
131 Bähr/Banken, S. 187.

gegen Vermögensverschiebungen ins Ausland vorzugehen.[132] Eine noch so windige Denunziation gegen einen jüdischen Geschäftsmann konnte genügen, ihm daraus einen Strick zu drehen, der ihm die Luft abschnürte. Im Einzelnen sind die Vorgänge, durch die Hermann Jacobsohn 1937 seine bisherige Importlizenz für belgische Kabel und Elektroisoliermaterial entzogen wurde und er sich gezwungen sah, sein Geschäft aufzugeben, allerdings nicht mehr zu klären.[133]

Erneut stand er vor seinem beruflichen Aus und schlug sich bis 1939 mit kleinen Jobs durch. Er reiste für den mit ihm befreundeten Kölner Werbekaufmann Ernst Röttger durch ganz Deutschland, um Plakate oder Emaille-Reklameschilder für Opekta, den Heizungsbauer Junkers („Das warme Bad macht froh!") und andere Firmen und Produkte aufzuhängen. Bis nach Schlesien reiste er dafür. Zeitweise verkaufte er auch für einen Ungarn einen aus Kunststoffteilen bestehenden Konstruktionsbaukasten (vergleichbar mit den Märklin-Metallbaukästen).[134] Für die Familie waren es nicht nur ärmliche Jahre. Bedrohlicher noch war die immer mehr gefährdete rechtliche Lage der Juden. Die brennenden Synagogen, verwüsteten jüdischen Geschäfte und zahlreichen über Brauweiler nach Dachau deportierten Kölner Juden im Anschluss an den Novemberpogrom 1938 waren ein unübersehbares Fanal. Wenn Hermann Jacobsohn, zurückgekehrt von einer langen Eisenbahnreise, von seiner Begegnung mit einem „Blutordensträger" der Partei berichtete, der nicht gewahrte, dass er sich mit einem jüdischen Mitreisenden unterhielt, dann konnte man sich im Nachhinein amüsieren über die grotesken Züge dieser Situation, und doch erstarrte das freie Lachen, weil man die Eiseskälte der Gefahr spürte, die einem Juden überall auflauerte. Als am 1. September 1939 der Zweite Weltkrieg mit dem Überfall auf Polen begann, erinnerten die Juden sich der massiven Drohung, die Adolf Hitler ein halbes Jahr vorher, am 30. Januar 1939, in einer

---
132 Bopf, S. 151.
133 Wie findig die Behörden waren bei der Ausschaltung jüdischer Importfirmen, macht Bopf, S. 160, am Beispiel einer Kölner Fruchtimportfirma deutlich, die von der städtischen Preisprüfungsbehörde mit aktiver Hilfestellung der NSDAP-Ortsgruppe „Rheinau" mit Boykottmaßnahmen überzogen wurde.
134 Helga Pilar, Interviews 27.5.2011 und 21.6.2011.

mehrstündigen Rede vor dem Reichstag „unter anhaltend stürmischem Beifall" ausgesprochen hatte:

„Wenn es dem internationalen Finanzjudentum in- und außerhalb Europas gelingen sollte, die Völker noch einmal in einen Weltkrieg zu stürzen, dann würde das Ergebnis nicht die Bolschewisierung der Erde und damit der Sieg des Judentums sein, sondern die Vernichtung der jüdischen Rasse in Europa!"[135]

Gestapohaft in Aachen und Zwangsarbeit

Seit Kriegsbeginn galten in Deutschland für Juden abends Ausgehverbote. Sie waren zu Geiseln geworden im eigenen Land. Hatte Hermann Jacobsohn damals die Absicht, nach Belgien zu fliehen? Die Tatsache, dass er beim Versuch eines illegalen Grenzübertritts bei Aachen verhaftet wurde, legt eine solche Vermutung nahe. Aber Tochter Helga glaubt das nicht. Nie sei in den späteren Jahren Derartiges innerhalb der Familie zur Sprache gekommen. Sie ist vielmehr davon überzeugt, dass ihr Vater im Auftrag eines Dritten diesen Grenzübertritt versuchte, ohne allerdings genauere Angaben dazu machen zu können.[136] Sicher ist sie sich allerdings, dass es auch um versuchte Hilfe für eine befreundete jüdische Witwe in der Straße Im Dau ging. Deren Mann war bei einem Flugzeugabsturz in Sizilien umgekommen, und das Geld von der ausbezahlten Lebensversicherung versuchte sie nach Belgien außer Landes zu bringen, um später selbst nachfolgen zu können. Hermann Jacobsohn versteckte es in seinen Schuhen.

Wie Hermann Jacobsohn seinen geplanten illegalen Grenzübertritt nach Belgien in die Wege leitete, lässt sich nicht mehr im Einzelnen klären. Allzu schwierig war das jedoch nicht. In Köln und Aachen existierten Kontaktadressen von Fluchthelfern, die gegen Bezahlung von ca. 200 Mark eine solche Flucht organisierten.[137] Mit der Eisenbahn fuhr er nach Aachen, wurde dort empfangen und an einen ortskundigen Fluchthelfer weitergeleitet, der ihn bei Nacht in der Gegend von Roetgen über

---

135 Reichstagsprotokolle, 1939/42,1, S. 16. Internet: http://www.reichstagsprotokolle.de/Blatt2_n4_bsb00000613_00017.html (8.4.2011).
136 Pilar, Interview 21.6.2011.
137 Kirschgens, S. 152f.

Waldwege in die Nähe der Grenze führte. Beim Versuch des illegalen Grenzübertrittes wurde er jedoch entdeckt, der Gestapo in Aachen zugeführt und zu einer ca. zweieinhalbmonatigen Gefängnisstrafe verurteilt, die er im Gefängnis in Aachen absaß. Seine Frau besuchte ihn hier mehrfach. Tochter Helga:

„Ich sah meine Mutter immer nur weinen. Auf die Frage, wie es dem Papi gehe, hat sie zwar geantwortet, aber was die Hintergründe waren, darüber hat sie mir nichts gesagt."[138]

Nach Abbüßung der Haft ließ die Aachener Gestapo den Vater nicht frei, sondern beabsichtigte seine Einweisung in ein Konzentrationslager. Mit Hilfe des befreundeten Hauptmanns Willi Reisdorf aus Köln, der seit Beginn des Zweiten Weltkrieges mit seiner Einheit an der Grenze bei Aachen stationiert war[139], gelang es seiner Frau jedoch, das zu verhindern. Reisdorf sprach bei der Gestapo in Aachen vor und ließ sich auch nicht von dem Gestapobeamten irritieren, der ihn anfuhr, wie er als Hauptmann dazu komme, sich für einen Juden einzusetzen! Er bekannte sich vielmehr zu seinem langjährigen jüdischen Freund, den er sehr schätze. Sein standhaftes, militärisches Auftreten und seine Hauptmannsuniform machten Eindruck: Hermann Jacobsohn wurde nach Hause entlassen.

Inzwischen zählte man das Jahr 1940. Nach siegreichem Polenfeldzug begann in den frühen Morgenstunden des 10. Mai 1940 die Westoffensive. Zusammen mit ca. dreißig anderen jüdischen Männern wurde Hermann Jacobsohn, nach Köln zurückgekehrt und arbeitslos, zur Zwangsarbeit als Hilfskraft in der Seilerei der Rheinischen Draht- und Kabelwerke in Köln-Riehl herangezogen, 12 bis 14 Stunden am Tag, bei einem Wochenlohn von 18 Reichsmark. Eine Familie konnte man davon nicht ernähren. Aber die Mutter war auch berufstätig; sie arbeitete bei der IDUNA Versicherung für „Handwerk, Handel und Gewerbe". Zu ihrer damals jungen Chefin, Frl. Westenberg, hielt sie ihr Leben lang freundschaftlichen Kontakt. Dass die Familie keine Not

---

138 Helga Pilar, Interview 23.3.2011.
139 Bereits am 24.8.1939 war die deutsche „Siegfriedlinie" bei Roetgen von Truppen der deutschen Wehrmacht besetzt worden. Kirschgens, S. 155.

leiden musste, verdankte sie auch der Oma Neukirchen, die sie unterstützte.

Im Oktober 1941 setzten die Deportationen ein, und als deshalb die Zahl der in Hermann Jacobsohns Arbeitskommando bei Rheinkabel arbeitenden Juden schmolz, wurde er, um ihn nicht „arischen" Arbeitsgruppen zuordnen zu müssen, zur Zwangsarbeit in der Maschinenfabrik Kamp in Köln-Ehrenfeld verpflichtet. Hier wurden Wagenheber hergestellt.

Wiederholter Verlust der Wohnung

Seit 1941 wohnte die Familie in der Rosenstraße 27, ebenfalls im Vringsveedel gelegen. Offene antisemitische Gehässigkeiten und Hetzreden hatten sie dazu gezwungen, ihre bisherige Wohnung in dem Zehnfamilienhaus in der Straße Im Dau aufzugeben. Hier hatte es früher eine harmonische Hausgemeinschaft gegeben, Elisabeth Jacobsohn lud z. B. ihre Nachbarinnen alle vier Wochen zum Reibekuchenessen ein, mit dem im gleichen Haus wohnenden jüdischen Ehepaar Kurt Visser spielte man regelmäßig Karten. Tochter Helga hat dieses Ehepaar, das früher ein Fahrradgeschäft betrieben und sogar ein Auto besessen hatte, in dankbarer Erinnerung: Es hatte ihr nach dem ersten Schuljahr ein Paar Rollschuhe geschenkt. Im Parterre des Hauses wohnte aber eine Nazifamilie, die den jüdischen Mitbewohnern das Leben im Hause zunehmend zur Hölle machte, weil sie es nicht für zumutbar hielt, mit Juden unter einem Dach zu wohnen! Dabei konnte sie sich auf das Gesetz über die Mietverhältnisse mit Juden vom 30. April 1939 berufen, das eben diese Trennung der Juden von den „Ariern" zum Ziele hatte. Tochter Helga ging nur noch mit klopfendem Herzen durchs Treppenhaus. Walter Kasper, der Pfarrer von St. Johann Baptist, der von der Bedrängnis der Familie Jacobsohn erfuhr, verhalf ihr in der Rosenstraße 27 zu einer neuen Wohnung. Auch das jüdische Ehepaar Visser verließ das Zehnfamilienhaus Im Dau, um der antisemitischen Hetze der Parterrebewohner zu entgehen.

Zwei Jahre später holte der Krieg die Familie in der neuen Wohnung ein. Nach dem Luftangriff vom 29. Juni 1943 brannte das Haus bis auf die Grundmauern aus. Der gesamte Hausrat der Familie Jacobsohn ging verloren. Sie besaß nun buchstäblich nichts mehr außer den Kleidern am Leib.

In den ersten Tagen schlüpfte man unter bei der befreundeten Familie Bretz in der Volksgartenstraße 15 und fand dann Unterkunft bei der Oma Neukirchen auf dem Eigelstein Nr. 127–129; angesichts der existentiellen Not hatte sie ihre religiös motivierten katholisch-jüdischen Vorbehalte hintangestellt. Aber bereits eine Woche später, in der Nacht vom 8. auf den 9. Juli 1943, brannten nach einem erneuten schweren Luftangriff beide Häuser von Anna Neukirchen, Eigelstein 127 und 129, sowie eines der beiden Hinterhäuser völlig aus. Ein jüdischer Kollege, der mit Hermann Jacobsohn in der Zwangsarbeitskolonne bei den Rheinischen Kabelwerken beschäftigt gewesen war und ebenfalls in einer „Mischehe" lebte, wusste Rat; er hatte seine noch möblierte Wohnung in Köln-Junkersdorf, Aachener Str. 966, aufgegeben und war zu seinen Eltern nach Eitorf an der Sieg gezogen und bot ihm an, vorübergehend in dieser Wohnung einzuziehen. Für einige Monate lebte hier die Familie.[140] Ende 1943 zog sie dann in das Hinterhaus Eigelstein 127 um, das den Luftangriff vom 8./9. Juli 1943 beschädigt überstanden hatte und in dem sie sich notdürftig zwei Zimmer einrichtete.

Von der Deportation ihrer Verwandten hatte die fünfzehnjährige Tochter Helga Jacobsohn zunächst gar nichts mitbekommen. Der Kontakt zwischen den Familien war sehr schwach, und zu dem besagten Zeitpunkt hatte sie wegen einer lebensbedrohlichen Darmvergiftung im Krankenhaus gelegen. Die Eltern erzählten ihr auch nicht, was vorgefallen war. Aber dann fand sie, als sie noch in der Rosenstraße wohnten, im Briefkasten seltsame Karten aus Theresienstadt, geschrieben von Tante Lily, adressiert an den Vater. Erst jetzt erfuhr sie wenigstens ein wenig aus dem Munde ihrer Eltern, aber die volle Tragweite dessen, was geschehen war und was es bedeutete, in Theresienstadt zu sein, wurde ihr erst nach 1945 bewusst. Über den Inhalt der Karten sprachen die Eltern nicht mit ihr.

---

140 Oma Anna Neukirchen kam für kurze Zeit mit, zog aber dann im August 1943 zu ihrer Tochter Cilli nach Leipzig, wo sie im Mai 1945 verstarb.

„Ich wusste, welche Spannungen innerhalb der Familie bestanden, und da war ich zu ängstlich, hier zu fragen. Ich habe mit meinen Eltern nie darüber gesprochen, wo die jetzt waren."[141]

Die letzte Karte aus Theresienstadt war am 1. Mai 1944 abgeschickt worden; adressiert war sie an Hermann Jacobsohn, Köln, Eigelstein 127.

Wachsende Bedrohung für „Mischlinge"

Die Tochter Helga Jacobsohn besuchte die Kaiserin-Augusta-Schule am Kartäuserwall. Bis 1942 hatte sie als „Mischling 1. Grades" keine Benachteiligung erfahren, am 2. Juli dieses Jahres aber wurden „Halbjuden", wie „Volljuden" schon vorher, vom Besuch des Unterrichts an höheren Schulen ausgeschlossen.[142] Mitte Januar 1943 berichtete der Schweizer Konsul von Weiss aus Köln, per Postkarte sei den „Mischlingen" mitgeteilt worden, ab sofort müssten sie ihre Lebensmittelkarten an den „Judenstellen" abholen und dürften in Zukunft weder Volksschulen noch höhere Schulen besuchen.[143] Oberstudienrätin Schorn, die damals an Stelle des zum Militär eingezogenen Direktors die Schule leitete, ließ Helga Jacobsohn jedoch stillschweigend bleiben, damit sie die Sekunda mit dem „Einjährigen" abschließen konnte. Sicher haben auch andere im Kollegium und in der Schule von der „Halbjüdin" gewusst, ihr Name „Jacobsohn" verriet sie; aber sie bewiesen moralischen Anstand und Mut in einer rechtlosen Zeit.

Mit dem Ende des Schuljahres Ostern 1943 musste Helga Jacobsohn dann doch die Schule verlassen. Abitur durfte sie nicht machen, und damit verbaute man ihr für ihr ganzes Leben, ein Hochschulstudium aufzunehmen. Der Jugendtraum, Apothekerin zu werden, war unerfüllbar. Eine Berufsausbildung war ihr ebenfalls, wie „Volljuden" schon seit 1941, nicht erlaubt. Auch zum weiblichen Reichsarbeitsdienst, der seit 1939 grundsätzlich verpflichtend war, war sie nicht zugelassen. Damit war die sechzehnjährige Helga Jacobsohn arbeitslos. Aber der Arbeitgeber ihres Vater, Herr Kamp in Ehrenfeld, stellte ihr eine fingierte Bescheinigung aus, dass sie bei ihm beschäftigt sei. Damit entging sie

---

141 Helga Pilar, Interview 23.3.2011.
142 Walk (1), S. 379.
143 Nach Rüther (2), S. 266.

dem Schicksal, in einer jüdischen Arbeitskolonne zwangsverpflichtet zu werden. Wieder einmal hat jemand Anstand und Mut bewiesen und die Hand über sie gehalten.

Die Rücksichtnahme, die das NS-Regime gegenüber arisch-jüdischen Mischehen zunächst noch geübt hatte, wurde immer mehr fallengelassen. Schon auf der Wannseekonferenz Anfang 1942 hatte Reinhard Heydrich vorgeschlagen, auch deutsche „Mischlinge ersten Grades" grundsätzlich zu deportieren. Aber Juden in „Mischehen" oder „Mischlinge" hatten eine umfangreiche „arische" Verwandtschaft, vor deren Reaktionen schreckte man zurück.[144] Die offene Demonstration der „deutschblütigen" Ehefrauen Ende Februar / Anfang März 1943 in der Rosenstraße in Berlin, die lautstark die Freilassung ihrer mehr als tausend verhafteten jüdischen Männer forderten und denen man schließlich nachgeben musste, war da ein warnendes Beispiel. In Köln wurden erst ab Mitte 1943 die bisher verschonten „Halbjuden" intensiver von Deportationen erfasst.[145] Im August 1943 ordnete Gauleiter Josef Grohé „die Evakuierung aller Juden ohne jegliche Ausnahme" an, ohne Rücksicht „auf den deutsch-blütigen Teil" bei Mischehen.[146] Bereits im August kam es zur Deportation von 45 Personen, weitere 20 folgten im Oktober – und in Köln „sickert immer mehr durch, dass die evakuierten Juden umgebracht worden sind" (Konsul von Weiss).[147]

1944 holte man dann zum endgültigen Schlag gegen die gemischten Ehepaare und Familien aus, um Köln vollkommen „judenrein" zu machen. Vom zuständigen Polizeirevier wurden ihnen auf den 12. September datierte Aufforderungen zugestellt, sich mit sämtlichen Familienangehörigen im Barackenlager Müngersdorf einzufinden:

„Es sind mitzubringen: Wäsche, Bettzeug, Essen und Kochgeschirr sowie Reinigungsmaterial. Die Wohnung ist ordnungsgemäß zu verschließen und der Wohnungsschlüssel mit einem Schildchen zu versehen und dem Lagerleiter in Köln-Müngersdorf abzuliefern."[148]

---

144 Vgl. Johnson, S. 444.
145 Matzerath (1), S. 233f.
146 Nach Rüther (2), S. 266.
147 Nach Rüther (2), S. 266f.
148 Backhausen (2), S. 140.

600 Personen aus Mischehen erhielten diese Aufforderung, nur etwa die Hälfte leistete ihr Folge[149], darunter auch die Familie Jacobsohn. Tochter Helga erinnert sich genau, dass die dreiköpfige Familie sich wie angeordnet am 20. September 1944 in das Barackenlager begab. Für den „Umzug" bat man einen Vetter der Mutter um Hilfe: Hans Blameuser, der in Gremberg eine Spedition hatte. Er kam mit einem Lkw und transportierte die Habseligkeiten der Verwandten ins Lager. In der zugewiesenen Baracke fand man lange Reihen von holzgezimmerten dreistöckigen Etagenbetten vor. Eins davon wurde der Familie zugewiesen.

„Da die Mutter so dick war, haben wir sie nach unten gelegt, mich nach oben, den Vater in die Mitte."[150]

Gerüchte machten die Runde: die jüdischen Teile, auch „Mischlinge", kämen nach Theresienstadt, die „arischen" Ehepartner würden über die Weser gebracht. Hermann Jacobsohn und seine Frau hatten die Karten von Lily Herz aus Theresienstadt gelesen, sie hatten eine Ahnung davon, was es bedeutete, nach Osten deportiert zu werden. Nach Erinnerung der damals siebzehnjährigen Tochter Helga war die Mutter am entschiedensten:

„Am zweiten Tag hat [sie] meinem Vater gesagt: ‚Ich bleibe nicht hier. Wenn du hierbleiben willst, hindere ich dich nicht, aber Helga und ich, wir gehen.'"

Der Vater schloss sich der Meinung seiner Frau an, und so verließen sie das Lager am 22. September 1944. Das fiel zunächst gar nicht auf, da die Insassen tagsüber das Lager verlassen durften, um z. B. zur Arbeitsstelle zu gehen. Allerdings mussten sie, um nicht aufzufallen, alles zurücklassen, was sie noch besaßen. Im nahen Junkersdorf, wo man zu Fuß hingehen konnte, kannten sie ein befreundetes junges Uhrmacher-Ehepaar, das sie für eine Nacht aufnahm, trotz ihrer Angst um sich und ihr kleines Kind.

---

149 Backhausen (2), S. 142.
150 Helga Pilar, Interview 23.3.2011.

Überleben im Untergrund

Vater Hermann Jacobsohn trennte sich am nächsten Tag von seiner Familie und versteckte sich rund sechs Wochen lang im Untergrund des zerbombten Köln. Bis heute begreift die Tochter nicht, wie er so lange hier überleben konnte: ohne Papiere, ohne Lebensmittelmarken. Der Vater hat ihr später kaum etwas davon erzählt. Sie weiß nur, dass er auf dem Trümmergrundstück des Stammhauses ihrer Oma auf dem Eigelstein in einem der ehemaligen zweigeschossigen Kühlkeller der früheren Metzgerei sich einen Verschlag gemacht hat. In einen Bunker konnte er nicht gehen, ohne aufzufallen, und hier unten glaubte er nicht nur Schutz vor der Polizei, sondern auch vor den Bomben zu finden. Und in diesem Eigelsteinviertel kannte er sich bestens aus – was aber zugleich eine Gefahr für ihn war, weil manche auch ihn kannten. Er hat deshalb auch sein Versteck gewechselt und zeitweise mit einem anderen zusammen irgendwo in der Trümmerlandschaft der Fleischmengergasse gehaust. Wie er sich hier am Leben halten konnte, bleibt ein Rätsel.

Auch seine Frau und Tochter waren in immer wieder neuen Verstecken untergetaucht. Um ihre auffälligen roten Haare zu verdecken, band die Mutter sich ein Kopftuch um, aufgesteckt zu einem Turban. Wo überall sie für einen oder wenige Tage und Nächte unterkamen, vermag Tochter Helga heute nicht mehr zu rekonstruieren. Erinnern kann sie sich nur noch an einen Bauernhof von Bekannten in Niehl und an das Haus des späteren ADAC-Präsidenten Hans Bretz und seiner Frau in der Volksgartenstraße 15; deren Tochter war einst mit ihr zur Schule gegangen. Die Angst, entdeckt zu werden, die Angst vor den Bomben war so schlimm, dass Tochter Helga bei den zahlreichen schweren Luftangriffen im Oktober 1944 buchstäblich erstarrte: Die Muskeln versteiften sich, und sie war unfähig, Arme oder Beine zu bewegen. Als sie während des Aufenthaltes bei der Familie Bretz bei Fliegeralarm mit in den Luftschutzkeller gegangen war, begegnete sie dort unerwartet ihrem Hausarzt Dr. Spelter, einem Gegner des Naziregimes, und der wurde hier Zeuge ihrer Angststarre: sie wurde so steif, dass sie sich nicht hinsetzen konnte. Dr. Spelter riet der Mutter dringend, die Stadt zu verlassen und für ihre Tochter eine ruhigere Unterkunft zu finden; sonst würde sie nicht überleben.

Tochter Helga berichtete im Interview 2011:

„Da hat meine Mutter ihren Vetter Hans Blameuser in Gremberg angerufen. Dessen Frau, eine Tante meiner Mutter und Schwester meiner Großmutter, war mit ihren vier Kindern damals (1944) schon ins Bergische Land evakuiert worden, die Eltern ebenfalls. Er sagte am Telefon: ‚Ja, kommt.' Und als meine Mutter fragte, ob ihr Mann auch mitkommen könne, sagte er: ‚Ja, bring den Hermann auch mit.' Das war mutig. Der hatte ja Angestellte und Lastzüge, und das war ja nicht das feinste Volk. Aber ich habe festgestellt: Die einfachsten Leute haben den Mund gehalten und uns nicht verraten! Die haben zu uns gehalten! Wir waren ja auf die angewiesen!"

Am 10. Oktober 1944, glaubt Helga Pilar sich zu erinnern, begab sie sich mit ihrer Mutter nach Gremberg und traf dort auch den Vater. Die Familie war wieder vereint – allerdings nur abends und nachts, wenn der Vater ins Haus kam, tagsüber sollte er sich versteckt halten. Das war notwendig, weil der Ortsgruppenleiter fast täglich bei Vetter Blameuser vorbeikam, um mit ihm über die Lebensmittel zu reden, die dieser für die Versorgung von Köln-Kalk regelmäßig mit seinen Lkw aus dem Bergischen Land herbeischaffte. Die Anwesenheit der beiden neuen Frauen wusste Blameuser dem Ortsgruppenleiter plausibel zu erklären: Es sei die Cousine Elisabeth Neukirchen aus Hannover mit ihrer Tochter Helga; ihr Mann sei im Feld, die Wohnung in Hannover ausgebombt. Da habe er sie zu sich geholt, damit sie ihm den Haushalt führe, weil doch seine eigene Frau mit den Kindern und Eltern evakuiert sei. Blameuser war ein imponierender Zweimetermann, ihn nach solcher Erläuterung nach Papieren der beiden Frauen zu fragen, traute der Ortsgruppenleiter sich nicht.

Für Vater Hermann Jacobsohn hatte Blameuser mit Hilfe eines Freundes, der in der Akkumulatorenfabrik Gottfried Hagen in der Rolshover Straße in Köln-Kalk beschäftigt war, einen dort üblichen Overall mit einer „Werkschutz"-Armbinde besorgt. Diesen Werkschutz-Overall zog Hermann Jacobsohn an, um im Falle der Entdeckung eine Ausrede zu haben.

Aber so weit sollte es erst gar nicht kommen, er sollte sich tagsüber vielmehr in einem ausgebrannten Kofferraum im hinteren Teil des Führerhauses eines großen Lkw, der zwischen anderem Gerät in der Scheune stand, verstecken. Man legte ein paar Decken aus, und Hermann Jacobsohn zog sich hierhin zurück mit einem großen Englischwörterbuch von Langenscheidt: Wenn die Amerikaner kamen, wollte er vorbereitet sein und frischte deshalb seine Englischkenntnisse auf. Abends, wenn niemand sonst mehr da war, ging er hinüber ins Haus und schlief auch dort. Gab es nachts Alarm, rannte er aber nicht mit in den Bunker im Garten, sondern stieg hinunter in den Keller. Den Bunker suchten auch Leute aus der Nachbarschaft auf; es war nicht ratsam, sich da zu zeigen.

Tochter Helga erholte sich in Gremberg von ihren Angstzuständen. Das Leben nahm wieder seinen geregelten Gang. Dass das Fensterglas längst zersplittert und durch Drahtglas ersetzt war, erschien fast als normal; auch dass man das große Badezimmer nicht mehr benutzen konnte, weil es voll gestellt war mit Dieselölfässern, damit sie nicht nachts gestohlen wurden. Mutter kochte jeden Tag für alle gut, und abends saß man, wenn die Sirenen einmal schwiegen, bei Karbidlampenlicht zusammen, wenn der Strom mal wieder ausgefallen war. Wenn aber die Flieger kamen, dann war die Stadt Köln jenseits des Rheins ihr Hauptziel und nicht das unbedeutende Gremberg. Und außerdem fühlte man sich im Bunker einigermaßen sicher.

Wochen gingen dahin, und Hermann Jacobsohn begann, wenn die Luft ihm rein schien, sich im Garten hinter der Scheune ein wenig die Beine zu vertreten. Dabei lief er einem der angestellten Fahrer in den Weg: Herrn Spanier, einem Erzkommunisten, wie sich herausstellte, einem Mann mit breitem kölschem Dialekt und proletarischem Habitus. Aber der beruhigte ihn: „Wir Antifaschisten müssen zusammenhalten!"[151] Die beiden duzten sich, und als Frau Jacobsohn einmal hörte, wie dieser Herr Spanier auf dem Hof laut kundtat: „Ich han evvens mem Hermann jesproche…", war sie entsetzt: weil offenbar alle von dessen Anwesenheit wussten und weil der Herr Spanier in ihren Augen kein Mann war, den man duzte. Aber sie tat damit den Lkw-Fahrern auf dem Hof Unrecht: Sie erwiesen sich alle als aufrechte Menschen, die einen Verfolgten nicht verrieten.

---

151 Nach Backhausen (2), S. 143.

Weihnachten 1944 stand vor der Tür. Da kam dieser Herr Spanier zu „Frau Neukirchen" und ihrer Tochter in die Küche und hielt ihr einen Karton hin: „He, Frau Neukirchen, ich ben ens durch de Kellere jejange und han he jet organisiert; ihr jlöövt jo an su jet."[152] Eine Krippe mit Figuren war darin. Er hatte sie im Keller eines ausgebombten Hauses gefunden. Vor Heiligabend brachte Onkel Blameuser aus dem Bergischen einen Tannenbaum mit. Baumschmuck hatte man nicht mehr, deshalb stellte man ihn als grünen Weihnachtsbaum auf den Tisch, darunter die Krippe; als Moosersatz für die weidenden Schafe hatte Onkel Blameuser draußen etwas Gras gerupft, das man ausstreuen konnte. Mutter hatte besonders gut gekocht, und beim Schein der Karbidlampe feierte man Heiligabend. Es war die letzte Kriegsweihnacht.

Aber der erhoffte Einmarsch der Amerikaner ließ noch lange auf sich warten. Die Bombenangriffe wurden immer heftiger. Wenn man zu Bett ging, zog man sich nicht mehr aus, um möglichst schnell über den Hof in den Bunker laufen zu können. „Wir hörten, wie die Südbrücke, die nicht weit weg war, in den Rhein ging."[153] Als dann am 6. März 1945 die Amerikaner in das linksrheinische Köln einmarschierten, endeten die Bombenangriffe. Dafür schoss jetzt die Artillerie von dort über den Rhein.

Ostern fiel 1945 auf den 1. April. Dichtes Artilleriefeuer von der linken Rheinseite machte deutlich, dass Gremberg inzwischen im Kampfgebiet lag. Direkt neben der Küche explodierte draußen eine Granate, aber die Außenwand wurde nicht durchschlagen. Man kam mit dem Schrecken davon. Ein paar Tage später, um den 7. April 1945, wurde es für die beiden untergetauchten Frauen noch einmal bedrohlich: Es hieß, alle weiblichen Personen müssten aus dem Kampfgebiet heraus. Einer der Lkw-Fahrer kam mit der Nachricht, er habe gesehen, wie die Polizei in der nahen Rolshover Straße von Haus zu Haus gegangen sei, um die Wohnungen zu durchsuchen. Die beiden Frauen versteckten sich in einem leeren Kleiderschrank, der in dem großen Baderaum stand, davor wurden Ölfässer gerückt. Im Schrank befiel die Tochter Helga erneut die überwunden geglaubte Angststarre:

---

152 Helga Pilar, Interview 23.3.2011.
153 Ebd.; Datum: 6. Januar 1945.

„Mutti, was machen wir, wenn die uns hier finden?', fragte ich. Sie gab mir zur Antwort: ‚Wir warten auf die Linie 7.'"

Das war die Straßenbahnlinie, die über die Severinstraße durch das Vringsveedel fuhr, wo man lange gewohnt hatte. Zwei Polizeibeamte, die das Haus durchsuchten, kamen auch ins Bad, entdeckten die beiden Frauen aber nicht.

Etwa drei Tage später, um den 10. April 1945, betrat der Ortsgruppenleiter den Hof – nicht wie sonst in Uniform, sondern in Zivil, wie die Mutter Neukirchen mit Erstaunen feststellte. Wegen des schönen Frühlingswetters war sie auf dem Hof mit der Wäsche beschäftigt. Sie konnte ihr Mundwerk nicht zügeln: „Och, Herr Ortsgruppenleiter, wat haben Sie de Farb gewechselt!", spöttelte sie. „Ja, und warum sind Sie noch hier und waschen?", kam es nur schwach zurück. Die alten Gesetze galten nicht mehr, auch dem Ortsgruppenleiter war es klar. Er schritt nicht mehr ein, wie es sein Parteiamt verlangt hätte. Die schöne Parteiherrlichkeit war zu Ende, der Krieg verloren. Am 13. April 1945, mittags gegen 13 Uhr, rückten die Amerikaner in Gremberg ein. Für die Familie Jacobsohn gingen acht bange Monate des Lebens im Untergrund zu Ende.

„Es war ein ganz warmer Frühlingstag, im Garten blühten die Tulpen. Die Amerikaner haben sich das alles angeguckt, und mein Vater hat ihnen geschildert, wer wir wären und dass wir jetzt nach vielen Jahren unsere Freiheit hätten."[154]

Kämpfe gab es kaum. Völlig sinnlos kam aber ein deutscher Soldat im benachbarten Kalk ums Leben: Er war auf einem Trümmergrundstück vor Übermüdung eingeschlafen, reagierte deshalb nicht auf den Befehl „*Hands up!*" und wurde erschossen.

---

154 Ebd.

Ghetto Theresienstadt

Nach dem Abtransport der Familie Klibansky am 20. Juli 1942 war die Umgebung der Familie Herz in Köln wie ausgestorben. Sie konnte sich nicht erklären, warum sie keinen Deportationsbescheid erhalten hatte. 51 Personen waren aus ihrer Sammelunterkunft in der St.-Apern-Straße 29–31 abtransportiert worden, darunter neun Kinder bis zu sieben Jahren; das jüngste war vier Monate alt. Hatte man sie vergessen? Aber der Auftritt des SS-Mannes, der kurz vor dem Abtransport der Klibanskys die Familie aufgefordert hatte zu verschwinden, war Warnung genug. Sehr rasch sollte sich das zeigen, aber das Deportationsziel war nicht Minsk, sondern Theresienstadt.

Am 16. Juni 1942 war bereits ein erster Großtransport von Köln-Deutz Tief mit 963 „Volljuden" in dieses Ghetto im damaligen Reichsprotektorat Böhmen und Mähren abgegangen. Am 27. Juli 1942 folgte ein zweiter mit 511 „Volljuden" aus Köln.[155] Zu den Betroffenen dieses zweiten Transportes gehörte die Familie Herz mit ihren sechs Kindern. Rudy Herz war damals 16 Jahre alt, sein jüngster Bruder Jona sechs Monate.

Theresienstadt war eine von Joseph II. bis 1780 erbaute nordböhmische Festungsstadt an der Mündung der Eger in die Elbe, die später als Garnisonsstadt diente. Ihr war als befestigter Brückenkopf die „Kleine Festung" vorgelagert, in der die Gestapo bereits 1940 ein Gefängnis einrichtete. Etwa 32 000 Personen, davon ca. 5 000 Frauen, waren hier bis 1945 inhaftiert bzw. wurden von hier aus in Konzentrationslager und Zuchthäuser überstellt. In der „Kleinen Festung" selbst starben etwa 2 500 Häftlinge: an Unterernährung, fehlender medizinischer Hilfe, an Flecktyphus, oder sie wurden zu Tode geprügelt oder hingerichtet.[156]

Von dem Gestapogefängnis „Kleine Festung" ist das Ghetto Theresienstadt zu unterscheiden. Reinhard Heydrich, Chef des Reichssicherheitshauptamtes, stellvertretender Reichprotektor in Böhmen und Mäh-

---

155 Transportliste in: Corbach (2), S. 553ff.; Zahl unter Berücksichtigung der Anmerkung zu den „Unstimmigkeiten", S. 578; Die jüdischen Opfer, S. 541, nennt die Zahl 508; so auch Rüther (2), S. 193.
156 Internet: Ghetto Theresienstadt.

ren und von Hermann Göring ernannter „Beauftragter für die Endlösung der europäischen Judenfrage", hatte die nordböhmische Garnisonsstadt im Oktober 1941 als Ghetto für die Juden aus dem Reichsprotektorat, später aber auch als „Vorzugslager" für Juden aus dem Deutschen Reich und ganz Europa vorgesehen; wegen ihrer Festungsbauten war sie leicht zu kontrollieren, die vielen Kasernen waren geeignet für Massenunterkünfte, und die nur geringe Anzahl ziviler Einwohner war leicht zu evakuieren. Im November 1941 wurde mit der Einrichtung des Ghettos begonnen und die Zivilbevölkerung vertrieben.

Auf der Wannseekonferenz vom 20. Januar 1942[157], die unter der Leitung von Heydrich stattfand, wurde die „Endlösung der Judenfrage" beschlossen. Die europäischen Juden sollten in die besetzten Ostgebiete deportiert werden, dort „in großen Arbeitskolonnen, unter Trennung der Geschlechter", „straßenbauend" zum „Arbeitseinsatz" kommen, „wobei zweifellos ein Großteil durch natürliche Verminderung ausfallen wird. Der allfällig verbleibende Restbestand wird, da es sich bei diesen zweifellos um den widerstandsfähigsten Teil handelt, entsprechend behandelt werden müssen." Sie sollten in den Vernichtungslagern ermordet werden.

Um diesen gigantischen Massenmord-Plan, den man sprachlich als „Evakuierung" camouflierte, möglichst störungsfrei durchführen zu können, war ein Mindestmaß an öffentlicher Akzeptanz in Deutschland notwendig. Heydrich sah deshalb auf der Wannseekonferenz vor, Personengruppen, bei deren Deportation öffentliche Reaktionen zu befürchten waren, bevorzugt zu behandeln und sie nicht in den Osten, sondern ins nahe „jüdische Siedlungsgebiet" Theresienstadt „umzusiedeln", in die Stadt mit dem schönen, an Kaiserin Maria Theresia erinnernden Namen. Zu diesem Personenkreis sollten alte Menschen über 65 Jahren gehören, schwerkriegsbeschädigte Juden und mit dem Eisernen Kreuz dekorierte Frontkämpfer sowie Personen mit besonderen Beziehungen. Dass es um Camouflage ging, machte Heydrich bei seinem Vortrag in der Wannseevilla deutlich: „Mit dieser zweckmäßigen Lösung werden mit einem Schlag die vielen Interventionen ausgeschaltet."

---

157 URL: http://www.ns-archiv.de/verfolgung/wannsee/wannsee-konferenz.php (12.4.2011). Zur Verschleierungsabsicht vgl. Benz, S. 457.

Deportation der Familie Herz nach Theresienstadt

Dass die Familie Herz in das „Vorzugsghetto" Theresienstadt deportiert wurde, verdankte sie nicht den Kindern und Kleinkindern der Familie. Eine Woche vor ihrer Deportation war ein Todestransport von Köln-Deutz nach Minsk abgegangen mit 117 Kindern unter zehn Jahren[158], und die Familie Klibansky mit drei Kindern zwischen sechs und zwölf Jahren, die in der St.-Apern-Straße unmittelbarer Hausnachbar war, gehörte dazu. Ein Säugling von vier Monaten sowie vier Kleinkinder im Alter von zwei, drei und vier Jahren wurden ebenfalls aus der St.-Apern-Straße 29–31 nach Minsk abtransportiert. Auch Verwandte aus Butzheim – die Familie Kaufmann mit vier Kindern (Cousinen und Vettern zwischen 11 und 16 Jahren) – wurden mit diesem Transport in den Tod geschickt. Und aus einem Kölner Kinderheim befanden sich 18 Kinder im Alter von einem bis 13 Jahren auf diesem Transport.[159] Die Kinder der Familie Herz waren die einzigen, die in der Sammelunterkunft St.-Apern-Straße 29–31 zurückblieben. Es waren also nicht die Kinder, die die Familie Herz davor bewahrten, den Erschießungstod an einer Grube nahe von Minsk zu erleiden, denn Rücksichtnahme auf Kinder erschien den Nazis offensichtlich nicht notwendig, nicht einmal auf Säuglinge. Grund für die relative „Schonung" war offensichtlich vielmehr die Tatsache, dass der Vater Ernst Herz ein mit dem EK II ausgezeichneter Frontkämpfer des Ersten Weltkrieges war. Noch 1935 war „im Namen des Führers und Reichskanzlers" Adolf Hitler auch Juden das Ehrenkreuz für Frontkämpfer verliehen worden, auch Ernst Herz muss es erhalten haben. So etwas zählte in Deutschland, nicht zuletzt bei denen, die der Partei nahestanden. Einen ehemaligen Frontsoldaten und Ehrenkreuzträger in den Osten zu deportieren passte selbst ins Weltbild vieler Parteigenossen nicht; ihn nach Theresienstadt „umzusiedeln" war da weniger anstößig. Man lasse sich jedoch nicht täuschen: Achtzig Prozent der nach Theresienstadt deportierten Häftlinge kamen ums Leben, davon 23 Prozent (33 456) in Theresienstadt selbst, 57 Prozent, ca. 87 000, in den Vernichtungslagern, zu denen man sie weiter-

---

158 Corbach (2), S. 57.
159 Die Zahlen wurden nach der von Corbach (2) veröffentlichten Transportliste ermittelt.

leitete.[160] Für mehr als die Hälfte der Deportierten war Theresienstadt ein Durchgangslager auf dem Weg in den Tod.

Als die Familie Herz einige Tage vor dem 27. Juli 1942 den Deportationsbefehl erhielt, löste das Bestürzung, Angst und hektische Unruhe aus: „Was nehmen wir mit? Was für Koffer haben wir? Wo kriegen wir noch ein paar Koffer her? Was brauchen wir?"[161] Die älteren Söhne Alfred und Rudy wurden mit einer Kiste, in die man gutes Porzellan und sonstige Wertsachen verstaut hatte, zu Onkel Hermann Jacobsohn in die Rosenstraße 27 geschickt. Man hoffte, den Inhalt für bessere Zeiten retten zu können, aber in einer Bombennacht wurde 1943 alles vernichtet. Nur ein kleines Stück Meißener Porzellan konnte im Schutt noch geborgen werden. Das Silberbesteck, das nur an Festtagen aufgelegt worden war, hatte man Wilhelm von Witzenhausen zu treuen Händen übergeben, der nach dem Kriege für Rudy Herz aber nicht mehr auffindbar war.

Laut Richtlinien des Reichssicherheitshauptamtes vom 15. Mai 1942 waren pro Person mitzunehmen:

„Zahlungsmittel RM 50,--

Vollständige Bekleidung (ordentliches Schuhwerk)

Bettzeug mit Decke

Essgeschirr (Teller oder Topf) mit Löffel

Verpflegung für 8 Tage."[162]

Die 50 Mark, die mitgenommen werden durften, waren zu verrechnen mit den „durch die Evakuierung entstandenen Kosten"[163], die dem RSHA bei der Deutschen Reichsbahn durch die Anforderung eines Sonderzuges entstanden waren; die Deportierten bezahlten ihren Abtransport selbst. Man orientierte sich dabei an den für eine Fahrt 3. Klasse mit der Deutschen Reichsbahn gültigen Tarifen: Kinder unter zehn Jahren waren kostenfrei, alle anderen zahlten für jeden gefahrenen Kilometer vier Pfennig.[164]

---

160 Thomas, S. 191; Gottwaldt/Schulle, S. 264.
161 Rudy Herz, Vortrag 15.2.2011.
162 „Richtlinien zur technischen Durchführung der Evakuierung von Juden in das Altersghetto Theresienstadt", abgedruckt in Gottwaldt/Schulle, S. 268–275, hier S. 271.
163 Gottwaldt/Schulle, S. 273.
164 Johnson, S. 427.

Zu Fuß machte die Familie Herz sich am Tage vor dem Abtransport auf den Weg zum Messegebäude in Köln-Deutz, mit dem Kleinsten, dem sechs Monate alten Jona, und mit der gehbehinderten, kranken Oma Henriette Jacobsohn. Die Kölner Gestapo hatte ausdrücklich angeordnet, dass auch Kranke „unter allen Umständen zum Gestellungsort zu transportieren" seien.[165] Das Messegelände war mit Stacheldraht eingezäunt und wurde von Polizei und SS bewacht.[166] Auf dem Gelände wurden die Opfer in eine Halle getrieben, deren Boden mit Sägemehl bedeckt war; die auf den Abtransport Wartenden sollten sich darauf hinlegen können – wie Vieh auf die Streu im Stall. Das gesamte Personal der Kölner Staatspolizeistelle war aufgeboten, um den Transport in einem stundenlangen, entwürdigenden Prozess abzufertigen: Unverbrauchte Lebensmittelkarten, Rentenbescheide, Wertpapiere, Devisen, Versicherungspolicen, Sparbücher, Wertsachen jeder Art (Gold, Silber, mit Ausnahme des Eherings), Wohnungsschlüssel usw. waren abzugeben; Koffer und Rucksäcke wurden durchsucht, die Kleidung am Leib visitiert, Konfisziertes in Sammelkisten geworfen; die Unterscheidbarkeit von persönlichem Eigentum war angesichts des Geplanten obsolet geworden. Möglicherweise hat man der Familie für die 78-jährige Oma Henriette Jacobsohn unter der Drohung, sie sonst nach Osten abzuschieben, einen betrügerischen „Heimeinkaufsvertrag" aufgenötigt, in dem ihr die lebenslange kostenfreie Unterbringung, Verpflegung und Krankenversorgung in Theresienstadt zugesagt wurde – gegen eine hohe Geldzahlung, soweit die verarmte alte Frau dazu in der Lage war. Was noch als Eigentum der Familie verblieb, wurde als „staats- und volksfeindliches Vermögen" beschlagnahmt.[167]

---

165 Die jüdischen Opfer, S. 541.
166 Vgl. zum Folgenden: Johnson, S. 427f.
167 Weil Theresienstadt im „Reichsprotektorat" und nicht im „Ausland" lag, fiel das Vermögen nicht wie bei den in den Osten Deportierten aufgrund der 11. Verordnung zum Reichsbürgergesetz vom 25.11.1941, § 3 automatisch an das Deutsche Reich, sondern musste in jedem Einzelfall als „volks- und staatsfeindlich" zugunsten des Reiches eingezogen werden. – Gottwaldt/Schulle, S. 274 und 276. Der Reichsminister des Innern hatte die im Erlass vom 2.3.1942 aufgeführten Richtlinien über die „Sammelfeststellung der Volks- und Staatsfeindlichkeit" „auf diese Abschiebung nach dem Altersghetto Theresienstadt ausgedehnt, so dass hiernach verfahren werden" konnte.

Am nächsten Tag wurde die Familie Herz mit den anderen in langer Kolonne zum Bahnsteig Deutz-Tief geführt, um hier am 27. Juli 1942, dem 78. Geburtstag von Henriette Jacobsohn, den geschlossenen Sonderzug[168] nach Theresienstadt zu besteigen. Man hatte alte Eisenbahnwaggons mit Holzsitzen zu einem Zug zusammengestellt, und die Familie Herz bekam ein Abteil für sich allein. Den vier Monate alten Jona führte man in einer Tragetasche mit. Man hatte sich mit einem Vorrat an Brot und Wasser versorgt, denn der Zug legte während seiner zweitägigen Fahrt keinen Halt ein für die Aufnahme von Wasser oder Lebensmitteln.

„Wir kamen durch ein blühendes Deutschland, alles war grün; wir fuhren durchs Elbsandsteingebirge, durch die Böhmische Pforte mit ihren roten Felsen. Auf einmal waren die Schilder in einer Sprache, die wir nicht kannten: Tschechisch. In Bauschowitz wurde der Zug angehalten, wir stiegen aus mit unserem Gepäck: ‚Setzt euch in Gang!' [zum zweieinhalb Kilometer entfernten Ghetto Theresienstadt]. Die Oma mussten wir im Wagen lassen. Die konnten wir nicht mitnehmen, sie war gehbehindert. Wir wussten nicht, was aus ihr werden würde."[169]

Theresienstadt, ein „Vorzugsghetto"?

Vor dem Eingang zum Ghetto wurde der Zug der Deportierten von tschechischer Polizei empfangen und noch bei Tageslicht ins Ghetto hinein in die sogenannte „Schleuse" getrieben, wozu damals vermutlich die Kasematten der heruntergekommenen Kavalierkaserne dienten.[170] In den unterirdischen, engen Gängen, wo es kein Entweichen gab, wurden sie ein letztes Mal gefilzt und Männer und Frauen getrennt:

„Wir mussten alle unsere Koffer aufmachen. Die tschechische Polizei durchsuchte alles, nahm raus, was ihr gefiel. Wir durften unsere Koffer wieder zumachen. Und dieser Akt wurde „Schleuse" genannt. Und danach war alles Stehlen im Lager „Schleusen" genannt.

Wir wurden dann getrennt. Ein Teil der jüdischen Aufbaumannschaft, jüdische Männer mit gelben Kappen, nahm die Frauen und die

---
168 Gottwald/Schulle, S. 278.
169 Rudy Herz, Vortrag 15.2.2011.
170 Internet: Ghetto Theresienstadt.

Kinder mit. Männer wurden in andere Wege geleitet, und wir wurden auf Häuser und Kasernen verteilt. Wir wurden in ein Haus auf der Badstraße[171] geführt, in ein Zimmer im zweiten Stock. Alles war ausgeräumt. Mein Vater, mein Bruder Alfred, mein Bruder Karl Otto und ich, für uns war mit Kreidestrichen auf dem Boden [unser Platz angezeigt], dazu eine Decke, und wir legten, was wir noch hatten, auf den Boden. Hier haben wir die erste Zeit geschlafen.

Am zweiten oder dritten Tag kam die Aufforderung: ‚Arbeitsfähige Männer draußen aufstellen!' Man hat uns zu einem offenen Feld geführt, [zur Senke bei Bauschowitz][172], uns Schaufeln gegeben, und wir haben Gräber geschaufelt. Denn in Theresienstadt starben die alten jüdischen Leute innerhalb weniger Tage und mussten begraben werden. Für etwa zwei, drei Monate haben wir, alle männlichen Mitglieder unserer Familie, Gräber geschaufelt. Und dann hat man sich so langsam in die Ghettogemeinschaft eingegliedert. Ich habe mich als Zimmermann zu einem Zimmermannsbetrieb gemeldet und wurde sofort von der Leichenbestattung befreit und dort eingesetzt. Ich fand mich im Bauhof ein [wo sich verschiedene Handwerker-Werkstätten befanden]. Mein ältester Bruder tat was anderes. Wir gliederten uns ein. Wir waren aber noch eine Familie. Meine Mutter mit den drei kleinen Kindern – Walter, Johanna und Jona – war in einem Raum in einer Kaserne etwas besser untergebracht. Man hatte hier schon Bettgestelle gezimmert.

Wir waren noch eine Familie. Wir besuchten unsere Mutter, die Mutter besuchte aber nicht uns Kinder. Wir gingen zur Mutter hin und beschäftigten uns mit unseren kleineren Geschwistern. Wir brachten, was wir uns abgespart hatten, obwohl wir selbst Hunger litten, den kleineren Kindern mit. Wir waren noch eine kohäsive Familie. Der Vater war das Oberhaupt, die Mutter war Oberhaupt Nr. 2. Noch für zwei Jahre haben wir als Familie gelebt und uns mit dem, was uns gegeben war, abgefunden."[173]

171 „Badhausgasse".
172 Der jüdische Friedhof war 1941 neu angelegt worden. Bis zum Spätherbst 1942 wurden hier mehr als 10 000 Tote in 1250 Einzel- und 217 Massengräbern beigesetzt. Danach wurden die Leichen nicht mehr erdbestattet, sondern im Krematorium verbrannt.
173 Rudy Herz, Vortrag 15.2.2011.

Der Kontakt zur Großmutter Henriette Jacobsohn war nach der Ankunft in Bauschowitz verlorengegangen. Sie hatte den etwa zweieinhalb Kilometer langen Fußmarsch ins Ghetto nicht antreten können. Nach einer Woche fand man sie dann in einer Art Krankenstation wieder. Ihr letztes Lebenszeichen ist eine Karte, die Tochter Lily in ihrem Namen an den Sohn Hermann Jacobsohn in Köln geschickt hat und die ihren angegriffenen Gesundheitszustand erkennen lässt; sie hat eigenhändig mit „Mutter" unterschrieben:

„13. Februar 1944

Mein lieber Sohn! Heute sollst Du ein Zeichen von mir haben, daß ich noch lebe, obgleich jeder Tag, wenn man im 80. Lebensjahr steht, der letzte sein kann. Ich hatte einen Anfall vom Herzen, aber nun geht es ein wenig besser. Manchmal kommen Bekannte zu mir, leider sehe ich die lb. Frau Apfel nur selten. Euch Lieben hoffe ich gesund und sind die Gedanken sehr oft bei Euch. Hier ist nochmals der Winter eingekehrt – wo man so sehnsüchtig den Frühling erwartet. Siehst Du auch schon mal Bekannte aus unserm Heimatort? Die lb. Enkeltochter ist gewiß schon ein großes Mädel geworden – ich sehe es an den Enkelkindern hier und möchten die beiden Kleinsten schon gern auf der Tafel schreiben und malen. Innigste Grüße sendet Euch

Eure Mutter"[174]

Einen Monat später, am 17. März 1944, verstarb die Großmutter an einem Herzschlag nach mehreren schweren Herzanfällen in der Zeit vorher.[175] Am 20. März 1944 wurde sie im Krematorium von Theresienstadt eingeäschert. Ihre Asche wurde mit der von „25 anderen Brüdern und Schwestern im Osten der Stadt auf einem großen Friedhof beigesetzt. Wir waren traurig, aber wir trauerten nicht. Sie, meine Oma, war bei vollem Bewußtsein geblieben, von meiner Mutter wurde sie bis zum Sterbetag gepflegt."[176]

Der Tod war in Theresienstadt allgegenwärtig. Am 4. Juni 1942 schrieb der zwanzigjährige Prager Jude Pavel Friedmann, den man zwei Mona-

---

174 Thomas, S. 218; Wißkirchen (4), S. 235f.
175 Karte von Lily Herz vom 20.3.1944 aus Theresienstadt an ihren Bruder Hermann Jacobsohn und o. D. an Fritz Löwenstein.
176 Wißkirchen (4), S. 236.

te vorher nach dort verschleppt hatte, sein bekannt gewordenes Gedicht über den letzten gelben „Schmetterling"[177], den er schwebend in die Höhe aufsteigen sah vor seiner Einweisung ins Ghetto. Aber jetzt: „... einen Schmetterling hab ich hier nicht gesehn, / (...) / denn Schmetterlinge leben hier nicht / im Ghetto." Zwei Jahre später wurde der junge Dichter in Auschwitz ermordet, Theresienstadt war für ihn der Eintritt in eine Welt, in der alles Leben erstirbt. Mit ihm betraten bis Ende 1944 mehr als 140 000 hierhin deportierte Juden diese Todeswelt, darunter 11 000 Kinder, von denen fast 9 000 starben, die meisten in Auschwitz.

Die nationalsozialistische Propaganda dagegen stellte der deutschen und europäischen Öffentlichkeit Theresienstadt als Musterghetto dar und wollte damit den Blick auf die Wahrheit der Vernichtungslager verstellen. Im August/September 1944 ließ die Prager SS einen Propagandafilm über „Theresienstadt"[178] drehen, um der Welt vorzugaukeln, es handle sich bei diesem „jüdischen Siedlungsgebiet" um eine selbstverwaltete jüdische Stadt mit angenehmen Lebensbedingungen. Die flimmernden Bilder des nur unvollständig erhaltenen Films zeigen eine scheinbar normale, friedliche Welt: Handwerker gehen ihrem Beruf nach, junge Männer spielen nach Feierabend Fußball, Schrebergärtner jäten Unkraut, nackte Männer nehmen ein Dampfbad, Wissbegierige lauschen einem Vortrag oder lesen ein Buch aus der Zentralbibliothek, Musikfreunde besuchen ein Konzert des Ghetto-Orchesters. Eigenes, von der „Bank der jüdischen Selbstverwaltung" in Umlauf gebrachtes Ghettogeld, dessen Scheine neben dem Aufdruck ihres Wertes das Bild des Mose mit den Gesetzestafeln und eines Davidsterns zeigten[179], sollte die Illusion wecken, es handle sich um ein florierendes, unabhängiges Wirtschaftsgebiet. In Wahrheit waren die Ghetto-Kronen, mit dem die Arbeiter entlohnt wurden, weitgehend wertlos, weil es im Ghetto kaum etwas dafür zu kaufen gab und sie in andere Währungen nicht konvertierbar waren.

Sicher: Theresienstadt war für die meisten noch nicht die Hölle von Auschwitz – aber für die Mehrzahl eine Zwischenstation auf dem Weg

---

177 Roth, S. 282; Volavková.
178 Bekannt unter dem Titel: „Der Führer schenkt den Juden eine Stadt".
179 Vgl. Abb. in Roth, S. 283.

dorthin. In Theresienstadt duldete man stillschweigend noch Betstuben, in denen inhaftierte Rabbiner und Kantoren regelmäßig Gottesdienste abhielten.[180] Die Ghettoinsassen trugen noch ihre zivile Kleidung ohne sichtbare Nummer, allerdings mit Judenstern. Sie „wohnten" zum großen Teil in Häusern oder Kasernen, es gab Straßen und Bürgersteige, der Stadtplan wies sogar einen Marktplatz und Parks aus, und bei der Arbeit war man nicht den Launen eines schlagwütigen Kapos ausgesetzt.

Aber im Herbst 1942 lebten in der kleinen Stadt, deren Infrastruktur gerade mal für 7000 ausgelegt war, rund 53000 Menschen. Zudem hatten die tschechischen Familien, als sie vor Gründung des Ghettos im Herbst 1941 ausgewiesen wurden, ihre Möbel usw. mitgenommen. Die Räume waren also ohne Schränke, Tische und Betten, und sie waren unerträglich überbelegt. Zwar bemühte man sich um eine Verbesserung der Lage, aber es fehlte an allem: an Material, Werkzeugen, ausgebildeten Handwerkern. Schließlich war man froh, wenigstens für knapp zwei Drittel der Ghettohäftlinge dreistöckige Holzpritschen oder noch unkomfortablere Massengestelle, die man „Schlauchbetten" nannte, aufzustellen.[181]

Ebenso katastrophal waren die hygienischen Bedingungen: Es fehlte an Wasser und Wasserabgabestellen, und die viel zu wenigen Toiletten waren ständig verstopft, weil die Kanalisation nicht für solche Menschenmassen ausgelegt war. Die Bemühungen, hier für Verbesserungen zu sorgen, Kanäle zu verlegen, neue Brunnen zu bohren oder die Stromversorgung zu verbessern, erwiesen sich als schwierig und langwierig. Etliche „Wohnräume" waren ganz ohne Strom, in anderen fiel er immer wieder aus oder wurde zur Bestrafung für irgendein „Vergehen" abgeschaltet. Manche Räume ließen sich im Winter nicht heizen, andere wurden bei sommerlicher Sonneneinstrahlung unerträglich heiß.

Vor allem die alten Ghettoinsassen erlagen diesen katastrophalen Lebensumständen in großer Zahl bald nach ihrer Einlieferung.

Das „Vorzugsghetto" Theresienstadt, das Propagandisten sogar mit der Bezeichnung „Bad Theresienstadt" versahen, war ein einziger Betrug. In den Parks spazierten nicht Erholung suchende Menschen, sondern hier reihten sich Baracken aneinander, und der zentrale Marktplatz war nicht,

---

180 Benz, S. 468.
181 Adler, S. 128 und 329.

wie der Stadtplan es glauben machen könnte, ein urbaner Treffpunkt, sondern von einem hohen Zaun umgeben und konnte nicht betreten werden. Zugang hatten nur die Häftlinge, die hier zum Arbeitseinsatz kamen: Auf dem Platz standen seit April 1943 Zelte, in denen sie kleine Kisten als Verpackungsmaterial für die Wehrmacht zimmerten.[182]

Die Ghettobewohner hatten zwar noch keine sichtbare KZ-Nummer, aber sie wurden doch als statistische Größe verwaltet[183], ohne Chance, ein eigenständiges Leben zu führen und eigene Ziele zu verfolgen. Symptomatisch hierfür war die bürokratische Nummerierung der rechtwinklig angelegten Straßen der ehemaligen Festungsstadt (s. BT 33): die sechs Längsstraßen wurden nur mit dem Anfangsbuchstaben „L" bezeichnet und fortlaufend nummeriert; die Nummer des einzelnen Hauses wurde daran gehängt. „L416" meinte also das Haus Nr. 16 in der Längsstraße Nr. 4. Die neun Querstraßen wurden entsprechend von „Q1" bis „Q9" gezählt. Erst am 1. August 1943 wurden dann die Straßen mit heimeligen Namen versehen: Aus der L4 wurde die Hauptstraße, aus der Q3 die Badhausgasse, aus der Q7 die Berggasse usw. Anhand der Adressenangaben auf den 31 erhaltenen Postkarten, die Lily Herz zwischen dem 13. Juni 1943 und dem 1. Mai 1944 an ihren Bruder Hermann Jacobsohn in Köln schrieb, lässt sich das nachvollziehen.

Für die erste Zeit waren die drei Söhne zusammen mit ihrem Vater in dem Haus Q315 (Badhausgasse 15) extrem beengt untergebracht, wechselten dann aber, zusammen mit Bruder Walter, in eine Art Jugendheim in den beiden oberen Geschossen des großen Gebäude L414 (Hauptstraße 14) im Zentrum des Ghettos, in dem parterre seit November 1943 die Post und andere Ämter untergebracht waren. Hier wohnten sie in unterschiedlichen, nach dem Alter zusammengestellten Gruppen. Der Vater blieb in dem Haus in der Badhausgasse und wurde dort zum „Stubenältesten" ernannt. Die Mutter Lily war mit ihren beiden jüngsten Kindern Johanna und Jona in das dreigeschossige Gebäude „Q721"

---

182 Ghetto Theresienstadt; Brenner-Wonschick, S. 239 (Bildunterschrift).
183 Durch die Kontrollvermerke auf den erhaltenen Postkarten von Lily Herz aus Theresienstadt sind die Nummern der Familie Herz in den Lagerlisten bekannt: Ernst Herz 17073, Lily Herz 17074, Alfred 17075, Rudy 17076, Karl Otto 17077, Walter 17078, Johanna 17072, Jona 17079; Henriette Jacobsohn 17096.

(Berggasse 21) einquartiert worden, zusammen mit anderen Frauen und Kleinkindern. Die Großmutter Henriette Jacobsohn wohnte anfangs in Haus Q403 (Neue Gasse 3) und dann in der „Hauptstraße 16".[184]

Die „Jüdische Selbstverwaltung" stand unter der Leitung des Judenältesten, der formell der „unbeschränkte Herrscher" war – „soweit ihn die SS nicht einschränkte".[185] Sein „Kabinett" war der Ältestenrat, in dessen Namen Anordnungen erlassen wurden.[186] Die Beschlüsse und Befehle des Judenältesten konnten über das Leben der Insassen entscheiden, aber er war ein „Oberhaupt (…) mit gebundenen Händen"[187], ein weisungsabhängiges Exekutivorgan der SS-Kommandantur. Seine Gestaltungsmöglichkeiten beschränkten sich darauf, dem Kommandanten[188] Wünsche und Bitten vorzutragen, und er war dabei zugleich der Gefahr ausgesetzt, von der SS geködert zu werden und sich korrumpieren zu lassen durch Bewilligung von Sonderrechten für sich und den Ältestenrat. Dieser Gefahr sind die drei Judenältesten von Theresienstadt auch teilweise erlegen: Jakob Edelstein (Dez. 1941–Ende Januar 1943), Paul Eppstein (Ende Januar 1943–27.9.1944) und Benjamin Murmelstein (Ende September 1944–5.5.1945). Für alle drei gilt, dass der Grat zwischen unvermeidlicher Kooperation mit der SS, um dadurch Juden helfen zu können, und der Mithilfe bei SS-Verbrechen schmal war; hierüber gerecht zu urteilen fällt schwer.[189]

Ein Charakteristikum des angestrebten lückenlosen Kontrollsystems für die verwalteten Menschen war die klare Hierarchie der Befehlsgewalt vom „Judenältesten" über den „Blockältesten" und den „Hausältesten" bis hinunter zum „Stubenältesten". Hier lebten nicht freie Menschen, sondern hier wurde unter haftähnlichen Bedingungen über sie verfügt. Sie wurden zur Arbeit eingesetzt, zum Essenholen mussten sie an den Ausgabestellen mit ihren Näpfen anstehen, mit hungrigen Mägen, die Essenkarte in der Hand, „worauf die Verpflegungseinheit angegeben

---

184 Vgl. Thomas, S. 212–215.
185 Adler, S. 244.
186 Adler, S. 249.
187 Adler, S. 245.
188 Die drei Kommandanten waren Siegfried Seidl (Nov. 1941–3.7.1943), Anton Burger (3.7.1943–8.2.1944) und Karl Rahm (8.2.1944–5.5.1945).
189 Vgl. das abgewogene Urteil bei Benz, S. 461–465.

war".[190] Was in den Napf kam, war immer zu wenig und zu fettarm. Die Menschen litten Hunger. Nicht einmal der vorgesehene Durchschnittswert von 1597 Kalorien täglich pro Person, der deutlich unter dem Mindestbedarf eines Menschen lag (2000 kcal), konnte erreicht werden. Noch im Frühjahr 1943, als sich die Lage leicht gebessert hatte, waren über 40 Prozent der Ghettoinsassen mehr als 30 Prozent unter Normalgewicht.[191]

Die vierzehnjährige Charlotte Weinstein aus Prag notierte damals im Ghetto Theresienstadt in ihrem Tagebuch den Speiseplan einer Woche:

„Montag: Suppe, Hirse; abends: ein kleines Stück Brot
Dienstag: Suppe, Erdäpfel [Kartoffeln], Rüben; abends: Suppe
Mittwoch: Suppe, Erdäpfel, Gulasch, ein kleines Stück Brot; abends: ein Stück Brot
Donnerstag: Suppe, Knödel, Sauce; abends: Wurst, Suppe
Freitag: Suppe, Graupen; abends: Buchteln [Hefegebäck]
Samstag: Suppe, Erdäpfel, Rüben; abends: Suppe
Sonntag: Suppe, Buchteln mit Creme; abends: zwanzig Gramm Margarine, ein Teelöffel Marmelade"[192]

Die tägliche Suppe, kommentiert die junge Tagebuchschreiberin, sehe aus wie „Wasser nach dem Bodenreiben", d. h. wie schmutziges Putzwasser. Das wertvollste Nahrungsmittel war Brot, von dem jeder Häftling etwa alle drei Tage eine kleine Portion zugeteilt bekam, mit der er dann haushalten musste. Der 1931 in Berlin geborene Horst Cohn berichtet, wie er jeden Morgen zusammen mit anderen Kindern auf einer Kutsche Leichen zu einem Sammelplatz fahren und anschließend Brot holen musste:

„Auf dem Rückweg vom Leichentransport mussten wir zur Brotzentrale, wo die Brote aufgeladen wurden, ohne irgend etwas zu ändern. Die fuhren wir zu einem bestimmten Platz, wo sie aufgeschnitten und verteilt wurden. Jeder bekam ein viertel Brot für drei Tage, also etwa eine Schnitte pro Tag. Die meisten Leute haben das auf der Stelle aufgegessen. Der Hunger war so groß."[193]

---

190 Hesdörffer, S. 88.
191 Thomas, S. 216.
192 Zit. n. Brenner-Wonschick, S. 72.
193 Ebd., S. 74.

Die 1930 in Wien geborene Helga Pollak berichtet, wie sie am 16. März 1943 sah, dass man aus der Küche der Sudetenkaserne Kartoffelschalen wegschüttete – „und auf den kleinen Haufen warfen sich zehn Leute, die dabei rauften. Mir und Papa ist es vorgekommen, wie wenn man acht Hunden drei Knochen hinwirft, und die Hunde beißen sich gegenseitig, um an die Knochen zu kommen."[194]

Hilferufe aus Theresienstadt

Einunddreißig Postkarten von Lily Herz aus Theresienstadt an ihren Bruder Hermann Jacobsohn in Köln sind erhalten, geschrieben hat sie aber mehr. Im September 1942 war die vorher ergangene Postsperre aufgehoben worden, und es ist mit Sicherheit anzunehmen, dass sie von dieser Zeit an sich mit Hilferufen an ihrem Bruder gewandt hat. Die früheren Karten sind jedoch vernichtet worden, als die Wohnung der Familie Jacobsohn in der Rosenstraße 27 in Köln am 29. Juni 1943 nach einem Luftangriff ausbrannte.

Der rege schriftliche Kontakt war nicht selbstverständlich. Die „Mischehe" des Bruders Hermann Jacobsohn hatte den inneren Zusammenhalt der Familie erheblich beschädigt, Kontakte zwischen den Familien Herz und Jacobsohn hatte es auch in den letzten Kölner Jahren vor der Deportation kaum gegeben. Nur zwischen den Geschwistern Hermann und Lily hatte sich trotz allem das aus der Kindheit überkommene Zusammengehörigkeitsgefühl erhalten, und Hermann hatte sie in Köln besucht und kannte ihre Kinder. Dem entspricht es, dass alle Karten von ihr geschrieben wurden, keine aber von ihrem Mann Ernst Herz, auch dann nicht, wenn er als Absender genannt ist. Offenbar fiel es ihm auch jetzt noch schwer, sich über alte Ressentiments hinwegzusetzen.

Lilys Bruder war ihr letzter Hoffnungsanker in der alten Heimat, „christliche" gab es nicht, trotz all der christlichen Schulkameraden und Nachbarn, die sie einst gehabt hatte. Lilys Familie brauchte Hilfe, aber die ihres Bruders litt selbst Not. Hermann Jacobsohn hatte seine Handelsfirma aufgeben müssen und arbeite in einer Kölner Fabrik als jüdischer Zwangsarbeiter; mit seinem Wochenlohn von 18 Reichsmark

---

194 Ebd., S. 74f.

konnte er seine Familie nicht ernähren. Nur weil auch seine Frau berufstätig war, konnte man sich über Wasser halten – mit der ständigen Angst im Nacken, selbst eines Tages auf einer Deportationsliste zu stehen. Durch die Ausbombung wurde die Not noch größer. Die Familie hatte alles verloren und war auf die Hilfe anderer angewiesen – und wurde selbst um Hilfe gebeten.

Fünfzehn der einunddreißig Karten sind vorgedruckte „Bestätigungskarten". Beim Empfang eines Paketes in Theresienstadt mussten diese Vordrucke ohne weitere Mitteilung ausgefüllt werden – höchstens marginale Ergänzungen ließ man durchgehen. Die Poststempel lassen erkennen, dass sie etwa zwei bis drei Wochen später auf den Weg gebracht wurden. Bei sonstigen Karten mit persönlichen Mitteilungen dauerte die Abfertigung mindestens einen, meistens etwa zwei Monate und noch mehr. Sie kamen also mit erheblicher Verzögerung in Köln an, so dass man dort nie eine zeitnahe Information hatte, wie es um die Verwandten in Theresienstadt stand. Als Ende Juni 1944 eine letzte Karte ankam, waren sie schon seit Wochen in Auschwitz.

Der Grund für diese Verzögerung lag vor allem darin, dass die von der SS verlangte strenge Zensur ein umständliches Verfahren erzwang, mit dem zahlreiche Häftlinge bei der Jüdischen Selbstverwaltung in Theresienstadt beschäftigt waren.

„Die postkartenberechtigten Häftlinge mussten ein Formular ausfüllen. Nach der Zensur bei der Jüdischen Selbstverwaltung wurden die Postkarten und die Formulare mit Hilfe der Block- und Gebäudeältesten gesammelt und der Postzentrale übergeben. Die hier arbeitenden Häftlinge fertigten genaue Verzeichnisse nach dem Bestimmungsort an. Der Leiter der Postzentrale verfasste einen Bericht, den er gemeinsam mit den Postkarten und den Verzeichnissen dem Judenältesten übergab, der all das mit einem eigenen Begleitschreiben bei seiner täglichen ‚Audienz' dem Lagerkommandanten zur Billigung vorlegte."[195]

Nichts befürchtete die SS-Kommandantur mehr, als dass wahrheitsgemäße Nachrichten über das Ghetto nach draußen gelangen könnten. Mitteilungen über die allgemeinen Zustände und die Lebensmittelver-

---

195 Internet: Ghetto Theresienstadt.

sorgung, über Transporte oder die Zahl der Häftlinge waren strengstens verboten. Ganz unterbinden konnte man den Postverkehr nicht, um nicht in der Heimat die Fiktion vom jüdischen Vorzugsghetto von vornherein zu desavouieren, was zu Unruhen hätte führen können. Die Zahl der Postkarten wurde allerdings streng kontingentiert; ab Mai 1943 durfte ein Häftling alle drei Monate eine abschicken.

Die Zensur zwang dazu, sich auf private Alltagsdinge zu beschränken, die ein scheinbar normales Leben in Theresienstadt vorgaukelten: „Papa und ich [Alfred] gehen täglich zur Arbeit. Mama ist mit den beiden Kleinen im Säuglingsheim. Jona kann schon allein laufen." (11.7.1943)

Lily Herz berichtet ihrem Bruder, dass der einjährige Jona an Scharlach erkrankt gewesen und Walter „konfirmiert"[196] worden sei. Die Mutter Henriette Jacobsohn schrieb, dass es ihr „ziemlich gut" gehe, dass Lily, Ernst und die Kinder sie besuchen kämen, aber auch, dass ihr Augenlicht zu wünschen übrig lasse. (14.9.43) Oder sie sprach über das Wetter und die Enkelkinder (13.2.1944) oder teilte Nachrichten für und über Bekannte mit.[197]

Man konnte nicht offen sagen, was einen wirklich bewegte, und doch waren die Postkarten wichtige Lebenszeichen und Ausdruck der Verbundenheit in schwerer Zeit. Vor allem aber waren sie Hilferufe. Der Bruder wusste, was die Schwester meinte, wenn sie immer wieder darum bat, „so oft es Zeit und Gelegenheit erlauben", Grüße zu schicken, „denn es freut uns so sehr, wenn Ihr an uns denkt". Es ging nicht nur um freundliche Worte, sondern um mit Lebensmitteln gefüllte Hilfspäckchen. Am 14. August 1943 legte sie ihrer Tochter Johanna in den Mund, was deutlich auszusprechen die Zensur verbot:

„Hannalein sagt, mit der Karte freuen wir uns sehr, mit einem Päckchen aber noch mehr."

Den einjährigen Jona ließ sie schreiben:

---

196 Gemeint ist die *Bar-Mizwa* des Dreizehnjährigen. Dies zeigt, dass in Theresienstadt stillschweigend noch ein religiöses jüdisches Leben geduldet wurde.
197 „Rufe bei Tante Blau an, die wohnt Bismarckstr. 83 oder 87I bei Frl. Wolfers und sage ihr, Onkel Meyer wäre hier und wohnt Q717." (11.7.1943). Am 14.9.1943 heißt es, „Martha Simons nebst Mann und Kind sind auch hier", und am 13.2.1944 erfährt man vom Besuch der „lieben Frau [Josephine] Apfel".

„Die liebe Mama [hat] vorige Woche besondere Freude mit dem Kartoffelpaket gehabt. Nun Eure baldige Post wieder erwartend, grüßt Euch und sendet ein Küßchen Euer Jona."

Es waren vom Hunger diktierte Bettelbriefe an eine Familie, die selbst in Not war. Sogar vor indirekten Vorwürfen machte Lily Herz nicht halt („...kannst an der lieben Frau Löwenstein ein Beispiel nehmen und bald recht viel von Dir hören lassen"), und zwischen den Zeilen machte sie konkrete Vorschläge:

„Der Kunsthonig, den Ihr zuletzt gesandt, ist leider alle geworden. Dies Recept könnt Ihr erneuern." / „Hannalein denkt noch oft des guten Lebkuchens, den sie bei Euch gegessen hat." / „Trockengemüse ist mir sehr lieb gewesen." / „Die Butter[198] [hat] den beiden Kleinen wohl gemundet." / „Zuletzt hat der Sohn Alfred Euer Päckchen erhalten und sich auch mit dem Inhalt sehr gefreut, vor allem mit der Marmelade und dem Struwwelpeterbuch."

„Bei der ‚lieben Frau [Regine] Löwenstein' handelte es sich um eine ehemalige Hausnachbarin, die mit ihrem Mann Fritz Löwenstein und den drei Kindern Rudi, Heinz und Trude im gleichen Haus Neue Maastrichter Straße 3 wie die Familie Herz gelebt hatte. Das aus Siegburg stammende jüdisch-christliche Ehepaar hatte mit der Familie Herz einen engen nachbarschaftlichen Kontakt gepflegt und regelmäßig mit ihr Skat gespielt. Inzwischen war Sohn Heinz in die USA ausgewandert und Tochter Trude 1939 als Haushaltshilfe nach England gegangen. Sohn Rudi[199] war verhaftet worden[200] und wie die Familie Herz am 27. Juli 1942 von Köln aus nach Theresienstadt deportiert worden; er starb schließlich – zusammen mit seiner Verlobten bzw. Ehefrau Paula Herbstmann – am 8./9. März 1944 in Auschwitz.[201] Die Eltern, die in nichtprivilegierter Mischehe lebten, wurden zunächst von der Deportation verschont.[202] Als ihr Haus in der Nacht vom 8. auf den

---

198 Gemeint ist wohl „Margarine".
199 Rudolf Löwenstein, *5.7.1916 Köln. Corbach, S. 566.
200 Wegen Nichttragens des Judensterns und Nichtführens des zusätzlichen Vornamens „Israel". Mittlg. von Frau Mary Beer, Berlin.
201 Mittlg. von Mary Beer, Berlin.
202 Mittlg. von Mary Beer, Berlin.

9. Juli 1943 zebombt wurde, wurden sie nach kurzzeitiger Obdachlosigkeit in die Sammelunterkunft für Juden im ehemaligen Israelitischen Lehrlingsheim Utrechter Straße 6 zwangseingewiesen. Emil Beer aus Berg bei Lindlar und die Nachbarn Gottfried und Sybille Pietzner, die in der nahen Brüsseler Straße 57a einen Lebensmittelladen betrieben, unterstützten sie.[203]

Aus Theresienstadt schickte Lily Herz Postkarten an das Ehepaar Löwenstein, die letzten Mitbewohner des Hauses in der Neuen Maastrichter Str. 3, die 1942 noch übriggeblieben waren. Vermutlich sind die frühesten in der alten Wohnung den Bomben zum Opfer gefallen, erhalten sind sechs Postkarten, geschrieben zwischen dem 13. März 1943 und

---

[203] Das Ehepaar Pietzner wohnte seit 1942 selbst im Haus Neue Maastrichter Str. 3. Im Januar 1942 hatte es das Haus von dem bisherigen jüdischen Eigentümer Louis Marx (*1.7.1876 in Neersen) erworben. Als dieser zusammen mit Pauline Marx geb. Herz (*11.10.1870 in Zülpich) am 16.6.1942 nach Theresienstadt deportiert worden war, wollte das Wohnungsamt die dadurch frei werdende Wohnung im 1. Stock an einen Nazi namens C. vergeben. Um die Familie Löwenstein vor dieser für sie gefährlichen Hausnachbarschaft zu schützen, zog das Ehepaar Pietzner selbst in diese Wohnung ein und überließ dem Nazi C. seine bisherige Wohnung in dem ebenfalls ihm gehörenden Haus Neue Maastrichter Str. 4.
Als der Sohn Rudi („Geltungsjude") damals verhaftet wurde, musste Vater Fritz Löwenstein täglich mit seiner eigenen Festnahme rechnen. Er verließ deshalb die Wohnung, während seine „arische" Frau zurückblieb. Gottfried Pietzner verhalf ihm zu einem Versteck in einem nicht mehr genutzten Flur neben seinem Lebensmittelladen im Haus Brüsseler Straße 57a. Er unterstützte das Ehepaar auch mit Lebensmitteln und ermöglichte es Regine Löwenstein, Lebensmittelpakete an Deportierte in Ghettos und Lagern zu schicken, u. a. auch an Lily Herz in Theresienstadt.
Nach der Ausbombung am 8./9.7.1943 wurden die Löwensteins in das Ghettohaus Utrechter Str. 6 eingewiesen. Als im September 1944 „Misch-Ehepaare" in das Lager Müngersdorf einbestellt wurden und damit die Deportation drohte, gingen Fritz und Regine Löwenstein gemeinsam in den Untergrund (bis zum 6. März 1945). Eine gewisse Zeitlang wohnten sie bei einer Frau Marie Förster in der Richard-Wagner-Straße 20, dann im Keller bei der Familie Hermann Kauffeld in der Händelstraße 26. In diesem Keller war außer dem Ehepaar Löwenstein noch die Familie Hans Zündorf mit den Kindern Gardi und Erika versteckt (Name der Ehefrau unbekannt) sowie mindestens noch eine, wenn nicht mehrere weitere Personen. Da sie keine Lebensmittelkarten besaßen, waren sie auf die Hilfe anderer angewiesen, insbesondere der Familie Emil Beer aus Berg (vgl. Lexikon der Gerechten, S. 67).
Auch das Ehepaar Pietzner unterstützte die Löwensteins weiterhin. Zuletzt war es ein Eimer Marmelade, den Gottfried Pietzner ihnen überließ. Obendrauf war zwar schon eine pelzige Schimmelschicht, aber diese Marmelade war für sie lebensrettend: in den letzten beiden Wochen vor der Befreiung haben sie fast ausschließlich von ihr gelebt. Mittlg. von Mary Beer, Berlin, und Rolf Pietzner, Köln.

dem 25. März 1944,[204] und weitere Bestätigungskarten, die nach dem Umzug des Ehepaars Löwenstein in Köln eintrafen. Frau Löwenstein hatte ein offenes Ohr für die Bitten Lilys und half trotz eigener Not. Lilys Dank für erhaltene Gaben ist überschwenglich – und enthält, nur wenig verklausuliert, zugleich die dringende Bitte, weitere Unterstützer zu mobilisieren:

„Liebe Löwensteins, grüßt doch bitte Rübstecks nebenan und Arens in Eurer Straße Nr. 9 (II)[205]. Alle möchten uns doch Grüße senden, denn Karten, Briefe, Paketchen erreichen uns zuverlässig." (13.6.1943)

„Euer Päckchen kam gestern an und könnt Ihr Euch die Empfangsfreude besonders von den Kindern schwerlich vorstellen. Sie, liebe Frau Löwenstein, kennen ja noch den Geschmack der Kleinen. Ich bin Ihnen von Herzen dankbar. [...] Können Sie Herrn Pietzner von uns grüßen, er soll einmal Grüße für uns beifügen." (31.12.1943)

Solche ständig wiederholten versteckten Bitten um Lebensmittel belegen den Hunger in Theresienstadt. Bruder Hermann Jacobsohn und seine Frau, die Familie Löwenstein und wohl auch noch andere haben offenbar das ihnen Mögliche getan, um Lily Herz, ihrem Mann und den Kindern zu helfen. Beheben konnten die Lebensmittelpakete aus der Heimat die Not im Ghetto nicht, aber sie waren doch eine momentane Linderung und ein Hoffnungsschimmer.

Leben in Theresienstadt

700 mal 500 Meter groß war die Stadt, und hier drängten sich nach den ständig eintreffenden Massentransporten von Juli bis September 1942 schließlich insgesamt mehr als 53 000 Menschen. Die Einwohnerdichte war unerträglich. Ein 20 qm großes Zimmer mussten sich durchschnittlich etwa 13 Personen teilen, und zwar als ihren einzigen Wohnraum. In ihrem Tätigkeitsbericht für das Jahr 1942 an den SS-Lagerkommandanten schildert die jüdische Selbstverwaltung die Wohnungsnot:

---

204 Die genauen Daten: 13.6.1943, 27.10.1943, 8.11.1943, 31.12.1943, 4.2.1944 und 25.3.1944.
205 Als die Karte abgeschickt wurde, wohnte die Familie Löwenstein noch in ihrer alten Wohnung in der Neuen Maastrichter Str. 3.

1930/31 neu erbautes Lager (hinten l.) und Haus in Rommerskirchen-Eckum, Bahnstr. 4; Haussanierung 1996 (2011)

Rommerskirchen-Nettesheim, Sebastianusstraße; links im Vordergrund das Haus der Großmutter Helene Herz, Nr. 46 (2012)

„Stolpersteine" von Gunter Demnig vor dem Haus der verwandten Familie Kaufmann in Nettesheim, Martinusstraße 10 (2011)

Rommerskirchen-Nettesheim, Martinusstraße; links das Haus der Familie Kaufmann, Nr. 10 (2012)

Städtische Israelitische Volksschule, Köln, Lützowstraße 8–10

Thieboldsgasse in Köln, 1944 (Höhe Alexianerstraße)

BT 20

Synagoge St.-Apern-Straße, Köln

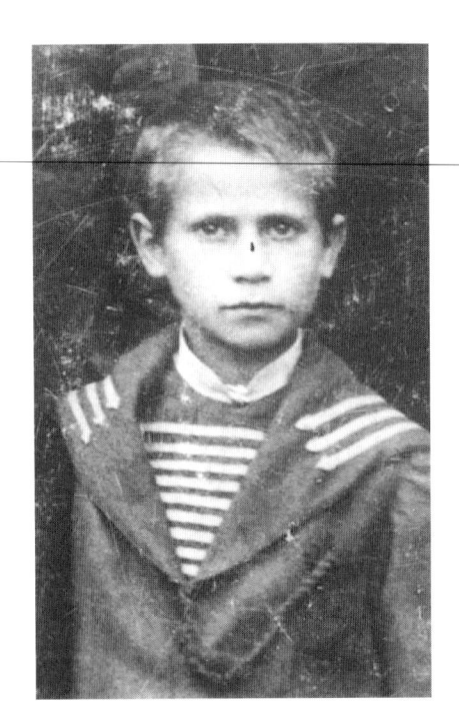

Hermann Jacobsohn, Schüler der 1. Knabenklasse der Katholischen Volksschule in Stommeln 1903
Gesamtaufnahme und Ausschnitt

Textilhaus von Onkel Salomon (Sally) Kappel im belgischen Mons

Elisabeth Neukirchen, 13 J., 1912. Bildstreifen eines Fotoautomaten

Heinrich Neukirchen (*1872) und seine Frau Anna geb. Metternich (*1878) mit den Kindern Elisabeth (*1899, o.r.), Agnes (*1900, o.l.), Cilli (*1904, u.r.) und Christa (*1906, u.l.); ca. 1911.
1912 wurde noch Sohn Heinrich geboren.

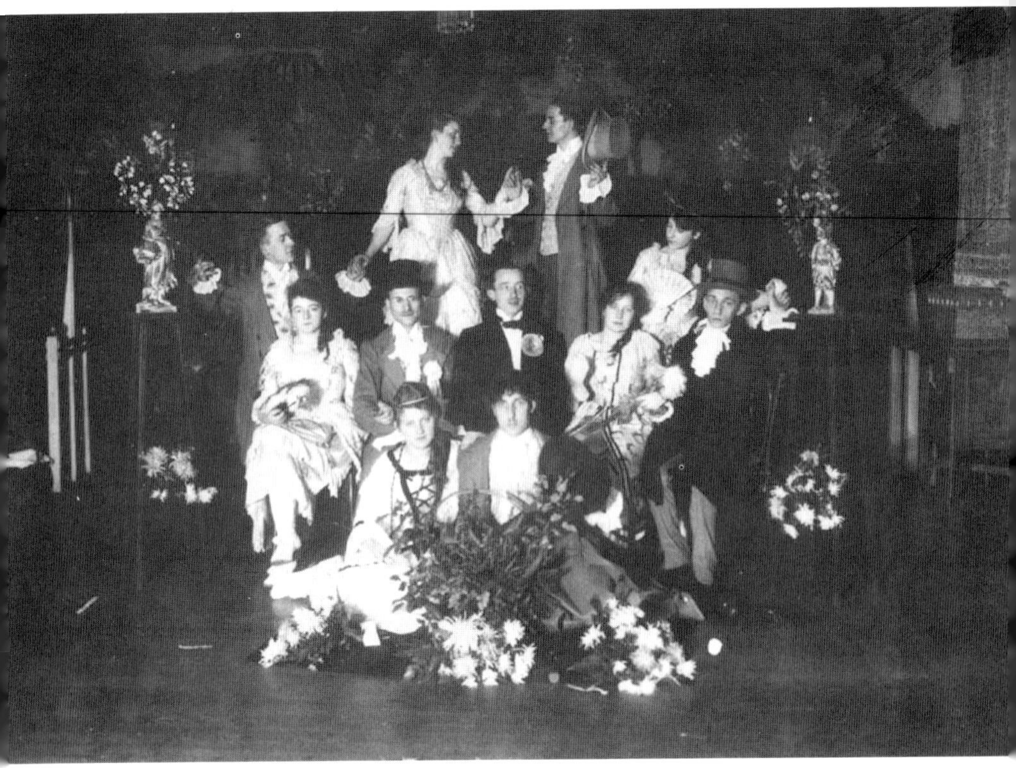

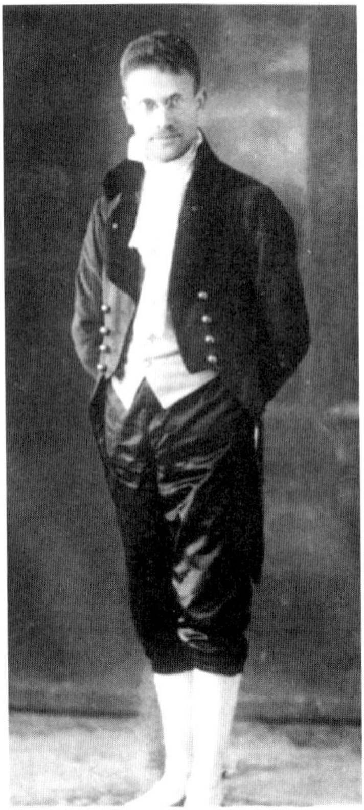

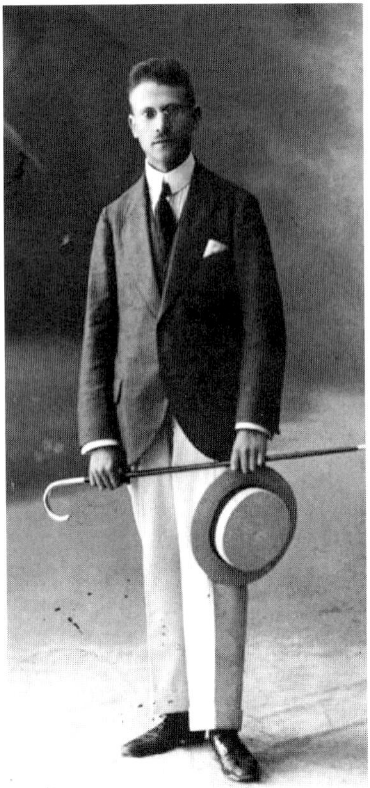

Zu beiden Bildseiten: Hermann Jacobsohns „Glanzzeit" um 1920 in Köln: oben l. u. r.: zwei Fotos von seinem geliebten „Tanzkränzchen" in dandyhaften Posen und Maskeraden; o.r. ist er der Zweite v.l. in der Sitzreihe.

Unten Porträtfotos, einmal mit Peter Giesen

Schuh Haus Sinn

Links: Eigelstein 127–129 in Köln, um 1925. Das Ladenlokal der ehemaligen Metzgerei Neukirchen war an das Schuhhaus Sinn vermietet (nach der Arisierung 1938: Schuhhaus Kämpgen). Die Wohnung Neukirchen befand sich im durchgehenden zweiten Obergeschoss beider Häuser.

Oben: Hermann Jacobsohn (sitzend, 1. v. r.) im Kreis der kaufmännischen Belegschaft der Firma Meirowsky, 1930

Rechts: Hermann Jacobsohn und seine Frau Elisabeth geb. Neukirchen wenige Wochen nach ihrer Hochzeit, Ostern 1926

Hitler in Köln (Neumarkt), 28. März 1936
© Yvonne Garborini, Köln

Hitler in Köln (Neumarkt), 28. März 1936, ©Yvonne Garborini, Köln

Klibansky-Platz in Köln mit dem Löwenbrunnen, links der Löwe von Juda auf der Brunnensäule.

Rechts: Detailaufnahmen aus den Namenstafeln auf der Außenwand des Brunnenbeckens des Löwenbrunnens zur Erinnerung an die 1100 aus Köln deportierten jüdischen Kinder mit den Namenszügen der vier ermordeten Herz-Kinder: Alfred, Johanna, Jona und Walter Herz. Irrtümlicherweise hat man darunter auch die Großmutter Henriette Jacobsohn aufgeführt.

· AN ·
DIESER STELLE
WAR DER AUFGANG ZUM
BAHNHOF DEUTZ-TIEF. VON HIER AUS
WURDEN 1940/41 MEHR ALS 1500 SINTI
UND ROMA UND SEIT 1941 ÜBER 11000 JUDEN
IN KONZENTRATIONSLAGER DEPORTIERT.
ZUDEM WURDEN DIE HÄFTLINGE DES MESSELAGERS
DEUTZ HIER AN-UND ABTRANSPORTIERT.
ÜBER DIESE TREPPE GINGEN VIELE MENSCHEN
· IN · DEN · TOD ·

Gedenkplatte an der Eingangstreppe zum Bahnhof Deutz Tief

HERRMANN · LORE HERRMANN
ALFRED HERZ · DORIS HERZ
Z · JOHANNA HERZ · JONA HERZ
HERZ · SUSI HERZ · TANA HERZ

· MAX HERZ · REINER H
ERZ · WALTER HERZ · W
STEIN · BELA HEUMANN

ISRAEL · RUTH ISRAEL · THEA
· HENRIETTE JACOBSOHN ·
NNE JAKOBS RENATE JAKOB

BT 31

Stolpersteine für die Familie Herz vor dem Haus Neue Maastrichter Straße 3; links die Nachkriegsbebauung dieses Hausplatzes

„Die Unterbringung dieser in kürzester Folge ankommenden Massen bildete eine fast unlösbare Aufgabe. Die Kasernen waren bereits im Juli voll belegt, die Häuser im August restlos besiedelt. [...] Schon im August entfiel auf einen Gettoinsassen durchschnittlich 1,6 qm reiner Wohnfläche, auf welcher er nicht nur schlafen, sondern auch seine Habseligkeiten unterbringen mußte. Es blieb nichts anderes übrig, als Räume, die bisher nicht als bewohnbar galten, zu besiedeln. Man ging zur Belegung von Dachböden über, die in keiner Weise vorbereitet waren, keine Isolierung gegen Kälte und Wärme hatten, keine Beleuchtungsanlagen, keine Aborte und keine Wasserleitung. In der Sommerhitze herrschten dort Temperaturen, die einen Aufenthalt außerordentlich erschwerten, wozu kam, daß viele sieche und kranke Personen nicht die Möglichkeit hatten, die Treppen zu benützen, um während der heißen Tageszeit ihr Dachbodenquartier zu verlassen."[206]

Rudy Herzens eigene Erfahrungen bestätigen die katastrophale Überbelegung:

„Die Frauen bezogen große Kasernen, wo sie etwas besser dran waren als die Männer und die männlichen Jugendlichen. Wir wohnten zu ungefähr 15[207] Männern oder Jugendlichen in einem gewöhnlichen Wohnzimmer. Jeder hatte eine kleine, enge Matratze oder auch bloß nur ein Kopfkissen, dazu ein Köfferchen und das, was man an Kleidung noch besaß. Das war unser ganzes Eigentum."[208]

Nie war man allein, die intimsten Dinge waren öffentlich: diese Erfahrung, die Rudy Herz in seinem Lagerleben bis 1945 ständig begleitete und quälte, machte er zum ersten Mal in Theresienstadt. Auch Hunger und Arbeitseinsatz in Kolonnen lernte er hier kennen. Und doch gab es einen entscheidenden Unterschied zu den Konzentrationslagern, in die er später verbracht wurde: Es stand nicht ständig ein gewaltbereiter Kapo

---

206 Nach Thomas, S. 211f.
207 Die in der zitierten Quelle abgedruckte Zahl „25" wird nach einer späteren Aussage von Rudy Herz (Interview 16.2.2011) korrigiert. In dem benachbarten großen Gebäude L 410 (Hauptstraße 10) waren Mädchen untergebracht („Mädchenheim"). In der Ausstellung „Die Mädchen von Zimmer 28", 2008 im Westfoyer des Paul-Löbe-Hauses in Berlin gezeigt, fand sich die Angabe, dass dieses 30 Quadratmeter große Zimmer mit dreißig zwölf- bis vierzehnjährigen Mädchen belegt war. Vgl. Brenner-Wonschick.
208 Rudy Herz, 1983; nach Thomas, S. 212.

oder SS-Mann hinter ihm, der jederzeit auf ihn einprügeln konnte. Der Terror der SS wurde im Alltag gemildert durch die jüdische Selbstverwaltung und deren Funktionsträger. Letztlich konnten diese allerdings das Leiden der Ghettoinsassen höchstens mildern, sie aber nicht wirklich schützen, sei es vor barbarischen Strafen bei „Vergehen", sei es vor den von der SS angeordneten Deportationen in den Osten. Die Lagerleitung musste im Gegenteil selbst die Deportationslisten in der angeordneten Höhe zusammenstellen und den Abtransport durchführen. Der bereits in Köln praktizierte Zynismus, den Juden die Organisation ihrer eigenen Vernichtung abzuzwingen, wiederholte sich auf einer höheren Spiralstufe der Gewalt.

Anfangs hat Rudy Herz etwa zwei bis drei Monate lang zusammen mit seinem Vater und den Geschwistern Alfred und Karl Otto auf dem großen Gräberfeld außerhalb der Festung vor Bauschowitz Einzelgräber ausgehoben, denn vor allem die älteren Menschen starben wie die Fliegen.[209] Den ganzen Tag lang waren sie hier mit dem Spaten bei der Arbeit und sahen täglich den Konvoi von handgezogenen Karren kommen, beladen mit Holzkisten als Särgen, 15 bis 20 Stück. Ohne Beistand eines Rabbiners wurden sie in die Gruben gelegt und mit Erde bedeckt. Im Ghetto selbst hatte man jedoch vorher für die Verstorbenen kleine Trauerveranstaltungen abgehalten.

Rudy wurde dann im Bauhof als Zimmermann eingesetzt und musste Bretterbuden für Neuankömmlinge bauen. Es war, so erinnert er sich, eine außergewöhnlich harte Arbeit. Auch der Vater und Bruder Karl Otto kamen auf eine handwerkliche Arbeitsstelle, der älteste Bruder Alfred dagegen in eine Küche. Es war ein besonders begehrter Arbeitsplatz, denn dort litt man keinen Hunger. Und Alfred konnte – verbotenerweise – immer auch noch etwas an Lebensmitteln oder sogar Kostbarkeiten wie ein Stück Weißbrot mit Glasur, das man „Kuchen" nannte, mit zu seinen Geschwistern ins „Jugendheim" bringen oder zur Mutter, die mit den kleinen Geschwistern in einer Kaserne untergebracht war.

---

209 Die folgende Darstellung beruht auf: Thomas; Wißkirchen(4); South Carolina Voices; Rudy Herz, Vorträge 14. und 15.2.2011.

In Theresienstadt fand Rudy Herz auch eine alte Bekannte aus seinem Heimatort Stommeln wieder: Berta Stock, mit der frühkindliche Erinnerungen ihn verbanden:

„Wir haben uns ein paarmal in Theresienstadt per Zufall getroffen, das letzte Mal in der Kaserne, in der sie wohnte. Ich glaube, es war die Elbe-Kaserne[210]. Sie hatte sich gerade erholt von einer leichten Erkrankung und sagte mir, daß sie am folgenden Tage wieder zur Arbeit antreten werde. Sie sah gut aus, hatte viel Gewicht verloren und sprach etwas näselnd. Ich blieb ungefähr eine Stunde mit ihr zusammen, und wir erinnerten uns an Stommeln; sie hatte mich früher oft mit spazieren genommen. Als ich fünf Jahre alt war, ging sie mit mir am Stommelner Bahngeleise entlang Gänsefutter suchen. [...] Ihre letzten Worte zu mir waren: ‚Ja, Jung, et wird uns auch emal widder besser gehen!'"[211]

Auch Bertas Vater Jakob Stock war in Theresienstadt. Während er dort überlebte, wurde seine Tochter 1944 nach Auschwitz transportiert und ist dort verschollen.

Zahlreiche Intellektuelle, Wissenschaftler, Architekten, bildende Künstler und Musiker waren unter den Häftlingen in Theresienstadt, und die sorgten dafür, dass sich im Ghetto ein erstaunlich reiches Kulturleben entwickelte. Unter widrigen Umständen gab es auf den Dachböden der Kasernen Konzerte und Opernaufführungen, Kabarettvorführungen und wissenschaftliche Vorträge. Rafael Schächter, ein bedeutender tschechischer Musiker, probte monatelang im alten Kellergewölbe des Mädchenheimes L 410 Smetanas „Verkaufte Braut" oder Mozarts „Figaros Hochzeit" und „Die Zauberflöte", und zwischen Oktober 1943 und Juni 1944 führte er in der Halle der ehemaligen Reitschule sechzehn Mal mit einem 150-köpfigen Chor Giuseppe Verdis „Requiem" auf. Wochenlang hatten die jungen Häftlinge abends im Keller geprobt. Noten gab es für sie nicht, sie mussten ihren Part auswendig lernen, denn es gab nur eine Partitur für den Dirigenten. Die Wirkung der Musik auf die Mithäftlinge war überwältigend. Die vielen Stimmen waren „Voices of Defiance", wie es im Titel eines außergewöhnlichen Dokumentarfilms über dieses

---

210 Eine solche Kaserne ist nicht bekannt. Vermutlich ist die Hohenelber-Kaserne gemeint, in der sich das Zentralkrankenhaus befand.
211 Wißkirchen (4), S. 235.

einzigartige Musikereignis heißt, „Stimmen des Trotzes" und der menschlichen Selbstbehauptung gegen unablässige Demütigung und Misshandlung.[212]

Legendär wurde auch die von Hans Krása komponierte Kinderoper „Brundibár", die seit September 1943 wöchentlich unter dem Dach der Magdeburger Kaserne auf improvisierter Bühne von Kindern aufgeführt wurde; die hundert zur Verfügung stehenden Sitzplätze reichten meist nicht.[213]

Rudy Herz erinnert sich an einen Liederabend unter dem Dach der alten Kommandantur, dem Gebäude L 414, in dem er mit anderen Jugendlichen untergebracht war. Ein Bariton, begleitet von einer Pianistin am Klavier, trug Schubert-Lieder vor. Mit anderen Jugendlichen hatte er hier oben Kulissen für eine Aufführung von Schillers „Maria Stuart" weggeräumt und war dann geblieben. Die äußeren Umstände waren armselig. Über dem Klavier hing eine einzelne Glühbirne, die ein wenig Licht spendete. Zehn oder fünfzehn Bänke waren aufgestellt, und sie waren dicht besetzt von Besuchern; am Eingang drängten noch andere, die keinen Platz mehr fanden. Der Sänger sagte die einzelnen Lieder an, und der poetische Titel „Lied auf dem Wasser zu singen" für das vertonte Gedicht des Grafen Friedrich Leopold von Stolberg-Stolberg ist Rudy Herz haften geblieben (vgl. den Gedichttext S. 235).[214] Schuberts Musik zu Stolbergs Text traf ihn ins Herz. Bis heute erinnert er sich:

„Als der Sänger aufhörte, klang das Klavier noch ein paar Takte nach. Dann war Stille, tiefe Stille, wie ich sie kaum jemals empfunden habe, eineinhalb oder zwei Minuten lang. Und dann brach der Applaus los. Es war wunderbar."

Der Kontrast zwischen der pantheistischen Naturpoesie des Vorgetragenen zur Lebenswirklichkeit der Zuhörer hätte kaum größer sein können: im Lied der pietistische Traum vom liebenden Einklang des Menschen und der Tier- und Pflanzenwelt mit der großen, göttlichen Allnatur, im Ghetto die vom Hass gesteuerte zerstörerische Gewalt

---

212 Die 2008 von dem Dirigenten Murry Sidlin gegründete „Defiant Requiem Foundation" realisierte den Film. Vgl. URL: http://www.defiantrequiem.org.
213 Brenner-Wonschick, S. 91, 148, 173, 182, 219.
214 Telefonate vom 17.8.2011 und 13.9.2011.

von Menschen gegen Menschen in einer naturfernen, eingemauerten Steinwelt. Schubert hatte mit seiner Musik die Sehnsucht der im Ghetto Gefangenen nach Frieden, Ruhe, Natur getroffen. Die Entrechteten und Misshandelten suchten in seiner Kunst nach den Spuren deutscher Geisteskultur, die von den Nazis zertrümmert wurde, und erwiesen sich so als deren Bewahrer.

Immer wieder kam Rudy Herz in Theresienstadt mit kammermusikalischer klassischer Musik in Berührung. In dem Zimmer, in dem er mit anderen Jugendlichen untergebracht war, stand ein Harmonium, und sonntagnachmittags versammelten sich hier Streicher mit ihren Instrumenten zum Quartettspiel. Vor allem der Pianist, der das Harmonium spielte, ist ihm als eindrucksvolle Musikerpersönlichkeit in Erinnerung. Zusammen mit anderen Künstlern – Musikern, Malern – ist er 1944 nach Auschwitz abgeschoben worden.

Inhaftierte Lehrer, Künstler, Techniker und Professoren organisierten in Theresienstadt trotz Verbots Unterricht in den wichtigsten Schulfächern für die zahlreichen Kinder und Jugendlichen und lasen mit ihnen klassische Literatur. „Beschäftigung" hatten die Nazis gestattet, und dieses Zugeständnis nutzte man. Im Auftrag der Jüdischen Selbstverwaltung kamen die Lehrer in die Kinder- und Jugendquartiere und unterrichteten in den Zimmern. Kam während des Unterrichts der Alarmruf „SS-Kontrolle!", dann verschwanden die Notizhefte und Prüfungsarbeiten,[215] und man stimmte ein Lied an oder begann ein Gesellschaftsspiel - irgendetwas, was erlaubt war. Bedeutende Wissenschaftler waren unter den Lehrern, und manches Kind, wenn es Glück hatte und sein Lehrer nicht allzu früh mit einem Transport weg musste, konnte bei ihm mehr lernen, als es in der regulären Schule möglich gewesen wäre. Rudy Herz erinnert sich, dass er an einem Lateinkurs teilnahm, den eine jüdische Professorin aus dem niederschlesischen Glatz leitete. Auf einem Dachboden lauschte er einem Schauspieler, der Goethes Ballade „Der Totentanz" vortrug, und bis heute lacht er, wenn er von einem Komiker berichtet, der unter dem Dach auf ein paar Steinen sich mit Brettern eine kleine Bühne gebaut hatte, darauf trat und sich vorstellte: „Mein Name ist Henry Morgan" –

---

215 Vgl. Brenner-Wonschick, S. 117.

und in deutscher Aussprache wiederholte: „Morgan, großes M, kleines Organ". Er imitierte einen damals jungen amerikanischen Schauspieler, der in Westernfilmen auftrat und später, in den 1950er Jahren, seinen Künstlernamen in Harry Morgan änderte, um nicht mit einem populären Radiokomiker verwechselt zu werden.

Sein Interesse für solche kulturellen Angebote im Ghetto und seine Wissbegier begründet Rudy Herz so:

„Wir waren hermetisch abgeriegelt [von aller Kultur], und so haben wir ein Kulturleben für uns gemacht. Die Deutschen wollten uns zwar nicht, aber wir wollten weiter unser kulturelles Erbe pflegen."[216]

Die kulturellen Aktivitäten verzehrten nicht nur Zeit und Kraft, sie gaben auch Hoffnung und Trost durch die Erfahrung geistiger Gemeinschaft. Mit ihnen stemmten sich die Häftlinge gegen die moralische Verrohung und Entmenschlichung, die sie allgegenwärtig umgab und auch von ihnen selbst Besitz ergreifen wollte. In Momenten der gemeinsamen Kulturerfahrung gelang das, im Alltag aber keineswegs immer. Mit Scham denkt Rudy Herz heute zurück, wie er als Achtzehnjähriger reagierte, als er vom Abtransport der „Zwocks" aus dem Ghetto erfuhr. Mit dem tschechischen Slangausdrucks *„cvok"* (Verrückter) bedachte man in Theresienstadt die Geisteskranken, die unter erbärmlichen Bedingungen in den Kasematten der heruntergekommenen Kavalierkaserne dahinvegetierten. Als sie Ende 1943 abtransportiert und, wie es hieß, liquidiert wurden, war er ohne Mitgefühl und sah keinen Grund dafür, dass sie am Leben bleiben sollten.

Aber es gab auch Ereignisse, die das Innere des Achtzehnjährigen aufwühlten und moralisch empörten. Dazu gehörte ein Transport von 1260 zerlumpten, verlausten und völlig entkräfteten Kindern im Alter von sechs bis zwölf Jahren aus dem Ghetto Białystok in Polen, deren Väter und Mütter nach einem Aufstandsversuch in einer vierzehntägigen Mordaktion im August 1943 liquidiert wurden. Die im Ghetto eingeschlossenen Eltern hatten sie damals – vermeintlich, um wenigstens sie zu retten – bereitwillig für die Zusammenstellung eines Transportes gebracht, von dem sie hofften, er ginge nach Palästina. Tatsächlich hatte die SS daran

---

216 Rudy Herz, Vortrag 15.2.2011.

gedacht, diese Kinder für eine internationale Rettungsaktion im Austausch zu nutzen – ein Plan, der sich dann aber zerschlug.[217] Rudy Herz erinnert sich mit Schaudern, wie die Kinder am 24. August 1943, jeweils in den Gruppen der einzelnen Waggons, durch das Ghetto zogen:

„Wir wurden eines Tages angewiesen, in unseren Zimmern zu bleiben und uns nicht am Fenster sehen zu lassen und nicht auf die Straße zu gehen. Wir hatten Ausgangssperre. In unserem Zimmer waren 14, 15 Jugendliche. [Das Zimmer] lag so, dass wir runter auf die Straße gucken konnten, wenn wir schräg am Fenster standen. Wir sahen einen Zug von Bettelkindern, den traurigsten Zug, den ich je in meinem Leben gesehen habe; zerlumpte Kinder, die hin und her schauten und irgendeinen Menschen sehen wollten. Aber die SS hat das verhindert. Sie ging nebenher. Keiner durfte diesen Zug der Kinder sehen oder mit ihnen sprechen. Sie wurden in einem eigenen, abgesperrten Gebiet in Baracken untergebracht, und es stellte sich heraus, dass dies die überlebenden Kinder vom Białystoker Ghetto waren. Die Eltern hatte man ermordet."[218]

Als man die Kinder zur Entlausungsstation führte und sie aufforderte, sich auszuziehen, weinten und schrien sie: „Gas, Gas!" Sie wussten durch ihre Eltern von den Gaskammern im Osten. Man brachte sie in den abgesonderten Westbaracken außerhalb der Stadtschanzen unter. Am 5. Oktober 1943 wurden sie nach Auschwitz transportiert und dort unmittelbar nach der Ankunft am 7. Oktober vergast.[219]

Diese Zusammenhänge hat Rudy Herz erst nach dem Krieg im vollen Umfang erfahren, aber er hatte schon in Theresienstadt eine Ahnung davon, was vor sich ging. Im Ghetto ging es wie ein Lauffeuer rund, dass Fredy Hirsch, damals 26 Jahre alt, verhaftet und auf die Kleine Festung gebracht worden war. Rudy Herz kannte diesen aus Aachen gebürtigen Mann, der seiner Homosexualität wegen früh nach Prag gegangen war, gut. Er war eine charismatische Gestalt, die Kinder und Jugendliche für die zionistische Idee zu begeistern verstand.[220] In Prag hatte er den vielbesuchten jüdischen Sportplatz „Hagibor" und Jugendgruppen des zionistischen

---

217 Zu den Kindern aus Białystok vgl. Benz, S. 469ff.; Brenner-Wonschick, S. 149ff.
218 Rudy Herz, Interview 16.2.2011.
219 Vgl. Adler, S. 154ff.; Klibanski, S. 93ff.; Czech, S. 623.
220 Vgl. Brenner-Wonschick, S. 162f.

Weltverbandes „Hechaluz"[221] geleitet. Bereits seit Dezember 1941 war er im Ghetto Theresienstadt. Er hatte sich dort in aufopfernder Weise um die Betreuung der rund 5000 Kinder gekümmert. Rudy Herz hatte ihm unter dem Dach seines Hauses einen Zimmerverschlag gebaut, in den er sich zur Arbeit zurückziehen konnte. Unvergessen ist ihm ein Besuch von Fredy Hirsch im Haus L 414 / Hauptstraße 14, in dem er wohnte. Bei Kerzenlicht las er ihnen abends Rainer Maria Rilkes Jugenddichtung „Cornet"[222] vor; und diese Geschichte vom heldenhaften Leben und Sterben des jungen Adligen Christoph Rilke rührte alle zu Tränen – wie sie es tausendfach auch in den Schützengräben bei kitschempfänglichen Landsern tat, denen das Propagandaministerium dieses bibliophile Bändchen aus der Insel-Bücherei gerne mit ins Sturmgepäck gegeben hatte.

Gegen strengstes Verbot hatte Fredy Hirsch Kontakt zu den Kindern aus Białystok aufgenommen, wurde entdeckt und verhaftet und am 6. September 1943 nach Auschwitz-Birkenau deportiert. Dort leitete er im Theresienstädter Familienlager den „Kinderblock" 31 und konnte zunächst noch einiges bewirken für die dortigen Kinder. Als er aber begreifen musste, dass er sie und ihre Mütter nicht vor dem Tod in der Gaskammer retten konnte, und auch keine Chance für einen geplanten Aufstand sah, nahm er sich am 8. März 1944 mit einer Überdosis Schlaftabletten das Leben.[223]

„Bonkes"

Im Herbst 1943, als Fredy Hirsch und die Kinder aus dem Ghetto Białystok aus Theresienstadt abtransportiert wurden, hörte Rudy Herz zum ersten Mal von Auschwitz, ahnte aber noch nicht, dass auch er und seine Familie dorthin kommen würden.

Die Angst, auf einer der Listen für die immer neuen Massentransporte in den Osten zu stehen, war allgegenwärtig. Allein im Jahr 1942 wurden fast 44000 Personen aus Theresienstadt zum angeblichen „Arbeitseinsatz" nach Osten verschickt. Niemand hatte genauere Informationen darüber, was die Betroffenen dort erwartete, niemand konnte

---
221 Hebr. für „Pionier".
222 Vollständiger Titel der kurzen Geschichte: „Die Weise von Liebe und Tod des Cornets Christoph Rilke". – Mittlg. von Carsten Mayer.
223 Czech, S. 735; Brenner-Winschock, S. 249, 253ff.

sich die Realität eines Vernichtungslagers vorstellen, aber man munkelte allerlei und ahnte Schlimmes. Warum zum Beispiel erhielt man von den Abtransportierten so wenig Nachricht? Und was hatte man mit alten und gebrechlichen Menschen vor, wenn man sie zum „Arbeitseinsatz" nach Osten schickte? Was geschah mit den abtransportierten Kindern? Wie war die Kriegslage? Wo standen die Russen? Man wusste von der Katastrophe der Deutschen Wehrmacht vor Stalingrad: Konnte man daraus Hoffnung schöpfen?

Rudy Herz, der jugendlichen Zuhörern 2011 die damalige psychische Verfassung der Ghettoinsassen in Theresienstadt nahebringen wollte, griff zu einem Zitat: Einer der polnischen Offiziere, die von den Sowjets in Katyn ermordet wurden, habe kurz vor seinem Ende seiner Frau noch einen Brief zukommen lassen können, und darin habe der Satz gestanden: „Wir leben von Hoffnungen und Gerüchten."

„Und das war genau das, was wir taten. Wir lebten von Hoffnungen und Gerüchten. [Wir hörten z. B.:] Die Deutschen haben eine Niederlage erlitten! Oder: Verhandlungen sind im Gang! Jedes Gerücht, das uns Hoffnung geben konnte, wurde sofort aufgegriffen. Gerüchte verbreiteten sich blitzschnell, aber es waren eben nur Gerüchte, die Hoffnung war eine falsche Hoffnung. Aber wir wussten das nicht, wir haben weitergelebt in der Hoffnung, dass das Naziregime gestürzt würde und wir wieder in unsere Heimat zurückkehren könnten."[224]

'Bonkes" nannte man im Häftlingsjargon solche Gerüchte, „eine Mixtur aus allen möglichen Nachrichten, die irgendwo aufgeschnappt wurden, sich mit den eigenen Hoffnungen und Ängsten verbanden und in immer neuen Varianten im Ghetto die Runde machten".[225] Sie waren Realität in allen Lagern, und Jurek Becker hat sie zur Grundlage seines Ghettoromans „Jakob der Lügner" gemacht.

„Stadtverschönerung"

Mit der Zunahme von Transporten seit September 1943 wurde die seelische Anspannung der Ghettohäftlinge in Theresienstadt immer größer. Begründet waren sie in dem Vernichtungsziel der Nazis, in der Übervöl-

---

224 Rudy Herz, Vortrag 15.2.2011.
225 Brenner-Wonschick, S. 120.

kerung des Ghettos Theresienstadt und schließlich auch in der Aktion der „Stadtverschönerung", die auf Drängen des Auswärtigen Amtes und der SS Ende 1943/Anfang 1944 anlief. Theresienstadt sollte „schöner" werden, um es der Weltöffentlichkeit präsentieren zu können. Einmal ging es dabei darum, internationale Berichte über Massenmorde an Juden als „Greuelpropaganda" zu „entlarven". Konkreter Anlass war, dass nach der Deportation von 476 dänischen Juden im Oktober 1943, vorwiegend in das Ghetto Theresienstadt, die Protektoratsregierung in Kopenhagen Aufklärung über den Verbleib dieser Personen verlangte. Ähnliche Forderungen gab es seitens des Internationalen Roten Kreuzes. Im Dezember 1943 gab Adolf Eichmann, Leiter des Judenreferates im Reichssicherheitshauptamt, diesem Drängen nach und genehmigte den Besuch des Ghettos Theresienstadt durch Delegationen der dänischen Regierung und des Internationalen Komitees vom Roten Kreuz. Für die Durchführung ließ man sich jedoch viel Zeit; als Termin wurde der 23. Juni 1944 festgesetzt.[226]

Der neue SS-Kommandant Karl Rahm und der Judenälteste Paul Eppstein führten allerlei Maßnahmen durch, um potemkinsche Dörfer zur Täuschung der internationalen Öffentlichkeit aufzubauen: Straßen und Plätze wurden gesäubert und neu gestaltet, Zaunabsperrungen und Zelte auf dem Marktplatz entfernt, ein Musikpavillon eingerichtet, Rasenflächen angelegt, 1200 Rosenstöcke gepflanzt und Sitzbänke aufgestellt wie in einem Kurort. Ein Kinderspielplatz entstand, Häuser und Wandanstriche wurden renoviert, verwahrloste Innenhöfe herausgeputzt, in den für den Besuch vorgesehenen Wohnungen Möbel aufgestellt und Bilder aufgehängt aus dem Besitz deportierter Prager Juden. Einen alten Kinosaal, der als Massenquartier gedient hatte, baute man um zu einem freundlichen Konzert- und Theatersaal. Statt der bisherigen „Tagesbefehle" gab es seit dem 15. April 1944 hübsch illustrierte „Mitteilungen der Jüdischen Selbstverwaltung".[227] Vor allem aber: Man reduzierte die katastrophale Überbevölkerung des Ghettos durch den Transport tausender Juden nach Auschwitz-Birkenau. Dort war bereits im September 1943 ein neuer Lagerabschnitt BIIb eröffnet worden, das

---
226 Feuß, S. 16.
227 Brenner-Wonschick, S. 244.

„Familienlager Theresienstadt". Dorthin gingen im September und Dezember 1943 Massentransporte von jeweils bis zu 5000 Personen.

Deportation nach Auschwitz

Nichts befürchteten die Menschen im Ghetto mehr, als auf der nächsten Transportliste zu stehen. Wie eine Bombe schlug am 11. Mai 1944 die Nachricht von neuen Transporten ein: „Auf den Straßen, in den Kasernen und Heimen, überall geisterte das gefürchtete Wort durch die Gespräche: Transport."[228] Drei Massentransporte für insgesamt ca. 7500 Personen waren geplant, am 15., 16. und 18. Mai 1944 gingen sie ab.

Für den ersten[229] dieser drei Transporte erhielt die Familie Herz die gefürchtete Aufforderung, sich in der Hamburger-Kaserne[230] zwecks Abtransports einzufinden. Wie Tausende andere packten sie ihre wenigen Habseligkeiten in Taschen und Koffer, hängten sich die Transportnummern um und reihten sich ein in die Schar verängstigter Menschen auf dem Weg in die Hamburger-Kaserne, an deren Rückfront sich seit Juni 1943 ein Gleisanschluss befand, wo die „Einwaggonierung", wie es im Nazijargon hieß, stattfand.

An den Eingängen der Kaserne saßen jüdische Kontrollposten, die darüber wachten, dass keiner, der hineingegangen war, wieder herauskam. Innen drängten sich die Betroffenen, SS-Kommandant Rahm war zugegen. Mutter Lily Herz gelang es, ihn anzusprechen, was dieser – vielleicht der kleinen Kinder wegen, die sie bei sich hatte – duldete, obwohl es eigentlich den Häftlingen verboten war. Sie bat um Rückstellung von dem Transport und erzählte von ihrem Bruder Siegfried, der 1918 für Deutschland gefallen sei. Darauf wollte Rahm ein Foto sehen, aber das konnte Lily ihm nicht zeigen.[231] Damit verlief der Vorstoß im Sande, und das Verhalten Rahms entpuppte sich als das, was es war: eine sentimentale Augenblicksregung ohne Handlungskonsequenz.

---

228 Brenner-Wonschick, S. 257f.
229 In seinem Brief vom 19.7.1946 an seinen Onkel Hermann schreibt Rudy Herz, es habe sich um den „zweiten Transport" gehandelt. Dem stehen aber die vergebenen Auschwitznummern entgegen. Vgl. Czech, S. 776.
230 In dem von Thomas, S. 227 wiedergegebenen Bericht von Rudy Herz ist abweichend von der „Jägerkaserne" die Rede. Vgl. aber Brenner-Wonschick, S. 261.
231 Wißkirchen (4), S. 236f.

Rudy Herz, so erzählte er 1991 in einem Interview, gelang es, aus der abgelegten offenen Jacke eines jüdischen Wachpostens einen Passierschein zu entwenden und die Kaserne noch einmal zu verlassen. Er eilte zum Haus des Judenältesten, aber das war von Leuten umlagert, die das gleiche Anliegen hatten wie er. Und als Eppstein frühmorgens herauskam, stürmte er durch die Reihen der Versammelten, ohne sie eines Blickes zu würdigen. Rudy kehrte wieder in die Kaserne zurück, wo seine Familie nach wie vor wartete. Nach eigenem Bekunden gelang es auch ihm, den SS-Kommandanten Rahm anzusprechen:

„Ich fragte ihn, ob er uns nicht aus dem Transport herausnehmen könne. Meine Mutter, mein Vater, alle meine Geschwister kamen, und wir standen vor denen. Ich sagte: ‚Mein Vater hat am Ersten Weltkrieg teilgenommen, war Kriegsverletzter und hat das Eiserne Kreuz verliehen bekommen; können wir nicht hierbleiben?' Eine halbe Stunde lang standen wir da, während die etwas anderes verhandelten. [Aber es war alles vergebens.]

Also haben wir unser Gepäck genommen, sind in Viehwaggons eingeladen worden, noch immer als Familie. Wir nahmen Abschied von unseren Mädchen, die wir liebgewonnen hatten im Lager. Ja, im Lager Theresienstadt wurden wir mit jungen Mädchen in unserem Alter bekannt, wir tauschten Erlebnisse aus. Ich war mit einer jungen Tschechin befreundet, mit der ich nach dem Kriege dann auch noch weiter korrespondiert habe. Es war wirklich ein Abschiednehmen sondergleichen, noch mehr als von einem Familienmitglied, denn wir fühlten uns als junge Menschen miteinander verbunden.

Wir saßen in diesen Waggons, der Zug fuhr nach Osten, und wir hörten Peitschenschüsse an den Wagen vorbei. Ich fragte meinen Vater: ‚Was ist das?' Und der wusste als Kriegsteilnehmer: ‚Das sind Gewehrschüsse.' Jahre später habe ich dann herausgefunden, dass auf den höheren Wagen die SS saß und an den Fenstern vorbeischoss, dass nur ja nicht jemand den Kopf herausstreckte. Das hat dann auch keiner gewagt."[232]

„Der Zug fuhr mit ziemlich rasanter Geschwindigkeit, und wir wussten nicht, durch welches Land wir fuhren. Angehalten wurde nicht. […]

---

232 Rudy Herz, Vortrag 15.2.2011.

In unserem Viehwaggon waren vielleicht 80 bis 100 Mann, soweit ich mich erinnern kann; er war ziemlich überfüllt, wir saßen gedrängt, hatten ein wenig Wasser, etwas Nahrung, aber kein bisschen Komfort; für unsere Körperfunktionen versuchten wir einen großen Kochtopf zu finden, wir leerten unsere Ausscheidungen aus dem Fenster – das Beste, was wir tun konnten, um die wenige Luft nicht zu verpesten. Ganz nebenbei, die Waggons waren verschlossen, wir konnten sie nicht öffnen.

[...] Um 6 Uhr abends verließ der Zug Theresienstadt, um 4 Uhr [nachmittags] am nächsten Tag kamen wir in Auschwitz an. Fliehen? Natürlich dachten wir daran, mein Bruder, mein ältester Bruder und ich dachten an Flucht, aber es hätte uns nicht geholfen."[233]

Wenn der Zug stand, was häufig während der langen Reise vorkam, patrouillierten SS-Leute zu beiden Seiten des Zuges: Wie sollte man da aus verriegelten Waggons entkommen? Die Fahrt ging zunächst Richtung Dresden, schwenkte noch Osten Richtung Schlesien und führte in der Nacht durch Oberschlesien.

„Es hatte niemand daran gedacht, etwas zum Trinken mitzunehmen, und alle im Waggon litten schrecklichen Durst. Der Zug fuhr und stand und fuhr und stand, bis wir am nächsten Tag nachmittags durch Gemüsefelder fuhren und Menschen in Häftlingsuniformen sahen. Der Zug verlangsamte sein Tempo, hielt, und wir sahen, wie die Reichsbahnbeamten ausstiegen aus der Lokomotive und drei SS-Leute hochstiegen. Dann fuhr der Zug noch 15 Minuten langsam weiter, hielt abermals. Die Tür wurde zurückgeschoben, und wir sahen die ersten KZ-Uniformen von nahe und hörten die Stimmen (...): ‚Los! Macht, daß ihr rauskommt! Schnell, dalli!' Wir fragten die Häftlinge, wo wir seien. Man antwortete uns nicht. Wir baten um Wasser. Keine Antwort. Unsere paar Sachen in der Hand, standen wir, von den Häftlingen gezerrt, bald in Reih und Glied zum Abzählen. All unser Gepäck wurde von einer zweiten Gruppe von Häftlingen auf Karren geworfen und im Eiltempo weggefahren. Wir waren in Auschwitz."[234]

Schlimmes erwartete die Familie, das alles überstieg, was sie in Theresienstadt erlitten hatte. In der Rückschau resümierte Rudy Herz 1983:

---

233 In freier Übersetzung nach: South Carolina Voices.
234 Wißkirchen (4), S. 237.

„Es gibt ein Buch über Theresienstadt, herausgegeben von einem Amerikaner, in dem Bilder veröffentlicht sind, die jüdische Künstler in Theresienstadt gemalt und versteckt haben.[235] Nach dem Krieg hat man sie aus dem Mauerversteck wieder hervorgeholt. Die Bilder schildern das ganze Elend in den grausamsten Farben, und ich erkenne wieder, was damals vorgefallen ist. Aber trotzdem, als ich das Buch durchblätterte, dachte ich immer nur das eine: Als wir nach Auschwitz kamen und als ich später die anderen Konzentrationslager durchmachte, dachte ich mit Sehnsucht nach Theresienstadt zurück. Heute noch würde ich 25 Jahre harte Inhaftierung in Theresienstadt in Kauf nehmen, wenn ich meine Familie damit wieder zurückrufen könnte. Mit anderen Worten: Der Schritt vom gewöhnlichen Leben in Stommeln nach Theresienstadt war ungefähr so drastisch wie der Schritt von Theresienstadt nach Auschwitz. In Auschwitz dachten wir: Wie gut hatten wir es in Theresienstadt, wenn wir doch dahin wieder zurückgehen könnten! Alle Unbilligkeiten hätten wir dafür in Kauf genommen. Ich glaube, zwei- oder dreimal mußte in Theresienstadt das ganze Lager vor der Festungsmauer antreten, und den ganzen Tag über wurde draußen gezählt und noch einmal gezählt. Es war unangenehm, wir bekamen nichts zu essen, aber so etwas konnte man in Kauf nehmen.[236] In Auschwitz jedoch waren wir in der Vorhalle des Todes."[237]

In Theresienstadt erschienen am 23. Juni 1944, gut vier Wochen nach dem Abgang der drei Deportationszüge nach Auschwitz, die beiden Delegationen der dänischen Regierung und des Internationalen Komitees vom Roten Kreuz zu ihrem Besuch und besichtigten ausgesuchte Teile eines operettenhaft herausgeputzten Lagers. Und sieben Wochen später nutzten die Nazis diese potemkinschen Fassaden zur Inszenierung ihres Propagandafilms „Theresienstadt. Ein Dokumentarfilm aus dem jüdischen Siedlungsgebiet" – besser bekannt unter dem Titel „Der Führer schenkt den Juden eine Stadt".

---

235 Gerald Green: The Artists of Terezin, New York 1969.
236 Vgl. den Augenzeugenbericht von Federica Spitzer über den Appell vom 11.11.1943 im Buschowitzer Becker, abgedruckt in: Benz, S. 466f.; Brenner-Wonschick, S. 209.
237 Wißkirchen (4), S. 238.

Auschwitz-Birkenau

Am 16. Mai 1944 traf der Transport aus Theresienstadt an der Rampe in Auschwitz-Birkenau ein, 707 Männer und Jungen sowie 1736 Frauen und Mädchen.[238]

„Die Türen wurden aufgerissen. Männer in weißblauer Häftlingskleidung schrien: ‚Raus, raus! Macht schnell, dass ihr herauskommt!' Mein Vater fragte: ‚Was können wir denn mitnehmen?' ‚Gar nichts, ihr braucht nichts mehr.' Wir ließen unser ganzes Gepäck im Güterwagen und mussten uns in Fünferreihen aufstellen."[239]

Es war genau der Tag, an dem die ersten großen Transporte aus Ungarn in Auschwitz-Birkenau eintrafen – die ersten aus einer langen Reihe von Deportationszügen, die bis zum 9. Juli 1944 rund 437 000 ungarische Juden nach Auschwitz brachten, die meisten in den Tod.[240] Reichsbahnspezialisten, ungarische Experten und Delegierte der slowakischen Bahn hatten für den Fahrplan der Transporte vier Züge mit jeweils 45 Waggons pro Tag ausgehandelt.[241] Ganz so zügig ließ sich die „Ungarnaktion", eine monströse Mordaktion gigantischen Ausmaßes, dann doch nicht bewerkstelligen. Tatsächlich trafen in den genannten acht Wochen etwas mehr als 140 Züge in Auschwitz-Birkenau ein, etwa zwei bis drei am Tag.[242] Achttausend ungarische Juden – Männer, Frauen, Kinder – wurden täglich auf der Rampe in Auschwitz-Birkenau aus den Waggons gejagt und sofort selektiert: die Gesunden und Jungen wurden ins Lager Auschwitz eingewiesen, die meisten sofort in die Gaskammern geschickt, wo sie den Erstickungstod durch Zyklon B starben. In der Nacht auf den 16. Juni 1944, an dem die Familie Herz auf der Rampe in Auschwitz ankam, begannen alle Kamine der Krematorien zu rauchen, Tag für Tag.

Gemessen an dem Schicksal der ungarischen Juden, wurde der Transport aus Theresienstadt bevorzugt behandelt. Die Häftlinge wurden zwar auf der Rampe ihrer letzten Habseligkeiten, die sie als Gepäck noch mit

238 Czech, S. 776.
239 Rudy Herz, Vortrag 14.2.2011.
240 Hilberg, S. 915.
241 Hilberg, S. 902.
242 Roth, S. 505, Czech, S. 776.

sich führten, beraubt, aber sie wurden nicht selektiert, sondern in Fünferreihen – Männer, Frauen und Kinder – in Richtung Lagertor in Marsch gesetzt.

Familienlager Theresienstadt

In Birkenau war im Abschnitt BIIb Anfang September 1943 ein „Familienlager" eingerichtet worden, bestimmt für die Juden aus Theresienstadt, die nach Auschwitz verlegt wurden. Am 9. September 1943 wurden die ersten 5006 Juden von dort hier eingewiesen.[243] Die Familien wurden nicht auseinandergerissen, sondern im gleichen Lagerabschnitt, allerdings, nach Geschlechtern getrennt, in unterschiedlichen Blocks untergebracht. Die Häftlinge trugen weiter ihre zivile Kleidung und wurden nicht kahl geschoren. Sie erhielten auch das Privileg, an ihre Verwandten und Freunde, die sie in Theresienstadt zurückgelassen hatten, Karten und Briefe zu schreiben, die allerdings von der SS zensiert wurden und auf die Empfänger beruhigend wirken sollten. Menschlichkeit war nicht das Motiv der SS für die Sonderbehandlung der Theresienstädter Juden, sondern Propaganda: Einesteils wollte man einen möglichst reibungslosen Ablauf der Weiterleitung von Theresienstadt nach Auschwitz erleichtern, vor allem aber den weltweit durchsickernden Nachrichten über die Judenvernichtung in Auschwitz entgegenwirken und das Komitee des Internationalen Roten Kreuzes beruhigen.

Es war ein Täuschungsmanöver ohne länger anhaltende Substanz. Die anfängliche, vergleichsweise „humane" Behandlung wich bald den Auschwitzer Gepflogenheiten. Die Ernährung war völlig unzureichend, die Unterbringung katastrophal, die hygienischen Umstände der Latrinen spotteten jeder Beschreibung. Von den im September 1943 eingewiesenen 5006 Theresienstädter Häftlingen starben innerhalb eines halben Jahres, bis März 1944, ungefähr 1140 Menschen. Die Überlebenden wurden vergast:

„Vom 8. auf den 9. März 1944 werden 3791 Menschen in den Gaskammern getötet. Nur Ärzte und Zwillinge, für die sich insbesondere der SS-Lagerarzt Mengele interessiert, entgehen dem Tod."[244]

---

243 Czech, S. 603.
244 Czech, S. 603.

Unter den Opfern waren viele Mütter mit ihren Kindern, für die Fredy Hirsch vergeblich sich einzusetzen versucht hatte. Verzweifelt nahm er sich am 8. März 1944 das Leben. Den todgeweihten Häftlingen hatte man vor ihrer Ermordung Postkarten ausgegeben und ihnen befohlen, sie auf den 25. bis 27. März vorzudatieren und an ihre Verwandten zu schicken mit der Nachricht, sie seien gesund und es gehe ihnen gut.[245] Als die Empfänger diese Nachricht lasen, waren die Absender längst tot.

Erst nach diesen schrecklichen Ereignissen kam die Familie Herz am 16. Mai 1944 in Auschwitz an. Das „Empfangszeremoniell" auf der breiten, beidseitig mit Stacheldrahtzäunen von den Häftlingsbaracken abgetrennten Hauptlagerstraße, die an beiden Enden von schwerbewaffneter SS abgeriegelt wurde, war für Rudy Herz eine traumatische Erfahrung:

„Man führte uns auf die Hauptlagerstraße, tausend Menschen. Wir hatten kein Gepäck mehr, wir hatten nur noch, was wir am Leibe trugen. Viele versteckten noch irgendwelche Wertgegenstände [an ihrem Körper]: Ringe, Schmucksachen, Andenken, Anhängsel oder was auch immer. Wir wurden erst auf der Straße hin und her geleitet, hin und her; nicht, weil es notwendig war, nicht, weil man das Lager vorbereiten musste, sondern um uns zu zermürben, uns so gefügig zu machen, dass wir alles, was noch kommen würde, willig hinnehmen, [stumpfsinnig] jede Order befolgen würden. Unter Schreien, Weinen, Fluchen sind wir so hin und her geführt worden."[246]

„Dann wurden wir wieder zum Eingang zurückgetrieben, und Holzkisten wurden von Häftlingen gebracht und in die Mitte der Lagerstraße gestellt. Jetzt pflanzten sich SS-Unteroffiziere[247] bei diesen Kisten auf, und wieder wurden wir in Bewegung gesetzt: ,Uhren, Schmuck, Wertsachen! Saukerle, ihr werdet das doch nicht mehr brauchen, schmeißt es hier in die Kisten. Schnell, Drecksack! Dein Portemonnaie her! Saujude, ziehst du wohl die Uhr aus!' Dazu das Weinen der Kinder, das Geschrei der Frauen, die von ihren Männern getrennt wurden, Bitten, Flehen: eine Kakophonie des Verderbens. Wir näherten uns den Kisten, die schon zur Hälfte mit Wertsachen gefüllt waren; daneben die SS-Leute, gierig, sich ein für allemal auf diesem Posten bereichern zu können. Man ließ Männern und Frauen nur die Trauringe.

245 Czech, S. 733f.; Brenner-Wonschick, S. 255f.
246 Rudy Herz, Vortrag 14.2.2011.
247 Korrekte Dienstgrad-Bezeichnung: „SS-Unterscharführer".

Während der grausamen Folter des Wartens standen meine Gedanken und die Gedanken meiner Leidensgefährten nicht still, sondern schwirrten in unseren Köpfen ohne Unterlaß. In dieser höchsten aller Nöte riefen wir Gott um Hilfe an, die wir von den Menschen nicht mehr erwarten konnten; die Gottgläubigen und die Zweifler, die Gottesfürchtigen und die Lästerer, alle, alle beteten, weinten, flehten. Aber in einer Zeit, wo die Werte einer neuen, falschen Ideologie die alten Werte ungültig gemacht hatten, wurde auch die Himmelskraft ungültig. Unsere Hilferufe wurden nicht erhört. Endlich kamen auch ich und meine ganze Familie bei diesen Kisten an, die schon zur Hälfte voll mit Münzen, Brieftaschen, Schmuck und anderen Wertgegenständen gefüllt waren. Ich sagte dem SS-Mann, daß ich nichts besäße, und bekam einen Schlag über den Rücken und den Fluch: ‚Scher dich, Saujude!'

Meine Geschwister und meine Eltern hatten auch nichts – was ihnen Flüche und Stockschläge einbrachte. Häftlinge waren keine mehr zu sehen. Die SS wünschte keine Augenzeugen ihres rein-arischen Benehmens. Um drei Uhr morgens war man mit unserem Transport fertig, d. h., wir besaßen nun nichts mehr als die Kleider auf dem Leib und das zum Äußersten gesteigerte Angstgefühl, daß uns noch viel, viel Schlimmeres bevorstehe. Einer alten Frau, die Gott um Hilfe anflehte, wurde in höhnischem Ton von einem SS-Mann geantwortet: ‚Den gibt's nicht mehr, der ist zur Wehrmacht eingezogen.' Und es schien, als ob nicht nur Gott, sondern auch der Tod in deutschem Sold stände, denn letzterer mußte täglich Tausende annehmen, ob er wollte oder nicht."[248]

„Meinen Glauben an den jüdischen Gott habe ich in Auschwitz-Birkenau auf der Lagerstraße verloren."[249]

„Zusammengedrängt standen wir alle am anderen Ende der [Haupt-] Lagerstraße, dann setzte man uns in Bewegung. Wir schwenkten um nach rechts, große Doppeltore aus Stahlrohr, mit Stacheldraht bespannt, öffneten sich, und wir waren im ‚B-Lager' – euphemistisch Birkenau genannt."[250]

---

248 Wißkirchen (4), S. 241.
249 Rudy Herz, Vortrag 15.2.2011.
250 Wißkirchen (4), S. 241.

Es handelte sich um den Lagerabschnitt BIIb, das „Familienlager Theresienstadt", etwa 600 Meter lang und 130 Meter breit (vgl. Lageplan BT 42). Das Areal war komplett mit Stacheldraht eingezäunt und dadurch von den anderen Lagerabschnitten getrennt.[251] In der Mitte verlief die schnurgerade, zehn Meter breite Lagerstraße, und daran waren zu beiden Seiten jeweils 16 quer gestellte Baracken aufgereiht, in der KZ-Sprache „Blocks" genannt; zusätzlich befand sich zwischen ihnen jeweils noch eine Waschbaracke. Eröffnet wurden die beiden Reihen durch die beiden längsgerichteten Küchenbaracken. Am Ende lagen noch, etwas abgesetzt, eine Wasch- und drei Latrinenbaracken – jeweils aus einer Betonplattenreihe mit 132 Löchern bestehend.[252]

Die riesigen Holzbaracken waren ursprünglich nicht für die Unterbringung von Personen, sondern von Pferden konzipiert worden. Zweiundfünfzig Tieren hatten sie Platz bieten sollen, jetzt wies die SS bis zu fünfhundert Häftlinge in sie ein.[253] Statt der Boxen beiderseits des durchlaufenden Mittelganges hatte man dreistöckige Holzpritschen eingebaut, paarweise durch einen schmalen Gang getrennt. Jeweils vier davon bildeten eine „Stube", in der bis zu siebzig Personen untergebracht waren. Insgesamt gab es sieben „Stuben", die jeweils einem „Stubenältesten" unterstanden. Am Eingang waren – statt einer achten Stube – für die Blockältesten (Rudy Herz nennt sie immer „Blockkapos"), ihre Vertreter und die Blockschreiber zwei separate kleine Zimmer, „*Kumbál*" (tschech.) genannt, reserviert.[254]

Der Stubenälteste sorgte für die Verteilung der Häftlinge auf die dreistöckigen Holzpritschen:

„Unten schliefen die alten Jahrgänge, die nicht klettern konnten, in der Mitte die Dreißiger und Vierziger, meist zu sechst oder siebent auf einer Pritsche. In den oberen Regionen war es angenehmer, hier wohnten die jugendlichen Turner. Man konnte wenigstens sitzen, unter Umständen sogar stehen, während man im ersten und zweiten Stock nur kriechen konnte."[255]

---

251 Jahn, S. 113.
252 Czech, S. 27; Jahn, S. 114.
253 Orth, S. 203; Hesdörffer, S. 105.
254 Hesdörffer, S. 105.
255 Hesdörffer, S. 107.

Hell wurde es in der Baracke auch tagsüber nicht. Es gab keine Fenster in Augenhöhe, sondern nur kleine Oberlichter an der erhöhten Dachkonstruktion über dem Mittelgang. Von der Feuerstelle an der Eingangsseite der Baracke aus verlief waagerecht in der Mitte dieses Ganges ein schätzungsweise 80 cm hoher, 60 cm breiter gemauerter Kamin,[256] der am anderen Ende hoch geführt wurde. Der warme Rauch sollte auf dem langen Weg etwas Wärme spenden. Der Unterschied zur Unterbringung in Theresienstadt war riesig. Dort hatte man, wenn auch dicht gedrängt, noch Wohnräume in Häusern und Kasernen bewohnt, jetzt wurde man in einem Holzstall untergebracht wie Vieh.

Völlig übermüdet und seelisch verstört durch die erfahrene brutale Behandlung, wurden die Theresienstädter Häftlinge ihren Blocks zugeführt, Männer in die Baracken auf der einen Seite der Lagerstraße, Frauen und Kinder gegenüber. Ernst Herz und seine drei älteren Söhne kamen in den zweiten Block auf der Männerseite, die Mutter mit den drei kleinen Kindern in den dritten oder vierten auf der Frauenseite. In der zugewiesenen Häftlingsbaracke erwartete sie nicht nur das Elend der riesigen Stallbehausung, sondern die Gewalttätigkeit der „Blockältesten" bzw. „Kapos", wie man die Funktionshäftlinge nannte, die von der SS u. a. als Leiter der Blocks eingesetzt waren. Die SS wählte hierzu gerade solche Häftlinge aus, die bereit waren, mit brutaler Gewalt das Regiment der SS durchzusetzen, und die moralisch verkommen genug waren, sich für diese Helferdienste durch gewisse Vergünstigungen korrumpieren zu lassen. Viele Kriminelle waren unter ihnen. Das galt nicht in jedem Einzelfall, aber doch oft. Für die jüdischen Häftlinge waren viele der jüdischen Kapos der verlängerte Arm brutaler SS-Gewalt und die im Block oder bei jeder Art von Tätigkeit ständig präsenten rücksichtslosen „Chefs" (ital. *capo* = Haupt, Chef), die nur ihren eigenen Vorteil kannten, und der lag darin, sich bei der SS beliebt zu machen.

Von solchen Blockkapos wurden sie in Empfang genommen. Sie hatten Kisten aufgestellt und zwangen mit Stockschlägen die Neuankömmlinge, das Allerletzte an persönlicher Habe, das sie vielleicht noch hatten retten können, in diese hineinzuwerfen.

---

256 Maße nach Hesdörffer, S. 105: Höhe 50 cm, Breite 20 cm, Länge 15 m; sie erscheinen jedoch nicht realistisch.

„Für die [Kapos] war der Besitz von irgendwelchen Gold-, Silber- oder Schmucksachen von außerordentlichem Wert, sie konnten sie gegen Brot und sonstige Lebensmittel oder Zigaretten eintauschen. So war es unbedingt notwendig, uns auch noch das Allerletzte wegzunehmen."[257]

Als einzigen Wertgegenstand hatte Rudy Herz bis zu diesem Zeitpunkt einen kleinen Rechenschieber nahe am Körper verwahren können; er war ein Geschenk von Dr. Rüber, dem Geschäftsführer der Firma „Westdeutscher Barackenbau" in Köln, bei der er seit 1941 gearbeitet hatte, ein Andenken an seine Heimat, ein Symbol für die Möglichkeit eines zivilen Lebens, in dem seine erworbenen handwerklichen Kenntnisse und Fähigkeiten gefragt waren und ihm und seiner Familie Nutzen bringen konnten. Dieses gehütete Sinnbild der Hoffnung musste er jetzt dem Kapo übergeben, um dessen Stockschlägen zu entgehen.[258] Danach erst wurde den Neuankömmlingen ihr Platz auf dreistöckigen hölzernen Holzpritschen zugewiesen.

„Oben lagen ein paar Decken. Acht Leute wurden jeweils für diese Pritschen angewiesen. Mein Vater und wir drei Kinder waren auf der oberen Pritsche, wir hatten nichts mehr zu tun, wir warteten auf das, was man uns noch antun könnte. Und die konnten uns noch viel antun."[259]

„Wir dachten weder ans Essen noch ans Trinken, sondern wollten nur noch ausruhen."[260]

In den Erinnerungen schildert Heinz Hesdörffer die Umstände, unter denen man auf den Holzpritschen „schlafen" musste:

„Das Schlafen war eine schwierige Angelegenheit. Unmöglich war es, auf dem Rücken zu liegen, dazu war der Raum zu eng bemessen. Die einzige Lösung war, auf der Seite zu schlafen. War man jedoch durchgelegen auf dem harten Holz, das nur mit dünnen Strohsäcken bedeckt war, und wollte sich auf die andere Seite wenden, so waren es nicht nur die eigenen Glieder, die man umdrehen musste, gleichzeitig mussten zehn andere Arme und Beine ihren Platz wechseln. Wolken von Staub

---
257 Rudy Herz, Vortrag 15.2.2011.
258 Vgl. Wißkirchen (4), S. 242.
259 Rudy Herz, Vortrag 14.2.2011.
260 Rudy Herz, Vortrag 15.2.2011.

und Schmutz wirbelten dabei auf, und so wurde man einige Male in der Nacht unsanft aufgeweckt."[261]

Rudy Herz erinnert sich an den Morgen nach der ersten Nacht: Alle mussten sich im Block nach dem Alphabet aufstellen, Tische wurden hereingetragen, Leute nahmen daran Platz und riefen die Einzelnen nach der Reihe auf, heranzutreten und den Arm freizumachen für die Tätowierung mit der persönlichen Auschwitznummer. Rudy Herz erhielt die Nummer „A 653" mit glühender Nadel auf die Innenseite des linken Unterarms eingebrannt. Die neue Serie der A-Nummern hatte man drei Tage vor Eintreffen des ersten Transportes aus Theresienstadt eingeführt, um die tatsächliche Zahl der im Konzentrationslager Auschwitz registrierten Häftlinge zu verschleiern.[262] Als Rudy Herz am 15. Februar 2011 zu Besuch in der Papst-Johannes XXIII.-Schule in Stommeln weilte, hat er den Schülern, die ihn eingeladen hatten und deren Freundlichkeit ihn überwältigte, zum ersten Mal diese Nummer gezeigt. Er wollte im buchstäblichen Sinne Zeugnis ablegen gegenüber einer neuen Generation von den Verbrechen der Vergangenheit. Bis zu diesem Zeitpunkt trug er stets langärmelige Hemden. Er wusste, wie sehr andere sich betroffen, gehemmt, auch unangenehm berührt fühlten, einem Holocaustüberlebenden leibhaftig gegenüberzustehen.

„Ich habe es vermieden […], jemals einem Menschen diese Auschwitznummer zu zeigen. Im Geschäft trug ich sowieso ein Hemd mit langen Ärmeln. Ich war dann Soldat, und da konnte man es nicht vermeiden. Wir hatten *PT, Physical Training*, das waren Turnübungen in Unterhemd und Turnhose. Da konnte ich nicht vermeiden, dass man die Nummer sah. Um zu verhindern, dass jemand mich nach dieser Nummer fragte, habe ich zu der Notlüge gegriffen, ich sei in einer anderen Militäreinheit gewesen, in der *A-Company* von der 653."[263]

Die für ihn beglückende Begegnung mit einer neuen, jungen Generation in der Gesamtschule in Stommeln hat ihn vorübergehend von dieser inneren Hemmung befreit. Dass er sich diese Nummer nie hat

---

261 Hesdörffer, S. 105.
262 Czech, Anm. S. 773.
263 Rudy Herz, Vortrag 14.2.2011.

wegoperieren lassen, wie Freunde ihm nahelegten, dazu steht er bis heute. 1983 begründete er diese Entscheidung so:

„Es gibt leider nichts, was den Auschwitz-Überlebenden helfen könnte, dieses Vernichtungslager zu vergessen: Unser tägliches Brot, das im Lager so karg war, Feuer, das ich im Ofen anmache, meine Kinder, die ich ansehe: alles, alles, alles in diesem Leben hat mich an Auschwitz erinnert und wird mich täglich an Auschwitz erinnern. Die tätowierte Nummer ist nur eins von vielem. Ich weiß nicht, ob man verstehen wird, daß ich dabei *nicht* an Revanche denke oder das deutsche Volk verfluche oder die einzelnen SS-Henker mir ins Gedächtnis zurückrufe. Ich möchte einfach in Gedanken bei meinen Lieben sein, bei meinen Eltern und Geschwistern, so daß ihr Leben nicht ausgelöscht ist, sondern bis zu meinem letzten Atemzug ein Teil des Seins auf dieser Welt ist und nicht nur ein Name unter Hunderten auf einem Gedenkstein. Darum schreibe ich diese Dinge nieder, die ich nur mit größter Anstrengung in Gedanken zwingen kann."[264]

Lange Wochen unablässigen Hungerns, quälenden Nichtstuns, bohrender Ungewissheit, ständiger Demütigung und Angst standen der Familie Herz bevor. Den Tagesablauf in Auschwitz-Birkenau schilderte Rudy Herz 1983 so:

„Um 5.30 Uhr[265] morgens war Aufstehen. Zum Waschen ging's in die Waschbaracke. Zum Abtrocknen wurden Kleidungsstücke benutzt. Um 7 Uhr war Appell-Stehen. Um 8 Uhr kam ein SS-Mann zum Abzählen, und erst dann, wenn das ganze „B-Lager" ausgezählt war, durften wir zurück in den Block zum Frühstücken: eine Scheibe Brot, Kaffee[266]. Den Tag verbrachten wir mit Gesprächen: Gerüchte hauptsächlich, Vermutungen, Hoffnungen: ‚Wie lange kann es noch weitergehen? Wann werden die Russen hier sein? Man sagt, sie sind schon 60 km östlich von Kattowitz.' ‚Wo bist du her?' ‚Marburg, und du?' ‚Köln.' ‚Ach ja, eine schöne Stadt. Ich erinnere mich, als…'

---

264 Wißkirchen (4), S. 242.
265 Nach Jahn, S. 114, wurden die Häftlinge um 5 Uhr geweckt.
266 „Der Kaffee bestand aus gerösteten zerstoßenen Eicheln, er schmeckte scheußlich." South Carolina Voices.

12 Uhr mittags. Wir bekommen Kartoffel- und Futterrübensuppe. Danach reden wir weiter, über früher Gegessenes, über zukünftig zu Essendes, d. h. in diesem Fall über die guten Gerichte aus der Zeit vor dem Krieg und nach dem Krieg. Und immer waren wir hungrig.
5 Uhr abends Appellstehen, ein bis zwei Stunden. Danach Abendessen und ‚Belustigung, Schauspiel und Drama', wir wurden zynisch, das war unsere Bezeichnung für ‚Abendgericht', die Ausprügelung von Männern, die sich irgendetwas hatten zuschulden kommen lassen. Meistens waren es Brotdiebstähle, oder jemand war zum zweiten Mal in die Suppenlinie zurückgegangen. Wir waren alle so hungrig. Alle, die von den Kapos schuldig befunden wurden, meistens alte oder ältere Männer, 55 bis 75 Jahre alt, wurden von dem Blockkapo über den durch die Mitte des Blocks laufenden Kamin geworfen, und mit Spazierstöcken bekamen sie 10 oder 25 schwere Schläge verabreicht. Ich weiß nicht, ob die Leser sich diese Szenen vorstellen können. Ich schreibe so schnell ich kann, um dieses loszuwerden. Heulend und schreiend, Großväter, der Rotz aus der Nase triefend, um Mitleid flehend. Ihnen wurde noch ein Pappschild um den Hals gehängt: ‚Ich bin ein Brotdieb.' Mit schlotternden Knien wurden sie im Block herumgeführt und mußten sagen: ‚Ich habe Brot geklaut.' Wenn es nicht laut genug zu hören war, schlug der Kapo noch weiter auf den Mann ein. Wer von den Blockinsassen nicht hinsah, bekam die gleiche Strafe. Danach herrschte tiefste Stille. Unter uns waren Kinder von elf Jahren. Unglücklicherweise wurden wir gegen diese Schandtaten *nicht* stumpfsinnig, konnten aber gegen die Kapos nichts ausrichten, die waren von der SS dazu bestellt, ‚unter uns Ordnung zu halten'. Wir waren nur Juden."[267]

Die Blockkapos trugen im Gegensatz zu den Theresienstädter Häftlingen, die ihre Zivilkleidung beibehalten durften, eine gestreifte Häftlingsuniform. Der für den Block der männlichen Mitglieder der Familie Herz zuständige zeigte sadistische Neigungen zur Gewalt. Mit seinem Stock schlug er jedem die Mütze vom Kopf, der sie beim Betreten der Baracke anließ. Als Neuankömmling machte Rudy Herz mit vielen anderen diese Erfahrung, bevor er das Schild lesen konnte: „Mützen ab im

---

[267] Wißkirchen (4), S. 242f. Zum Tagesablauf vgl. auch die nicht ganz deckungsgleiche Schilderung bei Hesdörffer, S. 107f.

Block!" Dass dabei oft auch ein Stück Kopfhaut abging, kümmerte nur die Betroffenen.

Der Tod war alltäglich geworden, und den Toten wurde kein ehrendes Begräbniszeremoniell zuteil, wie man es in Theresienstadt noch versucht hatte. Die Leichen wurden am Ende der Barackenreihe gestapelt wie Brennholz, nackt, ohne Würde, mit todesstarren Augen, die niemand geschlossen hatte, einen Meter hoch. Stundenlang lagen sie da, bis ein Karren mit hohen Seitenwänden kam; man fasste die Leichen an Händen und Füßen und warf sie darauf. Und dann fuhr man sie zu den Krematorien, um sie zu verbrennen.[268]

Was wirklich im Lager vorging, wussten Rudy Herz und seine Familie trotzdem nicht – oder man wagte nicht, das Geahnte zu Ende zu denken. Man war gefangen im Lagerabschnitt BIIb, dem Familienlager; nahe ans Tor heranzutreten, um Ausschau nach draußen zu halten oder gar nach draußen zu gehen, war strengstens verboten. Vor allem wusste man nicht oder verdrängte man, dass Auschwitz-Birkenau ein Vernichtungslager war. Ganz in der Nähe, etwa 750 Meter entfernt, waren die vier „modernen" Krematorien II bis V mit angeschlossenen Gaskammern von Auschwitz-Birkenau, 24 Stunden am Tag sahen sie Rauch, der sich in der Dunkelheit flammenähnlich rötlich-braun färbte, und die Luft war geschwängert mit einem ekelhaft süßlichen Geruch. Aber welche menschliche Fantasie konnte sich vorstellen, was tatsächlich die Ursache dafür war? Sie sahen, wie jenseits der elektrisch geladenen, ständig brummenden Stacheldrahtzäune täglich Kastenwagen hin- und herfuhren; aber wessen Vorstellungskraft war in der Lage, sich vorzustellen, dass hier Zyklon B-Kanister transportiert wurden?

Zu tun gab es für die meisten Häftlinge im Familienlager nichts. Lediglich der ältere Bruder Alfred hatte sich eine Arbeit verschafft: Er verlegte Steine beim Ausbau der Lagerstraße und bekam dafür eine halbe Ration mehr. Die Arbeit war schwer, aber er entging der bohrenden Leere des Nichtstuns. Rudy Herz erinnert sich, dass jemand ein Kartenspiel aufgetrieben hatte, mit dem Jugendliche sich die Zeit zu vertreiben versuchten. Bruder Karl Otto besaß sogar, woher auch immer, eine Buchausgabe von Goethes „Faust"; mehrfach lasen sie die berühmteste

---

268 Vgl. South Carolina Voices.

Dichtung der Deutschen, rezitierten sie und lernten manche Passage auswendig.[269] Dort, wo die Gewalttäter die deutsche Sprache, die sie im Munde führten, im Reden und Handeln besudelten, suchten deren jugendliche Opfer Halt in Goethes Sprachschöpfung.

Als Rudy Herz im Februar 2011 zu Besuch in seinem Geburtsort Stommeln weilte, berichtete er in einer öffentlichen Abendveranstaltung vom Leben in Auschwitz:

„Ich habe nie auch nur einen einzigen Vogel in Auschwitz gesehen, niemals ein anderes Lebewesen als vielleicht ein paar Ameisen. Das war schlimm für uns. Wir waren aus Stommeln an das Leben draußen gewöhnt, und jetzt saßen wir in einem Barackenlager, mit hohem Stacheldraht umzäunt.

Ab und zu aber gab es noch Besuchsstunden.[270] Wir konnten zu unserer Mutter gehen. Sie hat sich sehr geschämt, sie hatte schönes langes Haar, als wir sie dann zum ersten Mal sahen, war es kurz abgeschoren. Sie hat sich geschämt, weil sie wusste, dass wir sie nur mit ihrem langen Haar kannten. Aber es war nichts zu machen. Wir sahen unsere Geschwister, die kleinen Kinder Jona Herz, Johanna Herz, Walter Herz, sie waren alle bei der Mutter. Man hat aber nicht viel sagen können: Wie geht es euch Kindern? ..."[271]

Und dann versagte seine Stimme. Er hatte sich fest vorgenommen, zum ersten Mal von seinen kleinen Geschwistern zu erzählen, aber er schafft es nicht, so sehr er sich zu zwingen versucht. Man hörte, wie er, unzufrieden mit sich selbst, zur Seite ein leises *„damned!"* zischte, und dann entschuldigte er sich bei seinem Publikum:

„Das muss ich übergehen, ich kann das nicht."

Im persönlichen Interview zwei Tage später machte er einen neuen Anlauf: Man habe mit den Familienmitgliedern noch zusammenkommen können. Männer hätten die Frauenbaracken für begrenzte Zeit aufsuchen können, Frauen aber nicht die Männerbaracken. Die Mutter habe sich jedoch geschämt, in der Baracke besucht zu werden. Man habe sich draußen getroffen und so mit den Geschwistern eine Zeitlang zu-

---
269 South Carolina Voices.
270 Nach Jahn, S. 114, „eine Stunde vor dem Abendappell".
271 Rudy Herz, Vortrag 14.2.2011.

sammen sein können. Und dann überkamen ihn wieder die Erinnerungen, wie er früher den kleinen Jona gebadet, gewickelt, gefüttert hatte, um die Mutter zu entlasten.[272] Weitererzählen konnte er nicht.

Selektion und endgültige Trennung

Rund zwei Monate währte der Schwebezustand im Familienlager in Auschwitz-Birkenau. Dann wurde die Familie endgültig auseinandergerissen:

„Eines Tage [am 2. Juli 1944][273] hieß es: Es wird ein Männertransport zusammengestellt, um in Deutschland Aufräumarbeiten zu tun. Mein Bruder Fredi (Alfred) und ich gehörten zu diesem Transport. Sofort nach Verlesung der Nummern und Namen nach der Abendbrot-Verteilung mußten wir unsere Baracke verlassen. Wir nahmen Abschied von unserem Vater und unserem Bruder Karl Otto und wurden in die tornächste Baracke geführt, wo wir noch eine Nacht bleiben sollten. Wir waren alle verängstigt und wortlos, keiner wurde den Gedanken los, daß wir in Kürze ins Gas gehen sollten. Ich hörte die ganze Nacht durch nur Flüstern, und die deutschen Blockkapos waren zivil zu uns, was uns in unseren Vermutungen nur bestärkte.

Spät in der Nacht kam unsere Mutter zu uns, obwohl sie sich größter Gefahr aussetzte, von der SS auf den Wachtürmen erschossen zu werden. Wir umarmten uns, sie ging Abschied nehmen von meinem Bruder, der auf einer Pritsche etwas weiter weg schlief. Als sie zurückkam, umarmten wir uns. Meine Mutter sagte: ‚Kind, soll ich heute nacht bei dir bleiben?' ‚Mama, das hat keinen Zweck, du setzt dich nur der Gefahr aus, erwischt und verprügelt zu werden.' ‚Kind, lieber Rudy, ich habe solche Angst! Mir ist bang um euch!' Sie fing an zu weinen, ich versuchte sie zu trösten, obwohl mir der Hals zugeschnürt war: ‚Mama, sei nicht traurig, wir werden uns noch wiedersehen! Fredi und ich kommen schon durch.' ‚Rudy, mein Kind, du gehst weg, und ich kann dir nichts mehr mitgeben, man hat uns alles, alles genommen, sogar die Hoffnung. Bitte, wenn du durchkommst, sei gut und brav. Denk an uns. Versuche, dich mit Onkel Hermann in Verbindung zu setzen. Wir alle, die hierbleiben,

---
272 Rudy Herz, Interview 16.2.2011.
273 Czech, S. 811.

werden es auch tun.' Wir hielten uns eng umschlungen und weinten, ich küßte meine Mutter, wir konnten nicht mehr sprechen. So saßen wir ungefähr zehn Minuten, dann wurden Stimmen laut, und ich sagte: ‚Mama, geh wieder in deinen Block, es wird gefährlich.' Wir küßten uns zum letzten Mal, umarmten uns, zum letzten Mal. Meine gute Mutter ging weg, sie sah nicht mehr zurück. Ein großer Teil meiner Seele ging mit ihr und ist mit ihr geblieben.

Am nächsten Morgen wurden wir in einen Duschraum geführt, aber es war nicht die Krematoriumssauna, sondern eine kleinere[274]. Wir wurden kahlgeschoren, alle Körperhaare wurden uns entfernt. Wir bekamen Häftlingsuniformen zugeworfen [...]. Zuletzt gab man uns die runde Häftlingsmütze und trieb uns zum Bahngleis, schob uns in die wartenden Viehwagen, und die Schiebetüren wurden verriegelt. Lange Zeit standen wir so auf dem Geleise, dann hörten wir die Lokomotive, und die Waggons wurden scharf angestoßen. Noch ein heftiger Schlag, der uns alle umwarf, obwohl wir auf dem Boden saßen, dann fuhr der Zug an, und wir verließen Auschwitz.

Wir, das heißt alle im Waggon, sprachen nur von denen, die wir verlassen hatten. Wir hatten nichts zu essen und zu trinken bekommen. Schließlich wurde nicht mehr gesprochen, wir starrten vor uns hin. Endlich sagte mein Bruder: ‚Hast du die Postenkette gesehen?' Er meinte damit die bewaffneten SS[-Posten], die wir auf dem Weg zum Gleis passiert hatten. Wir hatten des öfteren die Flucht von Auschwitz erwogen, wußten aber, daß außer der SS auf den Wachtürmen auch noch eine dichte Postenkette ums Lager gezogen war: alle hundert Meter ein SS-Posten mit Maschinenpistole, in Tarnuniform. Hinter dieser Kette [war] in der Ferne eine zweite Kette. Wie hätte man da aus Auschwitz entfliehen sollen?

Unser Waggon hatte keine Luken, nur Ritzen, wo Luft eindrang, aber es wurde sowieso Nacht. Wir dösten oder schliefen kurz, unsere Gedanken immer wieder auf unsere zurückgebliebenen Eltern und Kinder gerichtet, die in größter Lebensgefahr waren. Kurz nach unserem Ab-

---

274 1991 (South Carolina Voices) sagte Rudy Herz, sie seien in eine niedrige Barackenreihe geführt worden.

transport ging das gesamte Familienlager ins Gas: 12 000 Seelen, unter ihnen meine gute Mutter, meine Geschwister: Walter, 1930 in Stommeln geboren, noch keine 14 Jahre alt, mein Schwesterchen Johanna, sechs Jahre alt, mein Brüderchen Jonny, zwei Jahre alt. Nichts, nichts hat dieses wahnsinnige Unterfangen, Menschen zu töten auf die grausamste Weise, ohne Ehrwürdigkeit, ohne Erbarmen, verhindern können. Meine Mutter, eine liebe, gütige, hübsche Frau, in Stommeln geboren und zur Schule gegangen, in Stommeln verheiratet, von allen Stommelnern geliebt, ‚et Jacobsohns Lily', wie sie von allen genannt wurde, patriotisch, musikliebend – ich kann nach vierzig Jahren nicht unsere letzten Minuten zusammen vergessen und nicht begreifen, daß diese lebensfrohe und familienbesorgte Mutter einen so grausamen Tod finden mußte. Wie oft möchte ich ihr heute meine Kinder zeigen und ihr sagen: ‚Mutter, dies ist Fleisch von deinem Fleisch und Blut von deinem Blut.'"[275]

1982/83 hat Rudy Herz diesen Text zu Papier gebracht, und er lässt die Erschütterung erkennen, die den Schreiber unvermindert heftig erfasst. Es ist die große Lebenskatastrophe, die sein Leben bestimmt hat bis auf den heutigen Tag. Es vergehe kein Tag, an dem er nicht mit seiner Mutter innerlich spreche, bekannte er einmal im privaten Gespräch.

In Danuta Czechs „Kalendarium" von Auschwitz-Birkenau[276] sind die äußeren Fakten nachzulesen: Der verbrecherische Plan, das Familienlager zu liquidieren, war vor dem 2. Juli 1944 gefallen. Der große Bluff, für den das Familienlager gedacht gewesen war, war nicht mehr notwendig. Am 23. Juni 1944 hatte das Internationale Komitee des Roten Kreuzes das Ghetto in Theresienstadt besichtigt. Die Befürchtung der Nazis, dass die Rot-Kreuz-Vertreter auch Auschwitz besuchen wollten, um das Schicksal der dorthin weitergeleiteten Häftlinge zu überprüfen, hatte sich als grundlos erwiesen: Delegationsleiter Maurice Rossel, ein 27-jähriger Arzt, gab sich mit dem Gesehenen zufrieden. Er glaubte in seiner Naivität, dass von Theresienstadt niemand weiterdeportiert würde, und reiste ab, ohne eine Besichtigung von Auschwitz zu verlangen, obwohl sie von der SS bereits bewilligt war. Für einen solchen Fall

---

275 Wißkirchen (4), S. 243–247.
276 Czech, S. 811, 815.

hatte man das Familienlager geschaffen; es sollte die „Greuelpropaganda" über das Schicksal der Juden in Auschwitz „widerlegen". Diese Propagandalüge erwies sich als nicht mehr notwendig, und prompt wurde das Familienlager liquidiert.

Die Männer, die in der tornächsten Baracke für den vorgesehenen Arbeitstransport gesammelt worden waren, wurden in die sogenannte Sauna geführt, wo sie nach dem Bad geschoren wurden und die gestreifte Häftlingskleidung erhielten. Die eigenen Kleider mussten sie abgeben, nur die Schuhe erhielten sie zurück, nachdem man sie vorher durchgeschüttelt und abgeklopft hatte, um darin Verstecktes zu finden, und durch ein Desinfektionsbad gezogen hatte. Rudy Herz verlor damals das ihm teure kleine Messerchen, das seine tschechische Freundin aus Theresienstadt ihm zum Abschied geschenkt und das er in einem Schuh versteckt hatte. Anderen ging es ähnlich:

„Wenn der Schuh zurückkam, war nichts mehr darin. Und ich stelle mir vor, wie man nach unserem Abtransport die Flüssigkeit aus dem Bottich abgelassen und dann gierig diese Ringe und Goldstücke an sich genommen hat.

Unser ganzes Haar und Körperhaar war weg. Man schmiss uns eine Unterhose und ein Unterhemd zu und dann diese blauweiß gestreifte Häftlingskleidung aus dunkelblau gestreiftem Tuch[277] – und dazu die blödeste Mütze, die ausgesprochen entwürdigend aussieht. Wir mussten sie anziehen. Das hat sich mir tief eingeprägt, wie ich zum ersten Mal als Konzentrationslager-Insasse mit anderen aufgestellt war."[278]

Dann mussten sie zu dem Güterzug marschieren, der auf einem Anschlussgleis wartete, bewacht von Wachposten, die in Tarnuniformen mit ihren Maschinenpistolen im Abstand von wenigen Metern in Erdlö-

---

277 Alle KZ-Insassen waren durch dreieckige „Winkel" an ihrer Kleidung als Mitglieder einer Häftlingskategorie gekennzeichnet. In der Skala der Verachtung standen Juden dabei ganz unten. Ihr Winkel bestand im Gegensatz zu allen anderen nicht nur aus einem je nach Häftlingskategorie unterschiedlich gefärbten Dreieck mit der Spitze nach unten, sondern diesem wurde zusätzlich ein gelbes Dreieck mit der Spitze nach oben untergelegt. Die meisten Juden – d. h. alle, die nicht als Berufsverbrecher, Emigranten, Bibelforscher, Homosexuelle oder Asoziale eingestuft wurden – trugen das rote Dreieck mit der Spitze nach unten für politische Häftlinge über einem gelben Dreieck.
278 Rudy Herz, Vortrag 15.2.2011.

chern hockten. Sie wurden in die Waggons getrieben und mussten sich dicht gedrängt auf ihre durch Abmagerung blanken Knochen hinsetzen. Die Waggons wurden verriegelt, und die tschechischen und deutschen Häftlinge darin wussten nicht, dass das Lager Schwarzheide das Ziel des Transportes war. Als zehn Monate später der Zweite Weltkrieg zu Ende ging, lebten von den tausend Deportierten, alles junge Männer, nur noch 318.[279]

Tod der Eltern und jüngeren Geschwister

Am 2. Juli 1944 wurden von SS-Lagerarzt Josef Mengele auch ungefähr 2 000 junge, gesunde und arbeitsfähige Frauen für die Konzentrationslager in Stutthof und Hamburg (Neuengamme) selektiert.[280] Wegen ihrer kleinen Kinder war Lily Herz nicht darunter.

Wenige Tage später, am 11. Juli 1944, wurde das Familienlager-Theresienstadt BIIb in Birkenau aufgelöst, und etwa 4 000[281] zurückgebliebene Insassen, darunter etwa 3 000 Frauen, Mütter und Kinder, wurden in die Gaskammern geführt. Es ist der Todestag auch von Lily Herz und ihren drei jüngsten Kinder: Walter, Johanna und Jona. Ihren gemeinsamen Tod sich vorzustellen, sträubt sich die Fantasie. Der sechzehnjährige Karl Otto blieb allein in Auschwitz zurück.

Bereits vor der Liquidierung des Frauenlagers war der Vater Ernst Herz in das Arbeitslager Blechhammer (Blachownia Śląska) in Oberschlesien, zwei Kilometer südlich des Dorfes Ehrenforst, verlegt worden, das seit dem 1. April 1944 als Auschwitz-Außenlager geführt wurde.[282] Bis zu 4 000 meist jüdische Häftlinge aus Holland, Belgien, Deutschland und Frankreich waren hier inhaftiert. Sie wurden vom SS-Wirtschaftsbetrieb gegen Entgelt an den Chemiekonzern Oberschlesische Hydrierwerke AG bei Kędzierzyn (deutsch: Kandrzin, 1934–45: Heydebreck) bzw. an hier tätige Bauunternehmen verliehen und beim

---

279 Tsur/Senenko.
280 Czech, S. 811, 815 und 817.
281 Czech, S. 820; Jahn, S. 115, spricht von „etwa 6500 Verbliebenen", die „in den Nächten des 11. und 12. Juli 1944 in den Gaskammern ermordet" wurden.
282 Das Folgende nach Piper (1); Wißkirchen (3), S. 197f.; Czech, S. 747 und 982f.; Rudorff (1).

Bau von chemischen Industrieanlagen oder Straßen und Bunkerunterständen eingesetzt. Das Lager mit 25 Holzbaracken war von einer vier Meter hohen Betonmauer eingeschlossen, die oben durch elektrisch geladenen Stacheldraht zusätzlich gesichert war. Schläge und Misshandlungen waren alltäglich, die Verpflegung miserabel. Kranke wurden zur Vergasung nach Auschwitz überstellt.[283]

Am 21. Januar 1945 wurde das Lager geschlossen. Ohne hinreichende Verpflegung und Kleidung wurden die Häftlinge bei bitterster Kälte auf den Fußmarsch zum Konzentrationslager Groß-Rosen geschickt, das sie zwölf Tage später, am 2. Februar 1945, erreichten. Während des Marsches wurden mindestens 800 Häftlinge von SS-Männern ermordet bzw. erlagen den Strapazen.[284] Nach fünf Tagen wurden die verbliebenen Häftlinge mit einem Transportzug in das KZ Buchenwald überstellt, wobei viele durch Luftangriffe getötet wurden.

Kranke Häftlinge, die im Lager Blechhammer zurückgeblieben waren, wurden nach dem Abmarsch von SS-Männern ermordet. Anschließend brannten sie die Lagerbaracken nieder und schossen auf Häftlinge, die sich hatten verstecken können und jetzt aus den brennenden Baracken flohen.[285]

Die Lebensspuren von Ernst Herz verlieren sich seit Juli 1944 in dieser endzeitlichen Welt von Terror und Gewalt. Ob er bereits vor Auflösung des Lagers Blechhammer den Strapazen erlag oder auf dem Todesmarsch bzw. nach dem Abmarsch im Lager von der SS erschossen wurde, wird wohl für immer ungeklärt bleiben.

Karl Otto im Schatten der Gaskammer
Wie durch ein Wunder entging der damals sechzehnjährige Karl Otto Herz dem Schicksal seiner drei jüngeren Geschwister, die am 11. Juli 1944 mit ihrer Mutter in der Gaskammer starben. Er gehörte zu einer Gruppe von etwa 80 oder 98 Jugendlichen im Alter von 14 bis 16 Jahren, die zwar nicht dem Transport der arbeitsfähigen Männer zugeordnet wurden, aber auch nicht wie andere Kinder und Jugendliche ins Gas

---
283 Rudorff (1), S. 187f.
284 Rudorff (1), S. 189; Blatman (2), S. 152f.
285 Blatman (2), S. 154f.

geschickt, sondern aus dieser Gruppe aussortiert und ins Männerlager BIId verlegt wurden.[286]

Stephan Baretzki, von 1942 bis 1945 SS-Blockführer in Birkenau und Angeklagter im Auschwitz-Prozess in Frankfurt am Main, sagte über diese Selektion am 18. Februar 1965 vor Gericht aus:
„Es waren vielleicht 68 oder 78 Jungen und Mädchen, über vierzehn Jahre alt. [Dr. Franz] Lucas [Lagerarzt im Theresienstädter Familienlager] führte die Selektionen auf der Rampe durch. Die Jungen hat der Schutzhaftlagerführer [Johann] Schwarzhuber gerettet, indem er sie ins Männerlager steckte. Die Mädchen aber wurden nicht herausgeholt, sie wurden ins Gas geschickt. Sie hatten so schöne lange Haare. Lucas sollte sie eigentlich auch herausholen.

SS-Männer haben ihn gefragt, warum er die Mädchen nicht auch ins Lager geschickt habe. Er soll ihnen geantwortet haben, Mädchen könnten doch nicht in ein Männerlager geschickt werden."[287]

Die Jugendlichen – nach der Erinnerung von Karl Otto Herz waren es 98 im Alter von 14 bis 16 Jahren[288] – wurden an Kopf und Körper kahl geschoren, in die blau-weiß gestreifte Häftlingskleidung gesteckt und in der Baracke Nr. 13 einquartiert, dem Block des Strafkommandos unter Blockführer Emil Bednarek. Zusammen mit seinen Leidensgefährten musste Karl Otto Herz hier unter dessen Leitung in einem Rollwagenkommando arbeiten. Etwa zwanzig Jugendliche mit Holzschuhen an den Füßen zogen und schoben eine Art Heuwagen, mit dem sie alle möglichen Transporte durchführten, z. B. von Häftlingsuniformen, Decken oder Spaten, meistens aber von Steinen und Erde, die sie vorher gesammelt bzw. aufgeschaufelt hatten. Oder sie mussten Asche aus den Krematorien auf die vereisten Wege streuen.[289] Auf diese Weise kamen sie überall im Lager herum.

Karl Otto Herz wirft Emil Bednarek schwere Prügelstrafen vor wegen der Übertretung willkürlicher Regeln, die er selbst aufgestellt hatte, z. B. das „Verbot", Läuse zu haben; er habe bei solchen Straf-

---

286 Czech, S. 817.
287 Deutschkron, S. 119.
288 Karl Otto Herz: Holocaust Journal; sie seien von Dr. Josef Mengele selektiert worden.
289 Aussage von Jehuda Bacon; vgl. Internet: Ketterer/Eichenberg, S. 4.

aktionen zuschauen müssen, einmal sei er selbst verprügelt worden.[290] Im 1. Auschwitzprozess 1963–65 sagte der Zeuge Schwarzbaum gegen Bednarek aus:

„Von Zeit zu Zeit wurde überprüft, ob jemand Läuse hatte, und der Häftling, bei dem Läuse gefunden wurden, bekam Stockhiebe. Ein Kamerad von mir mit Namen Chaim Birnfeld schlief neben mir auf dem dritten Stock der Pritschen. Bei ihm wurden wahrscheinlich viele Läuse gefunden, denn Bednarek schlug ihn furchtbar, und er dürfte ihn an der Wirbelsäule verletzt haben. Birnfeld weinte und klagte in der Nacht. Morgens lag er tot auf der Pritsche."[291]

Eine Qual waren die zweimal am Tage stattfindenden Appelle, „normale" dauerten eine halbe Stunde, manche länger, einmal auch 24 Stunden. Sie dienten zum Zählen der Häftlinge, manche zum Selektieren von „Krematoriumsfutter".[292]

Block 13, in dem sie einquartiert waren, lag in der Nachbarschaft, nur durch die Waschbaracke getrennt, von Block 11, wo die Sonderkommandos untergebracht waren, die in den Krematorien von Auschwitz-Birkenau eingesetzt waren; dort wurden damals täglich bis zu 4 000 Menschen vergast und verbrannt. Ihre Aufgabe war es, dabei behilflich zu sein, die Opfer in die Gaskammern zu führen, nach der Vergasung die Leichen herauszuholen, das Zahngold herauszubrechen, die Leichen zu den Verbrennungsöfen zu transportieren u. Ä. mehr.

Der Sonderkommando-Block 11 war von den anderen Blocks isoliert, und mit den Mitgliedern des Sonderkommandos Kontakt aufzunehmen war bei Todesstrafe verboten. Trotzdem gelang es polnischen Juden im Strafkommando-Block 13, in dem auch die Jugendlichen untergebracht waren, Informationen über die Arbeit des Sonderkommandos zu erhalten. Durch sie erfuhr auch Karl Otto Herz davon. Außerdem hatte das jugendliche Rollwagenkommando, dem er angehörte, ab und an Gelegenheit, den ansonsten hermetisch abgeriegelten Krematoriumsbezirk zu betreten und mit eigenen Augen wahrzunehmen, was dort geschah. Dadurch hatte Karl Otto Herz eine klare Vorstellung von

---

290 Karl Otto Herz: Holocaust Journal.
291 Wikipedia, Artikel „Emil Bednarek" (3.6.2011).
292 Karl Otto Herz, Holocaust Journal.

der Tatsache der Vergasungen, aber auch davon, wie sie durchgeführt wurden. Rudolf Höß, Kommandant in Auschwitz, hat während seiner Untersuchungshaft 1946 in seinen autobiographischen Aufzeichnungen den Vorgang der Massenvergasung durch Zyklon B genau beschrieben und dadurch die Öffentlichkeit und Nachwelt davon in Kenntnis gesetzt. Karl Otto Herz wusste davon schon vorher aus eigener Beobachtung. In einem Brief vom 12. März 1987 schrieb er hierzu:

„Wir waren uns der Krematorien gut bewußt, nicht zuletzt durch den besonderen Geruch, der fast immer in der Luft lag. Die Beschreibung von Rudolf Höß stimmt gut überein mit dem, was ich gesehen und gehört habe."

Jehuda Bacon, 1929 in Mährisch-Ostrau geboren, ein anderes jugendliches Mitglied des Rollwagenkommandos und ein ungefähr gleichaltriger Schicksalsgefährte von Karl Otto Herz, hat im Frankfurter Auschwitzprozess am 30. Oktober 1964 Details berichtet, die die Andeutungen von Karl Otto Herz konkretisieren und bestätigen:

„Ich geriet in ein sogenanntes ‚Rollwagenkommando'. Das war ein Wagen, der statt von Pferden von zwanzig Jugendlichen gezogen wurde. Auf diese Weise kam ich überall im Lager herum. Ich wußte genau, was in Auschwitz geschah. Sogar ins Frauenlager gelangten wir und öfter auch ins Krematorium. Unsere Arbeit bestand darin, Decken und Wäsche zu verteilen, vor allem aber mußten wir von dem Holz am Krematorium, das für die Verbrennungen dort benötigt wurde, einiges zum normalen Verbrauch ins Lager schaffen. Ich erinnere mich, daß uns der Kapo im Winter einmal sagte:

‚Jungens, ihr habt schon aufgeladen. Wenn ihr euch noch ein bißchen wärmen wollt, geht in die Gaskammer. Da ist jetzt niemand drin.'

So geschah es, daß wir die Gaskammern, die Öfen, die ganze Installation besichtigen konnten, vor allem das unterirdische Krematorium 2. Wir waren jung damals, und alles interessierte uns. Einmal sagte ich zu einem Angehörigen des Sonderkommandos:

‚Erzählen Sie es mir doch, vielleicht komme ich mal 'raus, und dann werde ich über euch schreiben.'

Sie lachten nur und erklärten, daß niemand von hier lebend herauskomme. Aber sie erklärten mir trotzdem viel [...]
Wir Kinder schauten immer zu den Krematorien hinüber und machten unsere Witze: Jetzt sind die Rauchwolken weiß, jetzt verbrennt man sicher Papier oder fette Menschen oder ähnliches. [...]
Eines sollte ich noch erzählen, weil es für die damalige Situation bezeichnend ist: Man hatte uns von unseren Eltern getrennt, wir wußten genau, an welchem Tag sie ins Krematorium geschickt werden würden. Ich glaube, wir konnten sie sogar auf dem Weg dorthin sehen. Aber niemand von uns konnte weinen. Irgend etwas war in uns zerbrochen, wir waren verändert. Wir Kinder schlossen uns dann sehr eng aneinander an. Für meinen Freund hätte ich meine letzte Brotration gegeben, und er hätte das gleiche für mich getan."[293]

Auch Karl Otto Herz wurde aus naher Distanz Zeuge, wie seine Mutter und seine drei jüngeren Geschwister in die Gaskammer geführt wurden. Er war dem Zentrum des Mordens so nahe wie sonst niemand aus seiner Familie. Sein jugendlicher Leidensgefährte Jehuda Bacon berichtete 1964 im Zeugenstand, was mit den „Alten, Kranken und Frauen mit Kindern", die nach der Selektion im Lager zurückgeblieben waren, darunter die eigenen Mütter und Geschwister, geschah:

„Vom Männerlager aus konnten wir beobachten, wie sie nach einigen Tagen ins Gas geschickt wurden."[294]

Sechzehn Jahre war Karl Otto Herz damals alt. Alles hatte er verloren. Der Vater und die beiden älteren Brüder waren zum Arbeitseinsatz in andere Lager verschickt worden, er selbst war von der Mutter und den drei jüngeren Geschwistern getrennt und mit anderen Jugendlichen ins Männerlager verlegt worden. Und von hier aus musste er zusehen, wie dreihundert Meter von ihm entfernt Mutter und Geschwister in die Gaskammer geführt wurden, um dort erstickt und anschließend im Krematorium verbrannt zu werden. Er sah den aus den Kaminen aufsteigenden, in der Dunkelheit flammengefärbten Rauch, roch die widerliche Süße in der Luft. 1996, als er sich mit dem Gedanken trug, seine 1945/46 entstandenen Auschwitz-Gedichte zu veröffentlichen, schrieb

---

293 Deutschkron, S. 63 und 65f. Vgl. auch Internet: Bertsch.
294 Deutschkron, S. 62.

er in den holzschnittartig kurzen Informationen zu den Holocaust-Stationen seines Lebens:

„11. Juli 1944. Beobachtete das Marschieren der im ‚Familienlager B' Zurückgebliebenen in die Gegend des Krematoriums, darunter Mutter und die drei jüngeren Geschwister."[295]

Ende Mai 1945, nach der Befreiung, kam Karl Otto Herz in ein jüdisches *DP Camp* in Linz an der Donau. Zum ersten Mal wieder sah er blühende Lilien, spürte die Hoffnung auf Lebensglück, aber übermächtig legte sich darüber die schaurige Erinnerung an den nächtlichen Flammenschein über den Krematorien in Auschwitz. In einem damals entstandenen Gedicht versuchte er die finstere Verworrenheit seiner Seele in Worte zu fassen:

Die Lilien von Birkenau

Draußen blühn zur Augenweide
Lilien mit stolzem Haupt.
Perlen glitzern auf dem Kleide,
Tropfen von dem Mond geraubt.

Wie ein Kuss der Lilie Tränen
Sprechen nur von Lebensglück.
Lilienkelch mit Liebessehnen
Öffnet sich dem Sternenblick.

Nicht für uns blühn sie auf Erden!
Für uns blühn zu jeder Nacht
Lilien aus Menschenherden![296]
Lilien aus dem Todesschacht!

Fleisch und Bein und Blut und Flammen
Schlagen aus dem finst'ren Schlot
Uns zur Lilie zusammen!
Und ihr Zeuger ist der Tod.

---

295 Karl Otto Herz: Holocaust Journal.
296 Gemeint sind Feuerstätten für die Verbrennung von Menschen.

Nacht für Nacht am Firmamente
Stehn die Lilien, uns zur Qual,
Und sie drohen uns: Am Ende
Ruhest auch du hier einmal![297]

Mitte Oktober 1944 wurde Karl Otto Herz von Auschwitz-Birkenau in das ca. 30 km nördlich gelegene Außenlager Sosnowitz II bei Kattowitz verlegt. Bis zu 900 Auschwitz-Häftlinge, vorwiegend Juden, waren hier als Zwangsarbeiter bei dem Rüstungsunternehmen Berghütte-Ost-Maschinenbau GmbH in einer Eisenhütte beim Guss von Rohren für Flugabwehrgeschütze sowie bei der Herstellung von Granaten eingesetzt: als Dreher, Schlosser, Schweißer oder als Handlanger, die Rohmaterial oder Fertigteile transportierten oder in der Betonmischanlage die Maschinen bedienten.

---

297 Karl Otto Herz: Holocaust Journal.

Außenlager Schwarzheide und Lieberose

Schwarzheide war ein Außenlager des Konzentrationslagers Sachsenhausen. Es lag neben dem Hydrierwerk Ruhland[298] der Braunkohle-Benzin-AG (BRABAG) im Niederlausitzer Braunkohlenrevier, 50 Kilometer nördlich von Dresden. Die BRABAG war eine 1934 auf Betreiben des Reichswirtschaftsministeriums entstandene Pflichtgemeinschaft von zehn Energieunternehmen der Braunkohlenwirtschaft, darunter die IG Farben. Die vier von dieser betriebenen Hydrierwerke waren während des Krieges von großer Wichtigkeit für die Treibstoffversorgung der Luftwaffe, und genau deshalb waren sie ein bevorzugtes Ziel alliierter Luftangriffe. Bombardierungen am 28. Mai und 21. Juni 1944 in Schwarzheide richteten so große Schäden an, dass die Produktion eingestellt werden musste. Der größte Teil der hier eingesetzten italienischen Kriegsgefangenen kam zu Tode. Die BRABAG forderte deshalb von der SS tausend Häftlinge an, die die Trümmer und Blindgänger beseitigen sowie beim Wiederaufbau der Betriebsanlagen und beim Bau von Luftschutz- und Benzinbunkern als Hilfskräfte eingesetzt werden sollten.

Als Rudy Herz und sein Bruder Alfred Anfang Juli 1944[299] mit tausend anderen, vorwiegend tschechischen arbeitsfähigen jungen Männern aus dem Familienlager in Birkenau im Waggon des Transportzuges nach Schwarzheide saßen, kannten sie weder diese Hintergründe noch das Ziel.[300] Jeweils fünfzig Mann saßen in einem Waggon, bewacht von zwei Wehrmachtsoldaten, die auch schon mal die Türen öffneten, um frische Luft hereinzulassen und den üblen Fäkaliengeruch zu vertreiben. Aus ihrem Munde erfuhren die Häftlinge auch einiges über die Kriegslage, und bei den wiederholten Stopps und teilweise langen Wartezeiten holten sie auch schon einmal Wasser, zweimal auch Verpflegung.[301]

---

298 Später bürgerte sich für das Werk der Name „Schwarzheide" ein.
299 Internet: Tsur/Senenko.
300 Die folgende Darstellung der persönlichen Erlebnisse beruht auf: Rudy Herz, Vorträge vom 14. und 15.2.2011; South Carolina Voices.
301 Hesdörffer, S. 128 u. 131f.

Nach zwei Tagen Fahrt mit vielen Unterbrechungen kam man in der Morgendämmerung des 3. Juli 1944 am Bahnhof Ruhland an. Von dort aus marschierte man in Gruppen von jeweils fünfzig Mann, bewacht von den Wehrmachtsoldaten, zum drei Kilometer entfernten Barackenlager, 1 Kilometer nordöstlich vom Ort Schwarzheide.[302] Der Weg führte an einem Kiefernwald vorbei, auf der anderen Straßenseite lag das ausgedehnte Fabrikgelände der BRABAG, das aber nach den Zerstörungen durch die Luftangriffe außer Betrieb war. An den Aufschriften auf Wänden und Schildern erkannten die Häftlinge: Wir sind in Deutschland – in dem Land, aus dem man die Juden noch vor zwei Jahren deportiert hatte, um es „judenrein" zu machen. Die militärische Lage zwang dazu, sich über rassenbiologische Bedenken hinwegzusetzen.

Ausgehungert und durstig passierte man den Haupteingang der Fabrik und gelangte dann ins Lager, das mit Stacheldraht eingezäunt war. Dort übergaben die Wehrmachtsoldaten die Häftlinge der Lager-SS, und die Totenköpfe an deren Rockaufschlägen und Mützen ließen niemanden im Zweifel, was sie hier erwartete. Sie wurden in Reihen aufgestellt und abgezählt und von einem prächtig uniformierten SS-Mann mit Ehrendolch in Empfang genommen: Unterscharführer Bläser, ein dürrer Sadist mit hessischem Akzent, den die Häftlinge *Racósta* (tschech. Stock, Prügel) nannten.[303] Er war alkoholisiert und schwadronierte über Zucht und Ordnung – bis jemand ihm unter den Arm griff und ihn wegführte. Dann ließ man einen Wasserhahn andrehen – nicht an der Wasserleitung, die durch die Luftangriffe zerstört war, sondern an einem der großen Tanks, die man täglich mit Lastwagen heranschaffte.[304] Die halb Verdursteten stürzten sich drängelnd darauf. Dann wurden ihnen die Baracken zugeteilt. Rudy Herz und sein Bruder Alfred kamen in den gleichen Wohn-Block, von denen es neun mit unterschiedlicher Größe im Lager gab. Bis zu den Luftangriffen im Mai und Juni hatten hier italienische Kriegsgefangene gelebt, die größtenteils umgekommen waren.[305]

---

302 Gelegen an der heutigen Schipkauer Straße, rechts von der Einmündung der Tropschstraße und unmittelbar an der Autobahn Dresden–Berlin (A 13).
303 Hesdörffer, S. 133.
304 Ebd., S. 136.
305 Ebd., S. 134.

Trotz des Schmutzes überall legten die Neuankömmlinge sich erschöpft auf die Strohsäcke auf ihren Holzpritschen. Am nächsten Morgen erhielten sie Stoffstreifen mit ihren aufgedruckten KZ-Nummern, die sie auf der KZ-Uniform aufnähen mussten: Rudy Herz die Nummer 85501, sein Bruder Alfred die Nummer 85 500[306]; vor der Nummer war der KZ-Winkel für Juden gedruckt: ein gelbes Dreieck unter einem roten, die zusammen die Form eines „Judensterns" ergaben.

Dann wurde den Neuankömmlingen die Lagerordnung erklärt: Wer z. B. nach dem Abendappell oder während der Arbeit auf die Latrine musste, hatte sich dafür anzumelden: „Herr Posten, Häftling 85 501 auf die Latrine." Man musste einen Moment warten, bis der meist wortlose Wink des Wachhabenden erfolgte. Rudy Herz empfand es jedes Mal als Demütigung. Und kam man zurück, hatte man erneut Meldung zu erstatten.

Schwerstarbeit in Schwarzheide

Zuerst mussten die Baracken und Latrinen gesäubert und hergerichtet werden. Nach zwei oder drei Tagen wurden die Häftlinge dann zur Arbeit herangezogen. Zuständig für die Führung des Lagers war die SS-Lagermannschaft. Davon zu unterscheiden war die SS-Arbeitskommando-Mannschaft, unter deren Mitgliedern einige besonders brutal waren.[307] Ca. 20 verschiedene Arbeitskommandos mussten Bunker bauen und nach Luftangriffen Trümmer beseitigen und Reparaturarbeiten durchführen. Frühmorgens, nach dem Morgenappell um 5.10 Uhr, marschierten die Arbeitskolonnen der Häftlinge in ihren KZ-Uniformen und mit Holzschuhen an den mit Lappen umwickelten Füßen unter der Leitung ihres Arbeitskapos zum Lagertor und wurden dort von den SS-Führern übernommen, die sie ins Werk brachten, wo sie in einzelne Kommandos aufgeteilt wurden, die dann unter der Bewachung von drei oder vier

---

306 Tsur/Senenko (Internet) führt beide in seiner Liste mit den Nummern 85 504 und 85 503 auf. Auf einer Postkarte, die Alfred Herz am 14.11.1944 an seinen Onkel Hermann Jacobsohn in Köln geschrieben hat, gibt er seine Häftlingsnummer jedoch eindeutig mit „85 500" an. Nach Hesdörffer, S. 146, wurden die neuen KZ-Nummern erst Anfang August 1944 vergeben.
307 Irmer, S. 269.

SS-Männern zum jeweiligen Einsatzort marschierten. Abends kamen die Häftlinge auf gleichem Wege wieder zurück zu ihrem Block, wo der Blockälteste das Essen austeilte.

Rudy Herz erinnert sich, dass er vor allem Ziegelsteine aus Eisenbahnwaggons entladen und sie an einer Baustelle der Maurerkolonne übergeben oder aufstapeln musste, sechs bis acht Stück auf einmal. Und das zwölf Stunden lang mit nur einer halbstündigen Pause pro Schicht für die Mittagssuppe, die anfangs im Lager, dann auf einer Wiese im Werksgelände „gefasst" wurde.[308] Ziegelsteine sind schwer, sie reißen die Hände blutig. Aber die SS-Wachen kannten kein Pardon, mit den Kolben ihrer Gewehre schlugen sie jeden, der schlappmachen wollte, brutal auf den Rücken. Waren es nicht Ziegelsteine, dann mussten 50 kg schwere Zementsäcke oder Stahlträger geschleppt oder Schutt oder Sand auf Loren geladen und irgendwo entladen werden. Luftschutzbunker für die deutschen Arbeiter und die SS wurden gebaut sowie verstreut im Wald gelegene Benzinbunker, in denen in großen Tanks Benzin gelagert wurde.[309]

Die unmenschliche Schwerstarbeit zehrte die Häftlinge sehr rasch bis zur Erschöpfung aus, zumal die Ernährung völlig unzureichend war: Morgens ein Stück Brot und ungesüßten schwarzen „Kaffee", mittags eine Kohl- oder Rübensuppe, die aus dem Lager herausgebracht wurde, und abends im Block etwas Margarine und Marmelade.[310] Angesichts der schweren Arbeit lag der tägliche Kalorienbedarf bei mindestens 3 500 kcal, tatsächlich aber enthielt das Essen kaum mehr als 600 Kalorien. Bei diesen Hungerrationen und gleichzeitiger Schwerstarbeit wundert es nicht, dass sich zeitweilig ein Drittel der Gefangenen im Krankenbau befand, wo aber keine medizinische Ausrüstung für die Kranken und Erschöpften zur Verfügung stand.[311] Mehr noch als in Auschwitz wurden die Hungergefühle unerträglich, Rudy Herz nannte sie die „größte Folter", die er je durchlitten habe.

Sich einmal satt essen zu können war ein besonderes Glücksmoment. Rudy Herz erinnert sich, dass einmal eine Ladung Muschelkonserven ins

---

308 Hesdörffer, S. 141.
309 Ebd., S. 142.
310 Irmer, S. 269.
311 Ebd., S. 269.

Lager kam. Die Büchsen waren eingedrückt, nicht mehr lange haltbar und unverkäuflich. Zum Mittag gab es deshalb auf einmal Muscheln! Aber Meerestiere, die keine Fische sind, gelten nach den jüdischen Speisevorschriften als „*treife*", sie sind nicht koscher. Trotz ihres Hungers hielten die strenggläubigen jüdischen Häftlinge sich daran. Rudy Herz aber, dem das Muschelessen von Köln her schon vertraut war, kam so an zusätzliche Portionen, die orthodoxe Mithäftlinge ihm abgaben, und konnte sich zum ersten Mal nach langer Zeit einmal satt essen.

Einmal fand er an der Arbeitsstelle die Brotdose eines deutschen Vorarbeiters und verschlang gierig die Butterbrote darin. Der Hunger war zu übermächtig, als dass er sich Gedanken darüber hätte machen können, dass er einen deutschen Arbeiter bestahl.

Für einen Moment konnte er so seinen Hunger stillen, aber das änderte nichts an seiner fortschreitenden totalen Erschöpfung. Einmal, er war am Bunkerbau für die deutschen Arbeiter beschäftigt, stolperte er und blieb in einem Schacht längere Zeit liegen, um sich etwas zu erholen. Als der SS-Führer namens Eichel seine Arbeitskolonne zu einem anderen Einsatzort bringen wollte, pfiff er auf seiner Pfeife, um alle zu versammeln. Rudy Herz, inzwischen eingedöst, überhörte zunächst das Pfeifsignal und eilte verspätet herbei, und der wachhabende SS-Mann – ein Jugoslawe, der von den Häftlingen „Peitsche" genannt wurde – schlug ihn fast bis zur Bewusstlosigkeit zusammen. Am Abend bekam er nichts zu essen und musste stattdessen stehen. Am nächsten Morgen spuckte er Blut, und es ging ihm elend. Darauf brachte man ihn ins Krankenrevier, wo man innere Verletzungen feststellte. Es gab dort zwar tüchtige jüdische Ärzte, die selbst Häftlinge waren, aber ihnen fehlte die erforderliche medizinische Ausrüstung. Immerhin konnten sie Rudy Herz etwas Ruhe verschaffen. Auch als die inneren Blutungen aufhörten, behielten sie ihn noch im Krankenbau. Bruder Alfred kam ein paar Mal ans Fenster und unterhielt sich mit ihm, aber helfen konnte er ihm nicht, vor allem konnte er ihm keine zusätzlichen Lebensmittel bringen. Beide litten Hunger.

Auch psychisch völlig erschöpft, musste Rudy Herz im Krankenbau sexuelle Missbrauchshandlungen durch einen Pfleger, der wie er selbst aus Köln stammte, über sich ergehen lassen. Drei bis viermal versuchte er anal mit ihm zu verkehren, und als das nicht gelingen wollte, zwang er ihn, ihn oral zu befriedigen. Rudy Herz, beherrscht von der alles andere verdrängenden Hoffnung, mit zusätzlichem Essen belohnt zu werden, ließ die entwürdigende Prozedur über sich ergehen.[312]

Als es ihm wieder etwas besser ging, wurde er für leichtere Arbeiten im Lager eingeteilt. Er musste das Essen zu kranken Mithäftlingen bringen, die Bettpfannen leeren und die Latrinen reinigen: eine üble Angelegenheit, aber körperlich weniger anstrengend. Langsam besserte sich sein Gesundheitszustand.

Verheerend waren die häufigen Luftangriffe der *Royal Air Force*. Lagerhäftling Heinz Hesdörffer mit der KZ-Nummer 85509, die der von Rudy Herz benachbart war, schreibt in seinen Erinnerungen:

„Überall waren für die deutschen Arbeitskräfte Tafeln angebracht mit den letzten ‚Luftlage-Berichten', uns ging das allerdings nichts an. Bei Voralarm wurde das Werk geräumt, und man begann, die ganze Umgegend zu vernebeln. Wenn die Sirenen Vollalarm ankündigten, musste alles von der Straße verschwunden sein, denn dann trat kurz darauf die Flak in Tätigkeit. Die SS-Posten hatten ihren Luftschutzkeller, wir aber wurden in unseren Baracken eingesperrt, und dort warteten wir ab, bis Vorentwarnungs- und Entwarnungssignal [er]gangen waren."[313]

Unvergesslich für Rudy Herz ist bis heute ein besonders schlimmer Angriff im August 1944 – nach seiner Erinnerung an seinem Geburtstag, dem 23. August, nach Hesdörffer am 16. August 1944.[314] Das Hydrierwerk, dem er eigentlich gelten sollte, war von den Nazis eingenebelt worden, und so trafen die Bomben, die in mehreren Wellen niederprasselten, das Lager. Die schutzlos in den Baracken zusammengekauerten Häftlinge hörten das Dröhnen, Glas zersplitterte, Holzteile schossen umher, durch den Luftdruck aufgewirbelter Sand drang in die Atemwege. Zwei Blocks erhielten Volltreffer und wurden völlig zerstört. Es war ein regelrechtes Gemetzel, das ausgerechnet die Alliierten angerichtet hatten, auf die doch die Hoffnungen der Häftlinge sich richteten.

---

312 South Carolina Voices.
313 Hesdörffer, S. 147.
314 Ebd., S. 147f.

Zwischen Barackentrümmern lagen wimmernde und verstümmelte Menschen. Die Verwundeten brachte man ins Krankenrevier, und die Ärzte verbanden, amputierten und operierten, soweit es ihnen möglich war – ohne Betäubung und die Schreie der Verletzten ignorierend. Von den ungefähr 1500 Insassen wurden rund 150 schwer verletzt, dreißig wurden sofort getötet. Rudy Herz sah das Elend der vielen schrecklich zugerichteten Menschen, und doch, so erinnert er sich, blieb er dabei innerlich kalt, es wühlte ihn nicht auf. Zu viel hatte er an Grausamem gesehen und erlebt. Die Seele war abgestumpft und unfähig geworden zum Mitfühlen. „An Schwarzheide", so formulierte Rudy Herz 1983, „kann ich mich nur mit ziemlichem Schaudern erinnern."[315]

Lager Lieberose

Ende August, Anfang September 1944 wurden eine Reihe von Häftlingen selektiert, die nicht arbeitsfähig waren. Darunter waren auch Rudy Herz und ein vier Jahre älterer Mithäftling aus Köln, Herbert Horowitz, dessen Vater, ein schwerkriegsbeschädigter Mann, *Schammes*, d. h. Diener in der Synagoge in der Roonstraße gewesen war. Auch er war im Mai 1944 von Theresienstadt in das Familienlager in Auschwitz verlegt worden und von dort am 3. Juli 1944 nach Schwarzheide gekommen. Von Theresienstadt an bis Auschwitz, Schwarzheide und Lieberose war Rudy Herz mit ihm zusammen. Im Gegensatz zu ihm selbst hat er aber den Holocaust nicht überlebt; seine Lebensspur verliert sich in Lieberose.

Rudy Herz war es nicht möglich, sich in Schwarzheide von seinem Bruder Alfred, der nicht zu dem Transport gehörte, zu verabschieden. Er sollte ihn nie mehr wiedersehen. Morgens früh um sechs Uhr wurde er mit den anderen aus dem Block geholt und in einem SS-Lastauto mit Planverdeck unter bewaffneter SS-Bewachung in das ca. 50 Kilometer entfernte Lager Lieberose gebracht, gelegen in der Nähe des Bahnhofs Jamlitz, 35 km südwestlich vom heutigen Eisenhüttenstadt an der Oder. Von Lieberose, so hieß es, sollten sie in das Stammlager Sachsenhausen weitergeleitet und dann in einem Sammeltransport nach Auschwitz gebracht werden.

---

315 Wißkirchen (4), S. 249.

Nur zögernd gab Rudy Herz im Gespräch ein Erlebnis auf dieser Fahrt preis: er wisse nicht, ob er es erzählen solle, und dann tat er es doch: „Auf dem Weg nach Lieberose kam uns ein anderer Lastwagen entgegen. Beide Lastwagen hielten an, und sie peitschten vier Frauen unserem Wagen zu. Man hat sie in unseren Wagen verfrachtet und uns eingeschärft, wenn irgendein Wort gewechselt werde, seien wir alle tot. Aber geflüstert haben wir doch. Die waren in der Stadt Guben bei einer Kohlengrube im Arbeitseinsatz; möglicherweise waren sie weggelaufen, ich weiß es nicht. Wir sind in Lieberose ausgeladen worden, und die vier Frauen sind im gleichen Lastwagen weiter nach Guben zu ihrem Lager befördert worden.

Wir haben nie wieder etwas von diesen Frauen gehört. Aber sie haben diese fast nackten Frauen gepeitscht. Ich nehme an, dass sie aus dem Lager geflohen waren und wieder lebendig zurückgebracht werden mussten. Ich habe das bisher nicht erzählt, weil ich es nicht wollte. Es war schon so alles traurig, und das war noch trauriger."[316]

Rudy Herz und sein Freund wurden im Lager Lieberose einem Block zugewiesen, der von einem Kapo namens Arnold geleitet wurde, einem dicken, deutschen politischen Häftling, der bereits seit vielen Jahren in KZ-Haft war, vermutlich ein Kommunist. Er ließ es sich selbst gutgehen – auf Kosten der anderen Häftlinge, denen er das Essen wegnahm. Auch alle anderen Kapos waren Deutsche.

Die vorgesehene Selektion für den Transport von arbeitsunfähigen Häftlingen nach Auschwitz, für die der Lagerarzt aus dem Stammlager Sachsenhausen anreisen sollte, verzögerte sich um etwa vierzehn Tage. Inzwischen hatte Rudy Herz sich noch weiter erholt und machte schon wieder Stubendienst in seinem Block, das heißt, er fegte in und vor der Baracke. Als dann der Sachsenhausener KZ-Arzt Hauptsturmführer Dr. Heinz Baumkötter anreiste, um die arbeitsunfähigen „Muselmänner" zu selektieren, sagten Rudy Herz und sein Freund Horowitz ihm, sie seien nach Lieberose geschickt worden, weil in Schwarzheide deutsche Ärzte fehlten und man eine sichere Diagnose ihres Gesundheitszustandes wünsche; sie fühlten sich aber gesund und seien arbeitsfähig. Als ihr Stubenältester das bestätigte, wies der Arzt sie dem Arbeitskommando in Lieberose zu – als einzige der Gruppe, mit der sie gekommen waren.

---

316 Rudy Herz, Interview 16.2.2011.

Es rettete ihnen das Leben. Rudy Herz musste bis zur Erschöpfung Schützengräben ausheben. „Wir schufteten bis in die Nacht."[317]

Das Außenlager Lieberose war ab November 1943 entstanden. Im Spätherbst 1944 waren hier etwa 4350 Häftlinge interniert; seit 1943 waren es insgesamt etwa 11000, von denen mehr als 3500 Menschen ihr Leben ließen. Es gilt als das zweitgrößte der ehemaligen jüdischen KZ-Arbeitslager im Reichgebiet und zugleich als das mit dem höchsten Krankenstand und der größten Sterblichkeitsrate.[318] Dies war die Folge der praktizierten „Vernichtung durch Arbeit", die in der Wannseekonferenz vom 20. Januar 1942 beschlossen worden war. Die Häftlinge wurden eingesetzt zum Ausbau des großen Truppenübungsplatzes der SS-Division Kurmark in dem dünn besiedelten Gebiet um Jamlitz, in dem sich mehrere kleine Dörfer befanden, die umgesiedelt werden sollten. Die 18 Häftlingsblocks waren um die Führerbaracke der SS angeordnet. Ein doppelter Stacheldrahtzaun umgab das Lager, dazwischen war ein ca. zwei Meter breiter, mit feinem Sand bestreuter Todesstreifen, der jeden Fußabdruck verriet. Der Zaun stand zwar nicht unter Strom, war aber gesichert durch Wachposten mit Maschinenpistolen.

In einer mehrstündigen Videoaufnahme 1991 im Rahmen des Projekts *„South Carolina Voices: Lessons from the Holocaust"* zeichnet Rudy Herz ein bedrückendes Bild von der Behandlung der Häftlinge in Lieberose. Prügelstrafen seien mit äußerster Brutalität durchgeführt worden. Alle Häftlinge mussten dabei antreten und stundenlang, bei Regen oder in der heißen Sonne, regungslos stehen, ohne die Möglichkeit, sich durch kleine Bewegungen und Gewichtsverlagerungen eine Entlastung zu verschaffen. So stand man und wusste lange nicht, was der Grund war. Über Lautsprecher ließ der Lagerleiter Wilhelm Kersten dann verkünden, dass jemand die Regeln verletzt und Reichsführer SS Himmler verfügt habe, ihm zur Strafe 25 Stockhiebe zu verabreichen – auf den nackten Hintern. Für die Strafprozedur gab es eine Art Pult, auf das der Betroffene gelegt wurde, zwei Mithäftlinge mussten vorne seine Hände, zwei andere hinten seine Beine halten. Und dann schlug der Kapo der Kleiderkammer, ein wohlgenährter Schwerverbrecher, mit voller Wucht zu und gab sein Bestes, um dem Lagerführer zu beweisen,

---

317 Rudy Herz, Tonbandaufzeichnung 1982/83.
318 Weigelt (1).

dass er sein Amt ernst nahm. Zur Vergrößerung seiner Schmach musste der geschundene arme Kerl – während er schrie vor Schmerz, um Gnade flehte oder Körperflüssigkeiten verlor – laut die erhaltenen Schläge zählen, damit er sicher sein könne, nur die Schläge zu erhalten, die der Reichsführer verfügt habe. Aber nach zehn oder fünfzehn Schlägen war niemand mehr dazu in der Lage, man hörte nur noch ein unartikuliertes Winseln und Gurgeln. Deshalb wurde dann der Lagerälteste gezwungen, für sie zu zählen, bis die Bestrafung vollendet war. Kapos gingen durch die Reihen der zuschauenden Häftlinge und wachten darüber, dass jeder hinsah, keiner die Augen schloss, sonst sausten gnadenlos ihre Stöcke.

In Lieberose hat Rudy Herz auch zum ersten Mal einer Exekution beiwohnen müssen, der dann bald andere folgten:

„Die Exekutionen fanden statt, wenn wir um fünf Uhr nachmittags von der Arbeit zurückkamen. Wir wurden dann erst gar nicht in die Baracken hineingelassen, wir bekamen auch kein Essen. Drei Stunden mußten wir strammstehen, und dabei wurde die Strafaktion vollzogen. Wir waren eine ziemlich unglückliche Gruppe von Menschen. Bei den Körperstrafen war der SS-Lagerführer [Wilhelm Kersten] immer dabei. Die Erhängung wurde von einem Kapo durchgeführt, die SS hat sich damit nicht die Finger schmutzig gemacht."[319]

Für die Exekutionen hatte man einen transportablen Galgen. Der Delinquent wurde mit auf dem Rücken gefesselten Händen und Fußfesseln vorgeführt, man verlas ihm den Hinrichtungserlass des Reichsführers SS Heinrich Himmler, dann musste er, von zwei Kapos links und rechts gepackt, auf ein Bänkchen steigen, die Schlinge wurde ihm um den Hals gelegt und das Bänkchen umgestoßen. Stumm und regungslos schauten Tausende Häftlinge zu, und dann wurden sie an der baumelnden Leiche des Gehenkten vorbeigeführt.

„Ich bin nicht sicher, ob ich Mitleid fühlte. Zu dem Zeitpunkt war das Wort Mitleid aus unseren Wörterbüchern gestrichen."[320]

Der einbrechende Winter 1944 traf die Häftlinge hart. Die dünnen, kurzen Häftlingsjacken schützten nicht vor der Kälte draußen, an den Händen hatte man keine Handschuhe, an den Füßen keine Socken. Die

---
319 Wißkirchen (4), S. 251.
320 South Carolina Voices; danach auch das Folgende.

Häftlinge versuchten leere papierene Zementsäcke zu „stehlen", um sie unter ihre dünne Häftlingskleidung zu schieben und sich etwas Schutz zu verschaffen. Aber das war strengstens verboten. Rudy Herz fiel bei einer Leibesvisitation, als er mit seiner Arbeitskolonne ins Lager zurückkam, auf: Man entdeckte einen leeren Zementsack unter seiner Jacke, und dafür gab's Schläge, Essensentzug und Stehen am Tor mit anderen, die dieselbe „Straftat" begangen hatten.

Hunger quälte die Häftlinge. Und weil sie nichts zu essen hatten, tranken sie umso mehr. Das Einzige, was hinreichend zur Verfügung stand, war Wasser. Hungerödeme, Schwellungen des Gewebes und der Gelenke aufgrund einer Einlagerung von Flüssigkeit, waren die Folge. Nachts quollen in den Baracken die Eimer, in die man urinierte, über, und die geschwächten Häftlinge, die sie mit zittrigen Händen tagsüber nach draußen schleppten, besudelten sich damit.

Aussichtslos und ununterbrochen waren die Häftlinge roher Gewalt ausgeliefert. Die Kapos, selbst Häftlinge, „qualifizierten" sich damit gegenüber der SS, die sie mit ihrer Führungsfunktion ausgestattet hatte und entsprechende „Leistung" erwartete. 1983 berichtete Rudy Herz:

„Die Arbeits-Kapos wurden von der SS angetrieben, und die Kapos trieben uns an. Wenn man nicht gleich zur Stelle war, wurde man mit einem Knüppel oder mit dem Stock geschlagen. Die Kapos hatten alle Stöcke, die sie sich zugeschnitzt hatten, bei sich, wenn sie uns bei der Arbeit zusahen. Mit diesen Stöcken wurde man traktiert, bis man am Boden lag. Dann erst hörten sie zu schlagen auf; vielleicht hatten sie dann genug. Jedenfalls wurden ich und mein guter Freund Horowitz – vielleicht hatten wir nicht schnell genug gemacht, wir waren schon ziemlich ausgemergelt zu dem Zeitpunkt – von unserem sächsischen Kapo wieder einmal so lange traktiert, bis wir bald nicht mehr am Leben waren. Die anderen Häftlinge halfen uns – in diesem Falle waren es nichtjüdische polnische Gefangene. Sie brachten uns ins Lager zurück.

Dem Kapo scheint es dann doch irgendwie leid getan zu haben; jedenfalls wurden wir – Wunder über Wunder – in die Kartoffelküche versetzt. Dort ging es einigermaßen. Wir haben rohe Kartoffeln und rohe Runkelrüben gegessen, aber die sind nicht verdaulich. Kartoffeln zu stehlen, um sie später über einem kleinen Feuer oder in der Asche zu braten, war unmöglich, denn man wurde jeden Abend abgetastet, damit sich nur ja keiner eine kleine Scheibe Kartoffeln irgendwohin tat."[321]

Für die tägliche Leibesvisitation beim abendlichen Weg zurück in den Block war ein polnischer politischer Häftling zuständig. Mit ausgestreckten Armen, ihre Blechdose, Tasse und Gabel mit den Fingern haltend, mussten die in der Küche beschäftigten Häftlinge den Raum verlassen, und der Wachhabende tastete sie systematisch ab, griff unter die Jacken, zwischen die Beine, in die Taschen, hob die Schuhe hoch, um zu sehen, ob irgendwo eine Kartoffel versteckt war. Wer es versucht hätte und entdeckt worden wäre, hätte es mit Prügelstrafe und der Versetzung zur Strafkolonne büßen müssen. Der Gedanke daran ließ auch den Hungrigsten erschaudern, denn diese Häftlinge, an einem roten Flicken auf ihrem Rücken erkennbar, hatten die schwersten Arbeitseinsätze.[322]

„In Lieberose traf ich einen Mann, der vorher in Litzmannstadt (Łódź) gewesen war und in einem Hause mit der Schwester meines Vaters gewohnt hatte. Unsere Tanten, die Tante Meta [Herz] und die Tante Selma [Herz][323], haben anscheinend nicht lange überlebt. Täglich gingen Transporte nach Auschwitz. Der Mann, ein polnischer Jude, sagte mir, daß sie bei dem ersten Transport waren, der im November 1941 nach Auschwitz ging.[324] Vier bis fünf [Wochen][325] (nach ihrer Ankunft in Łódź) sind die schon nach Auschwitz in die Gaskammer gegangen.

[...] In Lieberose waren wir ziemlich verlaust. Das war eine Plage, die uns dort ziemlich zu schaffen gemacht hat. Mit deutscher Gründlichkeit hat man das natürlich bekämpft. Die Baracken wurden einfach entleert – an einem Sonntag natürlich, nicht während der Arbeitszeit. Wir mußten alle raus. Ein großer Desinfektionswagen stand da. Wir mußten unsere Kleider mit den aneinandergebundenen Schuhen zusammenbündeln. Das Bündel wurde dann in den Desinfektionsdampfkessel

---

321 Wißkirchen (4), S. 250–251.
322 South Carolina Voices.
323 Die beiden Schwestern des Vaters waren am 30.10.1941 von Köln nach Litzmannstadt (Łódź) deportiert worden. Carlebach (2), S. 353.
324 Am 8. November 1941 kamen 23 Häftlinge mit einem Sammeltransport in Auschwitz an, darunter auch welche aus Łódź. Czech, S. 139.
325 In der Vorlage irrtümlich „Monate".

hineingeworfen. Als unsere Schuhe wieder herauskamen, waren sie so hart, daß wir uns die Füße aufscheuerten. Die Baracken wurden mit dem gleichen Zyan-Gas, mit dem man unsere Eltern und Verwandten ermordet hatte, von Ungeziefer befreit. Wir durften währenddessen – es war November, und die Temperaturen lagen bei fünf bis sechs Grad über Null – draußen nackt herumstehen und warten, bis unsere Kleider zurückkamen – etwa vier Stunden lang. Die Duschen, die wir nehmen mußten, waren kalt. Handtücher gab es nicht; unsere Kleidungsstücke dienten zum Abtrocknen.

[...] Ich weiß nicht, ob solche Schilderungen jemandem helfen und aufklärend wirken. Grausame Dinge sind vorgefallen, mir sind sie passiert, anderen sind sie passiert, und ich habe sie nicht verhindern können. Wir haben im Lager – dafür bitte ich um Verständnis – nur an den eigenen Vorteil gedacht. Wenn es ging, haben wir andere übervorteilt, damit wir nur ja vielleicht noch am Leben blieben. Die Hoffnung durchzukommen, der Selbsterhaltungstrieb eben war unwahrscheinlich groß. Ich hatte keine Gefühle. Ich glaube, was mir am meisten gefehlt hat, war, einmal zwei oder drei Minuten oder eine Stunde ganz alleine zu sein. Man war immer mit anderen Häftlingen zusammen, immer darauf aus, sich durchzuschlagen bis zum nächsten Tag.

Inzwischen war es Dezember geworden. Die Russen kamen näher. Es schneite viel. Nachts mußte ich eine Stunde draußen beim Holzstapel stehen, damit niemand die [Holz-]Scheite stahl. Alle Stuben im Block hatten einen Holzofen, auf dem wir abends unsere Scheibe Brot rösteten. Manchmal bekamen wir einen Teelöffel Margarine dazu. Holzspaltkommandos besorgten das Brennholz, welches die ganze Nacht durch bewacht werden mußte. Es war zu kalt, um beim Stapel zu schlafen. So sah ich die Sterne an und dachte an die Befreiung; dabei mußte aber gleich mit in Betracht gezogen werden, daß die SS uns vorher alle ermorden würde. Weihnachten brach ein Pferdegespann vor dem Lager zusammen, es kam von der durchbrochenen Ostfront 50 Kilometer weit weg von uns. Es hatte ein schweres Feldgeschütz zu ziehen gehabt. Wir aßen zum erstenmal seit Monaten Fleisch."[326]

---

326 Wißkirchen (4), S. 251–253.

Bruder Karl Otto im Lager Sosnowitz

Im September 1944 war Rudy Herz nach Lieberose gekommen. Seinen älteren Bruder Alfred hatte er ohne Abschied in Schwarzheide zurücklassen müssen, und sein jüngerer Bruder Karl Otto war bereits Anfang Juli 1944 in Auschwitz-Birkenau von ihm getrennt worden, als er dort zurückblieb, während er selbst mit Alfred nach Schwarzheide transportiert wurde. Bis Oktober 1944 blieb Karl Otto in dem Rollwagenkommando in Birkenau, dann wurde er, gerade erst 16 Jahre alt, in das ca. 30 Kilometer nördlich gelegene Außenlager Sosnowitz II (Sosnowiec) bei Kattowitz verlegt, um in dem Rüstungsunternehmen Berghütte-Ost-Maschinenbau GmbH zu arbeiten, wo Rohre für Flugabwehrgeschütze gegossen und Granaten hergestellt wurden. Arbeitskräfte waren in Deutschland rar, die Rekrutierung von Zwangsarbeitern allein reichte nicht mehr, um die Lücken, die der Krieg riss, zu schließen. Und das zwang die Nazis, gegen ihre eigene Rassenideologie unter der Hand zu verstoßen. Hatte man 1942 noch alles darangesetzt, Deutschland „judenrein" zu machen und Juden in die Lager außerhalb der alten Reichsgrenzen zu deportieren, lief ab Februar 1944 das sogenannte „Jäger-Programm" an. Auf Erlass Hitlers wurden über 100 000 jüdische Häftlinge, vorwiegend aus Auschwitz, ins Alt-Reich zurück transportiert, wo sie in kriegswichtigen Industriebetrieben zum Einsatz kamen. Himmler hatte aber zusichern müssen, dass diese Juden nicht mit der deutschen Bevölkerung in Berührung kämen; und nach geleisteter Zwangsarbeit sollten sie auf keinen Fall am Leben bleiben.[327] Die Arbeitseinsätze der Auschwitz-Häftlinge Alfred und Rudy Herz in Schwarzheide am Rande des Spreewaldes, der von Rudy anschließend in Lieberose in Brandenburg und der von Karl Otto in Sosnowitz in Oberschlesien gehören in diesen Zusammenhang.

Sosnowitz war am 20. November 1939 in das Deutsche Reich eingegliedert worden und gehörte seitdem zum Regierungsbezirk Kattowitz in der preußischen Provinz Schlesien. Die Stadt hatte einen großen jüdischen Bevölkerungsanteil gehabt. Im August 1942 waren aus ihr vier Transporte nach Auschwitz gegangen mit jeweils etwa 2 000 Juden, die

---

327 Klatt.

in die Gaskammern geschickt worden waren.[328] Nach der Niederschlagung des Warschauer Ghettoaufstandes wurden in einer großangelegten „Judenaktion" ab 1. August 1943 rund 23 000 Juden aus Sosnowitz nach Auschwitz deportiert, von denen ungefähr 18 400 vergast wurden.[329] Jetzt, ein Jahr später, wurden Juden aus Auschwitz wieder in die Stadt zurückgeholt, um als Dreher, Schlosser, Schweißer oder Hilfsarbeiter in der Eisenhütte der Berghütte-Ost-Maschinenbau GmbH Zwangsarbeit zu leisten. Damit sie aber nicht mit der „deutschen" Bevölkerung und Belegschaft in Berührung kamen, wurden sie in mit Stacheldraht abgezäunten Werksabteilungen eingesetzt, die sich in unmittelbarer Nähe des Lagers befanden und wo Geschützrohre für die Luftabwehr hergestellt wurden. Die wenigen Zivilarbeiter, die dort beschäftigt waren, brauchten besondere Passierscheine. Gearbeitet wurde in zwei zwölfstündigen beziehungsweise drei achtstündigen Schichten. „Die schwersten Arbeitsbedingungen bestanden im Presswerk, wo etwa zwei Drittel der Häftlinge arbeiteten. Dort mussten sie glühende Läufe aus dem Ofen holen und zur Weiterverarbeitung transportieren. Mangels Schutzkleidung kam es häufig zu Verbrennungen und Quetschungen. Bei Fliegeralarm mussten die Häftlinge an ihren Arbeitsplätzen ausharren. Ein Teil der Häftlinge war im Lager, in der SS- und Häftlingsküche, in den Magazinen und Büros beschäftigt."[330] Karl Otto Herz hatte ein vergleichsweise leichtes Los gezogen: Er arbeitete unter Anleitung eines polnischen Fachmanns an einer Drehbank.[331]

Das zweihundert Meter vom Werk entfernte Lager (in der heutigen *Ulica Niwecka 1*) bestand aus fünf fundamentierten Holzbaracken, dazu kamen zwei Baracken für die Latrinen und eine fürs Bad. Elektrisch geladene Stacheldrahtzäune, Beleuchtungsanlagen und sieben bewaffnete SS-Wachen auf Wachtürmen sicherten es. Die Hungerrationen entsprachen denen in allen Auschwitz-Lagern: 250 Gramm Brot am Tag, mittags eine Suppe, abends Brot mit Wurst, Margarine oder Marmelade. Mancher überlebte nur, weil mitleidige Zivilarbeiter ihm heimlich ein

---
328 Czech, S. 274, 277, 279.
329 Czech, S. 561–568, 570.
330 Rudorff (2), S. 302. Hiernach auch das Folgende.
331 Karl Otto Herz: Holocaust Journal.

Butterbrot zusteckten. Für 400 Häftlinge war das Lager ausgelegt, Mitte Januar war es aber mit 863 belegt.[332] Mindestens fünfmal mussten sie antreten, um der Hinrichtung von Leidensgefährten beizuwohnen.

Karl Otto: Todesmarsch und Transport von Sosnowitz nach Mauthausen

Im Januar 1945 rückte die Rote Armee immer näher an Auschwitz und den riesigen Komplex seiner Nebenlager heran. Am 17. Januar verließ Generalgouverneur Hans Frank fluchtartig seinen Amtssitz in Krakau, weil sowjetische Einheiten sich den Vororten der Stadt näherten. Nach letzten Zählappellen am gleichen Tag begannen die Evakuierungsmaßnahmen für Stammlager Auschwitz, Auschwitz-Birkenau und Auschwitz-Monowitz sowie die vielen Nebenlager. Etwa 56 000 Häftlinge aus dem Auschwitz-Komplex wurden zwischen dem 17. und 21. Januar 1945 in zahlreichen Marschkolonnen nach Westen geführt[333], eskortiert von SS-Wachmannschaften mit Maschinenpistolen und abgerichteten scharfen Hunden. Tagelang war man unterwegs, durch tiefen Schnee und bei Temperaturen bis zu 20 Grad unter Null. Den erschöpften Menschen fehlte es an allem: an warmer Kleidung, an Verpflegung, an Schuhen, manche hatten nicht einmal Holzschuhe. Anfängliche Hoffnung wich bald dumpfer Resignation. Viele brachen erschöpft zusammen oder traten freiwillig aus der Reihe und warteten im Straßengraben auf den erlösenden Todesschuss der SS. Zahlreiche namenlose Massengräber an den Straßen Oberschlesiens sind die grausige Hinterlassenschaft dieser „Todesmärsche"; die eingeborene Bevölkerung hat in ihnen die Leichen beigesetzt, die die Todeswege säumten. Insgesamt kamen schätzungsweise 250 000 Menschen bei diesen Märschen um.

Als eines der ersten Lager des Auschwitz-Komplexes wurde Sosnowitz bereits am 17. Januar 1945 geräumt. Noch vorhandene Lebens-

---

332 Czech, S. 967.
333 Vgl. Czech, S. 966ff. Himmler hatte im Juni 1944 verboten, Häftlinge in die Hände des Feindes gelangen zu lassen. Fritz Bracht, Gauleiter und Reichsverteidigungskommissar in Oberschlesien, hatte bereits im Dezember 1944 Anweisung zur Evakuierung gegeben. Die genauen Routen wurden mit dem Höheren SS- und Polizeiführer in Breslau, SS-Obergruppenführer Heinrich Schmauser, abgestimmt. Blatman (1), S. 297 und 299.

mittel wurden an die 863 Häftlinge ausgegeben: drei Kartoffeln und zwei Stück Käse pro Person, und dann marschierten sie gegen 4 Uhr morgens früh los in Richtung Gleiwitz und anschließend nach Ratibor und Troppau. Die SS hatte ihr Gepäck auf Handkarren geladen, die die Häftlinge ziehen mussten – während sie „selbst mit Eifer darangehen, schwache und marschunfähige Häftlinge zu töten".[334] Bei Tag und auch bei Nacht marschierte man, nur wenig Rast wurde gegönnt, zwölf Tage lang, durch Schneesturm und bei eisiger Kälte, ohne ein wärmendes Getränk. Nur dreimal gab es unterwegs eine neue Brotration. In einer Schneenacht war der sechzehnjährige Karl Otto Herz der völligen Erschöpfung nahe, ihm drohte das Schicksal der am Wegrand Zusammenbrechenden, die nur noch auf den Todesschuss der SS warteten. Er verdankt sein Leben zwei Kameraden, die ihn in jener Nacht stützten und ihm halfen, im Tritt der Kolonne zu bleiben. Alle litten unsäglich unter der Kälte. Die Holzschuhe boten keinen Schutz gegen den Schnee. Die Lappen, mit denen man die gefrorenen Füße umwickelte, wurden feucht und froren auf der Haut fest. Die dünne Häftlingsuniform oder um die Schultern gelegte Deckenfetzen boten kaum Wärme, an Flucht war nicht zu denken. Eine trostlose Kolonne von Elenden. Fünfzig starben unterwegs.[335]

Am 29. Januar 1945 erreichte man Troppau. Soweit Karl Otto Herz sich erinnern kann, gab es dort ein Stück Brot und Ersatz-Kaffee, vielleicht auch eine warme Suppe. Dann wurden die Häftlinge in Viehwaggons gezwängt und in das KZ Mauthausen bei Linz in Oberösterreich transportiert. Drei Tage und drei Nächte waren sie unterwegs, eng aneinandergedrängt, schutzlos der Kälte preisgegeben, durstig und hungrig und ohne die primitivsten hygienischen und sanitären Vorkehrungen. Viele starben unterwegs.[336] Von den 863 Häftlingen, die am 17. Januar losmarschiert waren, erreichten sechzehn Tage später, am 4. Februar 1945, 626 das KZ Mauthausen[337], 227 waren tot. Die Überlebenden wurden hier in ein provisorisches Zeltlager eingewiesen, weil das

---
334 Czech, S. 968.
335 Rudorff (2), S. 303.
336 Wißkirchen (3), S. 197.
337 Czech, Anm. S. 968.

Lager wegen Überfüllung die immer zahlreicher eintreffenden Evakuierungstransporte nicht mehr aufnehmen konnte. In vierzehn Militär- und Ausstellungszelten mussten sie irgendwie zurechtkommen; es gab keine Betten, nicht einmal Stroh, erst recht keine Wasch- und Toilettenanlage, und die Verpflegung war noch spärlicher als das, was die Häftlinge bisher aus dem Lager kannten. Viele wurden krank.[338]

Hunderte Kilometer voneinander entfernt kämpften die drei Brüder Alfred, Rudy und Karl Otto Herz um ihr Leben, keiner wusste, wie es dem anderen erging, alle drei erlebten in ähnlicher Weise das chaotische und von immer exzessiverer Gewalt geprägte Inferno der zusammenbrechenden Herrschaft der Nationalsozialisten. Auch von ihrem Vater Ernst Herz wussten sie nichts; er hatte entweder im Außenlager Blechhammer sein Leben bereits verloren, oder tat es, als dieses Lager am 21. Januar 1945 geräumt wurde bzw. in den Tagen danach. Jeder war auf sich allein gestellt.

Bruder Alfred: Tod in Bergen-Belsen

Alfred Herz, der älteste der drei Anfang 1945 noch lebenden Brüder, war in Schwarzheide zurückgeblieben, als sein Bruder Rudy nach Lieberose verlegt worden war. Am 14. November 1944 schickte er von hier aus eine Karte an seinen Onkel Hermann Jacobsohn in Köln; sie ist sein letztes Lebenszeichen. Offensichtlich war er krank, das Schreiben fiel ihm schwer. Das Feld für den Absender ist mit der Handschrift eines anderen, der ihm half, ausgefüllt: „Isr. Alfred Herz, geb. 9.4.1924, Häftl. N° 85 500, Sachsenhausen, Block: Schb". Das Kürzel für den Block meinte den „Schonungsblock", in dem die kranken „Muselmänner" lagen.

Am 23. Januar 1945 überschritten die Sowjets die Oder und erreichten im Februar die Neiße. Nur noch 60 km waren sie damit von Schwarzheide entfernt, wo man mit Evakuierungsvorbereitungen begann. Am gleichen Tag verlud man 320 kranke Häftlinge, unter ihnen Alfred Herz, auf offene Güterwaggons, um sie in das Konzentrationslager Bergen-Belsen in der Lüneburger Heide zu bringen. Unterwegs stockte der Transport, zwei Tage lang standen die Waggons auf einem

---

338 Wißkirchen (3), S 197.

Nebengleis, ohne dass man die Häftlinge mit Nahrungsmitteln versorgte. Viele starben.[339] Diejenigen, die in dem „*horror camp*" Bergen-Belsen ankamen, fanden dort unbeschreibliche Zustände vor. Das Lager war in keiner Weise mehr dazu in der Lage, die aus dem Osten kommenden Evakuierungstransporte aufzunehmen. Josef Kramer, Lagerkommandant seit Dezember 1944, und sein Stab unternahmen nichts, um wenigstens ein Minimum an Infrastruktur und Versorgung aufrechtzuerhalten, obwohl es möglich gewesen wäre. Sie nahmen damit bewusst den Tod von Zehntausenden in Kauf.[340]

Bernd Eichmann beschreibt die grauenhaften damaligen Verhältnisse im Lager so:

„Ein geregelter KZ-Betrieb ist nicht mehr möglich. Hier wird nicht gearbeitet wie in Flossenbürg, hier wird nicht vergast wie in Auschwitz, hier wird nur noch abgewartet. ‚Ablagerungsplatz für menschliches Rohmaterial' nennt später ein Chronist das KZ Bergen-Belsen. Ein weiblicher Häftling erinnert sich: ‚Sie liegen auf einer dünnen Schicht Stroh, direkt auf der feuchten, nackten Erde. Sie sehen schrecklich aus, krank, grau, von [...] Wunden bedeckt. [...] Das unheimliche Gewimmer einer in den letzten Zügen liegenden Menschenmasse.'

Zu essen gibt es längst nichts mehr außer einer Kohlrübensuppe; Kannibalismus bleibt da nicht aus, selbst das Wasser wird knapp. Die Häftlinge schleppen sich aus den überquellenden Baracken zu den vereinzelten Regenpfützen, aus denen sie sich Typhus und Bauchlauf holen. Im Februar beginnt mit einer Fleckfieberepidemie das endgültige Massensterben, wie schon einmal, drei Jahre zuvor. Bis Mitte April 1945 fallen 50 000 Menschen dem Hunger und dem Fieber zum Opfer. [...]

Am 15. April 1945 befreien britische Truppen das Lager. [...] Der englische Arzt Glyn Hughes sagt im späteren Belsen-Prozeß aus: ‚An zahlreichen Stellen des Lagers waren die Leichen zu Stapeln von unterschiedlicher Höhe aufgeschichtet. [...] Überall im Lager verstreut lagen verwesende menschliche Körper. Die Gräben der Kanalisation waren mit Leichen gefüllt, und in den Baracken selbst lagen zahllose Tote,

---

339 Internet: Ghetto Theresienstadt.
340 Orth, S. 269.

manche sogar zusammen mit den Lebenden auf einer einzigen Bettstelle. [...] In den Blocks, die am stärksten überfüllt waren, lebten 600 bis 1000 Menschen auf einem Raum, der normalerweise nur für hundert Platz geboten hätte.'

13 000 unbeerdigte Leichen finden die Engländer in diesen Apriltagen vor, und 60 000 Überlebende. Die Zeit drängt: Die Epidemie muß eingedämmt, die Überlebenden müssen versorgt werden. Umliegende Kasernengebäude dienen als erste Notlazarette, doch trotz aller Anstrengungen sterben in den nächsten zehn Wochen noch einmal dreizehntausend KZ-Insassen. Und am 15. Mai 1945 meldet die Nachrichtenagentur Reuter lakonisch: ‚*Belsen Camp to be burned*' – ‚Lager Belsen soll niedergebrannt werden'. Nur so kann, erklärt die Agentur, der norddeutsche Raum vor einer Ausbreitung des Fleckfiebers bewahrt werden."[341]

In dieser Hölle verstarb Alfred Herz am 28. März 1945[342], zweieinhalb Wochen vor der Befreiung. Er war 21 Jahre alt.

Rudy Herz: Todesmarsch von Lieberose nach Sachsenhausen

Zu diesem Zeitpunkt war Rudy Herz bereits seinem Bruder Karl Otto nach Mauthausen gefolgt, ohne dass beide einander begegneten oder auch nur voneinander wussten. Bevor Rudy Herz nach Mauthausen kam, musste er die verheerenden Strapazen eines Todesmarsches von Lieberose nach Sachsenhausen und den Bahntransport von dort nach Mauthausen überstehen. Anzeichen für das bevorstehende Ende erfuhr er bereits im Januar 1945. Von einer SS-Wache hatte er gehört, dass im Hürtgenwald bei Aachen eine Schlacht tobte, nicht weit entfernt von seiner rheinischen Heimat. Die erhoffte Invasion der Briten und Amerikaner hatte also stattgefunden. Aber die Hoffnung wurde gleich wieder verdüstert durch die bange Frage, was die SS wohl vor dem Ende mit ihnen machen würde.

Die Sorge war begründet. Die SS war entschlossen, keinen der Häftlinge in die Hände der von Osten her heranrückenden Roten Armee fallen zu lassen, und plante bereits Mitte Januar die Evakuierung des La-

---

341 Eichmann, S. 46f.; vgl. Rahe, S. 187 und S. 204ff.
342 Helga Pilar, Interview 27.5.2011.

gers.[343] Zur Vorbereitung eines Massenmordes an den rund 1200 Kranken und Marschunfähigen wurden die „Schonungsblocks", in denen sie untergebracht waren, mit einem Drahtzaun vom übrigen Lager getrennt. Wohl am 1. Februar wies der Kommandant von Sachsenhausen Anton Kaindl den Lagerführer Wilhelm Kersten in Lieberose an, das Lager sofort zu räumen. Inzwischen war das Artilleriefeuer der Front dort zu hören. Die Arbeitsfähigen sollten auf den Fußmarsch in das Stammlager Sachsenhausen geschickt werden; die Kranken und Gehunfähigen, die zurückgelassen wurden, sollten erschossen werden. Noch am gleichen Tag wurden 700 kranke und jugendliche Häftlinge nach Sachsenhausen gebracht und dort ermordet.

Am 2. Februar wurden dann die rund 1500 noch gehfähigen Häftlinge Richtung Sachsenhausen in Marsch gesetzt, während bereits das Feuer der Maschinengewehre zu hören war, mit denen die aus ihren Baracken geholten Kranken erschossen wurden.[344] Der Schnee lag ungefähr 25 bis 50 cm hoch. Schutzlos waren die Häftlinge in ihren dünnen Kleiderfetzen der Kälte ausgeliefert; die Füße, mit ein paar Lappen umwickelt, steckten in Holzpantinen. An jeder Seite der unübersehbaren Elendsprozession ging die SS mit Maschinenpistolen. Sie überließ die Aufsicht nicht mehr den Kapos, die jetzt mit in der Kolonne der Häftlinge marschieren mussten. Die SS-Führung fuhr per Fahrrad.[345]

Neun Tage dauerte der Evakuierungsmarsch, er führte über Goyatz (am Schwielochsee), Kuschkow, Teupitz, Zossen, Ludwigsfelde, Potsdam und Falkensee; übernachtet wurde auf freiem Feld, in Scheunen, Ställen oder in verlassenen Lagern und Kasernengebäuden. Zusammenbrechende oder fliehende Häftlinge wurden erschossen. Am 9. Februar kam die Elendskolonne im KZ Sachsenhausen an. 400 von ihnen wurden in den nächsten Tagen dort auf dem Industriehof getötet. Rund 1000 Personen von den ursprünglich 1500, die überlebt hatten, wurden im Laufe des Februars in das KZ Mauthausen evakuiert, unter ihnen Rudy Herz.

---

343 Das Folgende nach Weigelt (1).
344 Blatman (2), S. 267.
345 Rudy Herz, Vortrag 15.2.2011.

In Lieberose waren nach dem Abmarsch der Gehfähigen die zurückgebliebenen Kranken am 2. und 4. Februar in zwei widerlichen Mordgemetzeln unter Teilnahme des Lagerführers Wilhelm Kersten erschossen und in Massengräbern verscharrt worden. Ein Mitglied des SS-Wachbataillons berichtete 1969 vor Gericht, wie er zur Teilnahme aufgefordert wurde: „Komm. Wir gehen zum Judenerschießen, dafür kriegen wir Schnaps."[346] Im Mai 1971 fand man in einer Kiesgrube bei Jamlitz ein erstes Massengrab mit den Gebeinen von 577 Ermordeten. Reste von russischen Uniformen zeigten, dass man russische Kriegsgefangene gezwungen hatte, die Grube auszuheben und die Leichen hineinzulegen. Nach getaner Arbeit wurden sie erschossen, um alle Zeugen zu beseitigen. Ein weiteres Massengrab für über 700 Ermordete wird in Jamlitz und Umgebung vermutet; Grabungen im April/Mai 2009 auf einem Grundstück in Jamlitz, das infrage zu kommen schien[347], blieben ergebnislos.

Es war eine Welt infernalischer Gewaltexzesse, in die der neunzehnjährige, seelisch und körperlich geschundene und erschöpfte Rudy Herz geraten war. Aller Informations- und Bewegungsfreiheit beraubt, bekam er davon nur wenig mit. Aber das, was man ihm selbst und seinen unmittelbaren Leidensgenossen antat, erforderte sowieso schon alle Kraft und Konzentration, zu der er noch fähig war. Über den Abmarsch der 1500 am 2. Februar 1945 und den Verlauf des neuntägigen Todesmarsches nach Sachsenhausen berichtete er 1983 ausführlich. Nicht in jeder faktischen Einzelheit mag diese Schilderung deckungsgleich sein mit dem tatsächlichen Verlauf. Aber das ist weder zu erwarten noch für den historischen Wahrheitsgehalt entscheidend. Für die Erinnerung des Betroffenen ist die existentielle Erfahrung des erschöpften Kampfes ums nackte Leben entscheidend, und die ist auch für den Leser wichtiger als die penible räumliche und zeitliche Einordnung des Faktischen:

„[Am 2. Februar 1945] hieß es: Macht euch fertig, wir marschieren nach Sachsenhausen. Es schneite wieder und war bitterlich kalt. Wir hatten schon einige Zeit lang wenig zu essen bekommen, und bald setzten wir stumpfsinnig einen Fuß vor den anderen. Bei einbrechender Däm-

---

346 Blatman (2), S. 268.
347 Klatt.

merung, ungefähr 16.30 Uhr, hielt man uns an; wir mußten auf einer verschneiten Wiese [am Schwielochsee] die Nacht verbringen. [‚Setzt euch hin! Wer aufsteht, wird erschossen!' Also hockten wir uns hin und versuchten in dem nassen Schnee irgendwie durch die Nacht zu kommen. Die SS-Wachmannschaft hatte große Wach- und Wärmungsfeuer für sich entzündet. Die Temperatur war bei 8 oder 10 Grad unter Null. Ich weiß nicht, wie ich es überlebt habe.] Wir hatten jeder ein Kommißbrot bekommen. Das mußte bis zur Ankunft reichen. Wir trugen dieses Brot auf dem Leib, damit es nicht gestohlen wurde. Es ging um Leben und Tod, und irgendwie hatten wir alle noch ein Fünkchen Hoffnung.

Die Nacht wollte nicht enden. Wir [...] saßen eng aneinandergedrängt, um das bißchen Körperwärme nicht zu verlieren, und warteten auf den Morgen. Die, die nicht weitergehen konnten, blieben der ‚Fürsorge' der Beerdigungskolonne überlassen. Später morgens, auf dem Marsch, hörten wir dann vereinzelte Schüsse fallen in der Ferne; dann kamen die Flüche der SS: ‚Los, macht, daß ihr weitermarschiert, sonst geht's euch auch so.'

[Wir marschierten weiter. Wir übernachteten an einem Tag in einer Irrenanstalt, am nächsten Tag auf einem großen Gutshof. Man hatte gerade eine Häckseltonne für die Schweine voll gemacht mit gehäckselten Rüben und Kartoffeln. Wir stürzten uns darauf wie die Wilden und haben den Schweinen ihr Futter weggefressen. Wir wurden dann in die Scheune zum Übernachten eingewiesen. Da wir alle dicht aufeinander gedrängt saßen, kamen Schlägereien vor, weil die Stärkeren den Schwächeren das Brot wegnahmen. Ich kletterte eine Leiter hoch und setzte mich auf einen Querbalken und habe dort die Nacht geschlafen. Bis heute weiß ich nicht, wieso ich, mit dem Rücken an einen anderen Balken gelehnt, nicht heruntergefallen bin.]

[...] Am nächsten Morgen beim Antreten stieß ich mit meinem Fuß an eine Flasche, die halbverdeckt im Stroh lag. Ich steckte sie, von anderen Häftlingen ungesehen, in meinen Sack. Die Flasche rettete mein Leben auf diesem Todesmarsch: sie war voll Lebertran, den ich über mein Brot goß und mit ein paar Salzkörnern würzte.

Ich weiß nicht mehr viel über diesen Marsch; nur, daß immer wieder vor oder neben mir jemand aus der Reihe trat und sich an den Straßenrand setzte. Wenige Minuten später hörten wir dann den einzelnen Schuß und wußten, daß die Qualen und die Quälereien für *ein* Menschenkind vorbei waren.

Wir kamen durch verlassene Ortschaften, deren Bewohner vor den heranziehenden Russen geflüchtet waren. Stolz proklamierten jedoch noch große Schilder: ‚Dieser Ort ist seit 1942 judenfrei.' Nur einmal marschierten wir durch eine kleine Stadt, deren Bewohner scheu unsere Kolonne und Wachmannschaft anguckten, aber nicht stehen blieben, sondern, sich abdrehend, weitergingen.

Ich kann mich nicht mehr genau an die Zahl der Tage unterwegs erinnern. Es dauerte vielleicht eine Woche. Meine Flasche Lebertran gab mir die Kraft, durchzuhalten. [Dann kamen wir nach (Potsdam) und gingen an der Nikolaikirche vorüber und lasen, welch große Ironie, die schöne große Aufschrift: ‚Kommt, die ihr dürstet nach der Gerechtigkeit Gottes. Euch wird gegeben werden.' Wir gingen an der Kirche vorbei und wurden in einer Reitschule einquartiert.]

Wir blieben eine Nacht; es war Fliegeralarm, die Flak schoß die ganze Zeit, wir waren aber zu sehr geschwächt und abgestumpft, um dem viel Bedeutung zu geben. Es war uns egal geworden, ob eine Bombe uns erlöste oder ob die Qualen weitergingen. Ich erinnere mich, an Eduard Mörike gedacht zu haben: ‚Herr! schicke was du willst…'

[Am nächsten Tag ging es weiter, und man brachte uns zur S-Bahn, und ich bekam, Wunder über Wunder, einen Sitzplatz in der Ersten Klasse, ein rotes Plüschabteil. Sehr stilvoll bin ich nach Sachsenhausen befördert worden.]

Gegen Abend kamen wir an eine hohe Mauer, große Flügeltore taten sich auf, und wir sahen etwa zwanzig Baracken im Halbrund, mit der Stirnseite auf das Tor hinweisend. Es war ein Spruch im Halbrund aufgemalt: ‚Es gibt einen Weg in die Freiheit. Seine Meilensteine heißen: Gehorsam, Fleiß, Ordnung, Ehrlichkeit, Sauberkeit, Wahrhaftigkeit, Nüchternheit, Opfersinn und Liebe zum Vaterland!' Es war unser Stammlager Sachsenhausen-Oranienburg. […]

Man hatte schon angefangen, das Lager aufzulösen, die Baracken waren leer. Wir standen den ganzen Tag Appell, da nichts anderes zu tun war. Die ‚Verpflegung' (das Wort ‚Pflege'!) betrug vielleicht 600 Kalorien, aber auch bei Nichtarbeit mußte der Körper Reserven hergeben. So warteten wir auf das Kriegsende, das nicht kommen wollte – von aller Welt vergessen, so schien es mir.

Transport von Sachsenhausen nach Mauthausen
Nach wenigen Wochen in Sachsenhausen bekamen wir wieder eine Brotration, diesmal einen halben Laib, und wurden in Waggons verladen. Ziel: Mauthausen. Wir wurden (im Februar 1945) […] in Viehwaggons nach Mauthausen verfrachtet. Das hört sich einfacher an, als es war. Schon in Schwarzheide waren wir alliierten Bomberangriffen ausgesetzt, auf der Fahrt nach Mauthausen wurde unser Zug mehrere Male von Kampfflugzeugen und Bombern angegriffen.

Die Qual war noch lange nicht zu Ende, obwohl es nunmehr nur noch drei Monate bis zum Kriegsende waren. Jedermanns Gedanke war immer nur auf einen Punkt konzentriert: Wird die SS in der Wut, den Krieg verloren zu haben, uns alle umbringen? Was können wir tun, um dem zu entgehen? Wir saßen eng zusammen, denn auch der SS wurden Einschränkungen an Waggons auferlegt. Es waren hundert Menschen in einem Waggon – vielmehr waren wir nur noch das, was von Menschen nach drei Jahren Qual und Schikane übrig geblieben war. Da ich inzwischen flüssig Jiddisch und auch genügend Holländisch sprach, kam irgendwie Verständigung mit den anderen Häftlingen zustande. In unserem Wagen gab es ungarische Juden, norwegische, jugoslawische und französische Widerstandskämpfer. Und zum ersten Mal sah ich Spanier […], die in deutsche Gefangenschaft geraten waren. Obwohl die Lieder, die wir miteinander sangen, kommunistisch waren, verspürten wir eine Solidarität, die anscheinend allen Unterdrückten eigen ist. Ich erinnere mich an ‚Spaniens Himmel breitet seine Sterne über unserm Schützengraben aus', ‚Los cuatro generales', ‚Thälmanns Brigade'. Die Spanier hatten blaue Dreiecke vor der Nummer. Auch hörte ich Griechen, die sich auf das angeregteste mit den Spaniern – auf spanisch – unterhielten. Es waren griechische Juden, Partisanen, die von spanischen Juden abstammten. […] Wir sangen auch jiddische Getto-Lieder, alte und neue, schwermütig und traurig in Melodie und Text:

Sol sajn, as ich boj in der luft majne schlesser.
Sol sajn, as majn got is in ganzen nischt do.
In trojm wet mir lajchter, in trojm wet mir besser,
|: in trojm is der himl mir blojer wi blo. :|

Sol sajn, as ich wel majn zil nischt derlangn.
Sol sajn, as majn schif wet nischt kumen zum bschjeg.
Es gejt nischt indejm, ich sol hobn dergangn,
|: es gejt nor zu gejn oif dem sunikn weg. :|[348]

Mag sein, dass ich bau in der Luft meine Schlösser,
mag sein, dass mein Gott in Wahrheit nicht da ist.
Im Traum wird mir heller, im Traum wird mir besser.
Im Traum ist der Himmel mir blauer als blau.

Mag sein, dass ich werde mein Ziel nicht erreichen.
Mag sein, dass mein Schiff nicht wird kommen zum Strand.
Mir geht es nicht darum, etwas zu erreichen,
Mir geht's drum zu gehen auf dem sonnigen Weg.

Aber wir sangen auch Lieder, die Hoffnung gaben und Zuversicht: ‚Nein, nein, nein, s'wet unser Volk nit untergehn!' Oder das Lied:

Sog nit kejnmol, as du geejst dem letztn Wejg,
Chotsch himlen blajene farschtelen bloje tejg.
Kumen wet noch unser ojssgebenkte scho,
Ss'wet a pojkton unser trot: Mir senen do!

Sage niemals, dass du gehst den letzten Weg,
wenn auch bleierner Himmel den blauen Tag verdeckt,

---

348 Lied des 1897 in Wilna gegründeten „Bundes" („Allgemeiner Jüdischer Arbeiterbund für Litauen, Russland und Polen"). Es war gleichsam die Gründungshymne der jüdischen Arbeiterbewegung in Polen und Russland. Wolf Biermann hat Anfang der 1980er Jahre dieses Lied wieder gesungen und drei Strophen zur Erinnerung an den roten Traum der Pariser Kommune angehängt („Mag sein, dass ich irre").

kommen wird noch unsere erträumte Stunde,
dröhnen wird unser Schritt: Wir sind da!

Aber manche im Waggon mußten doch den allerletzten Weg gehen, ungewollt und ohne Hilfe oder Trost. Die ersten zwei oder drei Toten wurden ins Bremserhaus gelegt. Danach standen die dem Verstorbenen am nächsten Sitzenden auf, und die Toten wurden hingelegt, und man setzte sich wieder hin, auf die Leichen. Die Toten sind kalt. Nichts berührt sie, und wer sie berührt, wird von ihrer Kälte angefaßt. Wir warteten auf Essen, auf Wasser, aufs Ende.

Manchmal stand der Zug in einer zerschossenen Station; wir sahen das geflügelte Eisenbahnrad mit Hakenkreuz und dem Spruch: ‚Räder müssen rollen für den Sieg.' Unser Nachsatz ‚Köpfe werden rollen nach dem Krieg' war leer und trug keine Tröstung in sich. Manchmal erlaubte der SS-Mann einem von uns, Schnee in den Waggon zu bringen. Wir waren dem Verdursten nahe.

Als wir endlich in Mauthausen ankamen, verließen nur vierzig (von etwa hundert) den Waggon lebendig. Unter Schlägen und Flüchen wurden wir die Straße zum Lager hinauf getrieben, große hölzerne Flügeltore taten sich auf, die SS übergab uns der Lagerverwaltung, und wir standen erst mal wieder drei Stunden in Reih und Glied. Dann endlich kam der Lagerälteste und hielt eine Ansprache, deren Inhalt sich darauf bezog, daß strikteste Disziplin im Lager herrsche und daß wir jetzt zum Duschen gingen und entlaust würden. Wie schon hundert Male zuvor dachte ich, daß dies mein Ende sei, an einem grauen Tag, in einer grauen Festung. Es war aber ein Duschraum, in den wir gewiesen wurden. Das Wasser war lauwarm, wir froren, es gab keine Handtücher. Wir wurden nackt auf den Hof getrieben und bekamen mit einem Kopierstift eine Nummer auf den Leib geschrieben. Das war die Nummer des Blocks, in den wir eingewiesen wurden.

Vor dem Block mußten wir wieder antreten. ‚Sind Deutsche unter euch?' fragte der Blockälteste. Drei von uns traten vor. Der Blockälteste warf einen Blick auf uns. ‚Ach, Juden! Schert euch zurück ins Glied!'

Wir blieben vierzehn Tage in diesem Block. Wir mußten unsere Sachsenhausen-Nummer abtrennen und bekamen die Mauthausener

Nummer, die auf einem Armband, einem Stück Blech, eingestanzt war und ständig getragen werden mußte. Ich bekam die Nummer 134 314. Unsere Tage verliefen so: Um 5.30 Uhr erklang der Morgengong. Wie wir diesen Gong haßten! Er bestand in allen Lagern aus denselben Elementen: zwei 75 cm lange Eisenbahnschienen, an einem Querbalken aufgehängt, die – gnadenlos für die Schlafenden – mit einem Eisenstab bearbeitet wurden. ‚In einer seiner schweren Stunden, da hat der Teufel den Gong erfunden', lautete ein alter Lagerreim. Nach dem Waschen war Zählappell. Um 8.00 Uhr bekamen wir eine Scheibe Brot und eine Tasse schwarze Brühe. Dann mußten wir vor dem Block warten, bis 12.00 Uhr; dann kriegten wir im Block einen Schöpflöffel Kartoffelsuppe. Um 13.00 Uhr mußten wir wieder raus in die Kälte vor den Block. Um 17.00 Uhr nachmittags war Appellstehen für die SS. Um 18.30 Uhr gab es wieder eine Scheibe Brot im Block, im Sitzen oder Stehen, gesprochen wurde meistens immer über das Essen. Um 21.00 Uhr abends hieß es ‚Licht aus!'.

In Mauthausen war es Lagervorschrift, daß die Kapos kahlgeschoren umherliefen; das war eine große Auszeichnung. Die anderen mußten einen zwei Millimeter langen Haarschnitt tragen, der in der Mitte durch einen fünf Zentimeter breiten Streifen geteilt war, der von vorne nach hinten glattrasiert war, so daß wir schon von weitem als Lagerinsassen erkenntlich waren.

Häftlingsuniformen gab es keine mehr, denn die Häftlingsindustrie war zu diesem Zeitpunkt am Ende. Nummern hatten wir, glaube ich, noch alle. Mein Armband aus Mauthausen besitze ich noch; es ist das einzige, was ich von dort mitgebracht habe. Wenn ich es um den Arm tue, sieht man, daß mein Handgelenk damals etwa dieselbe Größe hatte wie das eines neunjährigen Kindes. Ich habe auch ungefähr so viel gewogen. Als ich nach der Befreiung nach Linz ins Krankenhaus kam wegen allgemeiner Debilität (i. S. von Erschöpfung), wog ich ungefähr nach 85 Pfund – bei einem früheren Gewicht von etwa 150 Pfund."[349]

---

349 Wißkirchen (4), S. 250–259. Die wenigen Ergänzungen in eckigen Klammern stammen aus: Herz, Vorträge vom 14. und 15.2.2011.

Mauthausen-Gusen

Bereits im Sommer 1938, wenige Monate nach dem Anschluss Österreichs, war das Konzentrationslager Mauthausen entstanden. Die SS-Firma „Deutsche Erd- und Steinwerke GmbH" hatte dort Granitsteinbrüche erworben und setzte darin die KZ-Häftlinge als Arbeitskräfte ein. In der Folgezeit entstanden rund 60 Außenlager, deren Häftlinge zum größten Teil in Betrieben der Rüstungsindustrie arbeiten mussten – vor allem in Werken der Steyr-Daimler-Puch AG, eines Tochterunternehmens der staatlichen „Reichswerke Hermann Göring", die sich während des Krieges zum größten Rüstungskonzern in Österreich entwickelten.[350] Georg Meindl, der Generaldirektor dieses Konzerns, nutzte hierfür seine freundschaftlichen Beziehungen zu Hermann Göring. Seit dem Herbst 1943 ging man daran, unterirdische Stollenanlagen in der weiteren Umgebung und im Salzkammergut zu errichten. Unter unmenschlichen Lebens- und Arbeitsbedingungen mussten Häftlinge darin Flugzeug- und Raketenteile herstellen. 1943 hatte die Messerschmitt AG in Regensburg nach dem schweren Luftangriff vom 17. August 1943 Teile ihrer Flugzeugproduktion nach Gusen verlegt. Im Januar 1944 begann man mit dem Bau einer neuen Stollenanlage in St. Georgen, der man den Tarnnamen „Bergkristall" gab.[351]

Im Winter 1944/45, als die Rote Armee unaufhaltsam vordrang, wurde Mauthausen Ziel zahlreicher Evakuierungstransporte aus anderen Konzentrationslagern. Die Zustände verschlechterten sich damit dramatisch. Epidemien breiteten sich aus, Tausende von Kranken und Sterbenden siechten im Sanitätslager dahin. Ein Fluchtversuch von 400 russischen Häftlingen Anfang Februar 1945 wurde in einem bestialischen Massaker niedergeschlagen („Mühlviertler Hasenjagd").[352]

Ende 1944 befanden sich in Mauthausen einschließlich seiner Außenlager rund 70 000 Häftlinge aus zwanzig Ländern. Insgesamt kamen hier schätzungsweise 120 000 Menschen um.

---

350 Orth, S. 147.
351 Perz, S. 375f.
352 Orth, S. 319f.; vgl. Hinterleitner.

In der Nachbarschaft Mauthausens und mit diesem organisatorisch verbunden entstand das Zwillingslager Gusen, in dem schließlich mehr Häftlinge interniert waren als in Mauthausen selbst; es gliederte sich in die Lager Gusen I (ab 25. Mai 1940) und Gusen II (ab 9. März 1944). Nur wenige hundert Meter voneinander entfernt, lagen sie auf dem Gebiet der Gemeinde St. Georgen an der Gusen. Jedes dieser Lager zählte mehr als zehntausend Häftlinge. Die Lebens- und Arbeitsbedingungen in Gusen II waren die schlimmsten im gesamten Lagersystem von Mauthausen. Die durchschnittliche Lebenserwartung betrug etwa vier Monate. Überlebende Häftlinge, die vielfach auch Auschwitz-Erfahrungen hatten, bezeichneten es als „Hölle aller Höllen". Die Einrichtungen waren primitiv, Schmutz war überall, die hygienischen Verhältnisse waren katastrophal. Epidemische Erkrankungen blieben nicht aus. Es fehlte an Pritschen, an Decken, an Kleidung, an sauberem Trinkwasser. Die SS-Wachmannschaft wurde verstärkt durch ca. 2000 Luftwaffenangehörige, die dann aber in die Waffen-SS übernommen wurden. Die jüdischen Gefangenen wurden in einem eigenen „Judenlager" von den übrigen Häftlingen separiert.[353] Mindestens 37000 Menschen kamen in Gusen I und II ums Leben, mehr als im Stammlager Mauthausen selbst.[354]

Die Häftlinge von Gusen II hatten seit März 1944 sieben Stollen – kilometerlang, acht Meter breit und 15 Meter hoch – in die Sandablagerungen zwischen dem Steinbruch Kastenhof und St. Georgen gegraben. Drei Meter breite Eingänge führten in das Innere der unterirdischen Hallen, in denen die Produktionsstätten der Rüstungsfirmen Steyr und Messerschmitt AG sowie ein Forschungslabor der Technischen Hochschule Wien untergebracht werden sollten. Die Produktion konnte jedoch nur noch teilweise aufgenommen werden.

Rudy Herz: Arbeit und Befreiung in Gusen II

Rudy Herz arbeitete in dem unterirdischen Flugzeugwerk „B8 Bergkristall" für die Produktion von Rümpfen für die hochmodernen Messerschmitt Me 262-Düsenjagdflugzeuge, die ersten serienmäßig einsatzfähigen

---

353 Wikipedia, „KZ Gusen II" (21.5.2011).
354 Lebert.

Militärflugzeuge mit Strahltriebwerken; die unterirdischen Stollen befanden sich unweit des Ortszentrums. Er hatte sich nach seiner Ankunft in Mauthausen als „Schweißer" ausgegeben, weil er hoffte, dann als Arbeiter eingesetzt zu werden und eine höhere Überlebenschance zu haben. Er konnte ja in seinem Block in Mauthausen beobachten, wie rücksichtslose Kapos, wozu die SS mit Vorliebe deutsche Kriminelle ausgewählt hatte, Arbeitsunfähige auf die Krankenstation bringen ließen, wo sie kaum etwas zu essen bekamen und in Massen starben. Zusammen mit etwa hundert anderen Arbeitstauglichen wurde er um den 10. März 1945, als im linksrheinischen Köln bereits die Amerikaner waren, mit Lastautos nach St. Georgen an der Gusen in das Lager Gusen II gebracht, wo ihm in seinem Block als Schlafstelle eine Pritsche zugewiesen wurde, die er sich zunächst mit zwei, dann mit einem anderen teilen musste.[355] Für jede Pritsche gab's eine Decke, die man, damit jeder etwas davon hatte, quer legte. Krankheitserreger und Ungeziefer hatten da leichtes Spiel.

Das Besondere am Zwillingslager Gusen war, dass es mitten im Ort lag, gewissermaßen der Ort selbst war.

„Die Häftlingssiedlungen, die SS-Baracken, das Krematorium, die Märsche der Gefangenen, die Schreie der Gequälten, der Abtransport der Toten: Alles geschah unmittelbar unter den Augen der Bürger."[356]

Das sogenannte „Jourhaus", das ehemalige Eingangsgebäude des Lagers, ist heute eine Villa mit Torbogeneinfahrt, geschmückt mit Blumen auf dem Balkon und kurz geschnittenem Rasen.[357] Seit 2007 gibt es, initiiert von dem jungen Künstler Christoph Mayer, einen „Audioweg Gusen"; mit Stimmen aus dem Kopfhörer wird man durch den Ort geführt und erfährt Näheres zu dessen Lager-Vorgeschichte. Vor einem Mehrfamilienhaus etwa, wo einst in Block 27 der Zahnarzt der SS praktizierte, erzählt die Stimme einer Frau, „wie sie als junges Mädchen die Genehmigung bekam, ihre Zähne von dem Doktor behandeln zu lassen. Wie sie eines Morgens vor dem Haus gestanden und gesehen habe, dass zwei Häftlinge, befehligt von einem Kapo, große, volle Säcke an die

355 Wißkirchen (4), S. 259.
356 Lebert.
357 Ebd.

Hauswand schlugen, immer und immer wieder. Wie Blut, immer wieder Blut rauslief aus den Säcken. Die Stimme sagt, sie habe erst allmählich begriffen, dass da kleine Kinder drin waren, in den Säcken, dass man sie auf diese Weise totschlug. Überall am Boden war Blut, ‚ich zitterte am ganzen Körper, als ich beim Zahnarzt auf dem Stuhl saß'. Er [der Zahnarzt] sagte, sie brauche sich doch nicht so zu fürchten vor der Behandlung. ‚Ich erzählte ihm, was ich gerade gesehen habe draußen. Er sagte, ich solle sofort still sein. Wir fangen gleich mit der Behandlung an.'"[358]

Wer Rudy Herz zuhört, wenn er von seinen Lagererinnerungen erzählt, spürt, dass er keine Horrorgeschichten erzählen will, im Gegenteil: er will den Zuhörer schonen. Als er am 14. Februar 2011 vor großem Publikum seine Erlebnisse in Auschwitz geschildert hat (ohne das für ihn Schmerzhafteste allerdings erzählen zu können), beruhigt er sein Publikum: jetzt komme nichts Schlimmes mehr, nur noch normales Lagerleben. Das Zitat aus dem Audioguide in St. Georgen scheint da auf den ersten Blick weniger Rücksicht auf den Hörer zu nehmen, aber dem ist nicht so. Christoph Mayer, der Initiator des geführten Rundgangs, hat die Texte hierfür aus stundenlangem, von ihm gesammeltem Gesprächsmaterial mit zum Teil schrecklichen Schilderungen ausgewählt; er hätte nach eigenem Bekunden einen „einzigen Horrortrip" zusammenstellen können, aber er wollte behutsam mit dem Stoff umgehen[359], den Hörer schonen, so wie Rudy Herz auch. Es ist wichtig für den Leser, sich das vor Augen zu halten, wenn er Zitate aus dessen Erinnerungen liest: Er wird nicht mit Horrorgeschichten traktiert, er wird geschont. Wenn Rudy Herz über die Häftlinge in Gusen II sagt: „Keiner hatte mehr Sitzfleisch und Armmuskeln", dann ist das eine rücksichtsvolle Beschreibung der geradezu skelettierenden Aushungerung dieser Menschen zu „Muselmännern", zu lebenden Gerippen aus Haut und Knochen.

1983 berichtete Rudy Herz:

„In Mauthausen-Gusen war es nach Auschwitz am schlimmsten. Wir bekamen kaum zu essen, wir wurden in die Stollen zum Flugzeugbau getrieben, wir litten alle an Skabies (auf deutsch Krätze), einer unangenehm juckenden Krankheit. Wir schliefen zu viert in einem zweistöcki-

---
358 Ebd.
359 Ebd.

gen Bett. [...] Die Decken waren Gemeingut, und dadurch haben wir uns natürlich alle die Krätze zugezogen. Es war schlimm.

Morgens wurden wir auf die Abfahrrampe gebracht zur Fahrt in den Stollen. Der Zug mit Güterwagen fuhr im Fünf-Kilometer-Tempo vorbei, wir mußten im Fahren aufspringen. Dann ging es schneller, und wir waren in zehn Minuten im Stollen. Hier schleppte ich Aluminiumteile zur Schweißmaschine. Wir versuchten alle, so wenig wie möglich zu arbeiten, da wir keine Kraft mehr hatten. Die Luft im Stollen war trocken und enervierend. Wir bekamen eine Suppenmahlzeit um 2 Uhr nachmittags. Gearbeitet wurde in 12-Stunden-Schichten. So ging es endlos, Tag für Tag und Nacht für Nacht. Diejenigen, die im Stollen nicht mehr mitmachen konnten, wurden von der SS kurzerhand vor unseren Augen erhängt, als Warnung, daß uns dies auch erwartete, wenn wir nicht ‚dalli' machten.

Durch Zufall erfuhr ich, daß mein Bruder Karl Otto in Gusen I arbeitete. [Ich habe als Zuträger an einer Schweißmaschine gearbeitet. Der Schweißer war ein politischer Gefangener aus Köln. Der hatte zuerst in Gusen I gearbeitet und dort den Karl Otto kennengelernt. Er erzählte mir von einem Jungen, der auch aus Köln sei, und beschrieb dabei ganz genau meinen Bruder. Ich habe ihm dann gesagt, das ist mein Bruder. Über die Häftlinge in der Schreibkammer der Lagerleitung habe ich versucht, Kontakt zu ihm aufzunehmen, aber es ging nicht.] Wir trafen uns [...] erst zwei Jahre später in New York.

Jeden Tag wurde eine Me 262 fertiggestellt, d. h. mir schien es so; ich bin mir nicht sicher. Nach einigen Wochen war auch ich am Ende meiner Kräfte. Es war ungefähr Mitte April, mein Gewicht war auf 95 Pfund (47,5 kg) gesunken. Keiner hatte mehr Sitzfleisch und Armmuskeln. Man sagte uns, Roosevelt sei gestorben (12.4.1945). Wir hörten den ganzen Tag die SS den Tod dieses Mannes erwähnen. Ich nehme an, daß man dachte, der Krieg würde sich zugunsten des Dritten Reiches wenden. Sonst wußten wir vom Fortlauf des Krieges nichts.

Gegen Ende April war ich der völligen Erschöpfung nahe. Ich versuchte, noch einmal mit in den Stollen zu gehen. Aber anstatt der verhaßten Arbeit wurden wir angewiesen, die technischen Zeichnungen der

Me 262 aus den Büros zu einem Feuerhaufen zu tragen. Da wußten wir: Es ist der Anfang vom Ende. Aber noch hatten wir Todesangst, daß die SS den einzigen Eingang zum Stollen sprengen würde und wir in der Dunkelheit elend zugrunde gingen. Es war dies die letzte Nacht, in der im Stollen gearbeitet wurde. Als wir am Morgen zum Appell antraten, war die SS verschwunden, und älteres Polizeipersonal hielt die Wachtürme besetzt. Dann hörten wir, daß Hitler gestorben sei (30.4.1945). Aber noch immer kam keine Befreiung. Es wurden jedoch keine Appelle mehr gehalten. Wir saßen nur herum. Das bißchen Essen wurde noch weniger. Wir warteten. Am 5. Mai kam der erste amerikanische Panzer, die Wachmannschaft legte die Schußwaffen nieder und zog ab in die Kriegsgefangenschaft. Wir waren frei. [...] Da aber kein Essen für die Lagerinsassen kam, waren wir weiterhin gleichgültig und fühlten uns irgendwie betrogen."[360]

Von den 20000 Häftlingen, die an diesem Tag befreit wurden, waren an die 2000 durch Krankheit und Unterernährung bereits so geschwächt, dass sie noch nach dem 5. Mai im US-Militärlazarett oder in umliegenden Spitälern verstarben. Die anderen brauchten lange, bis sie körperlich wieder soweit regeneriert waren, dass sie in ihre Heimatländer zurückgeführt werden konnten.[361] Wenn die Häftlinge befürchtet hatten, die SS könnte vor ihrem Abzug die Stolleneingänge sprengen und sie im Berg einschließen, entsprach das genau den Plänen Heinrich Himmlers, die der Lagerleitung bekannt waren. Louis Häfliger, Schweizer Delegierter des Internationalen Komitees vom Roten Kreuz, der hiervon Kenntnis erhielt, und SS-Obersturmführer Guido Reimer von Mauthausen verhinderten diese Ermordung zehntausender Häftlinge, indem sie die amerikanischen Truppen informierten und in die Konzentrationslager Gusen und Mauthausen führten. Eine dreiundzwanzigköpfige Patrouille der *41st Cavalry Reconnaissance Squadron* von General Pattons 11. Panzerdivision der 3. US-Armee unter dem Kommando von Sergeant Albert J. Kosiek befreite die Lager in Gusen und Mauthausen. Nach kurzem Halt am Lagertor in Gusen fuhr

---

360 Wißkirchen (4), S. 259f. Die Ergänzung in eckigen Klammern ist aus: Herz, Interview 16.2.2011.
361 KZ-Gedenkstätte Gusen: http://www.gusen-memorial.at/index.php (21.5.2011).

die Truppe weiter nach Mauthausen und entwaffnete erst auf dem Rückweg am späten Nachmittag die etwa 800 Wachmänner der Feuerschutzpolizei in Gusen.[362]

Auch für Karl Otto Herz brachte diese US-Patrouille die Freiheit; er hatte die letzten Monate unter schweren physischen und psychischen Bedingungen in Gusen I verbracht, nur wenige hundert Meter von seinem Bruder Rudy entfernt und ohne von ihm zu wissen. In zwölfstündigen Tages- oder Nachtschichten arbeitete er hier in einer Kleinwaffenfabrik der Steyrwerke in einem unterirdischen Stollen.[363] Am Tag der Befreiung war er so geschwächt, dass er nicht in der Lage war, das Lager zu verlassen.

In einem Vortrag vor Schülerinnen und Schülern der Papst-Johannes XXIII.-Schule in Stommeln am 15. Februar 2011 schilderte der inzwischen 85-jährigen Rudy Herz seine Befreiung in Gusen II so:

„Am 5. Mai 1945 rollte auf der Straße ein Panzer heran. Der hatte aber ein für uns ungewöhnliches Zeichen: einen fünfzackigen Stern, wie ein Russenstern, aber Weiß auf tarnfarbenem Grund. Jemand kam von diesem Panzer runter und an den Drahtzaun und sagte: ‚Wir sind Amerikaner. Der Krieg ist zu Ende für euch. Bleibt hier, geht nicht vom Lager weg. Wir bringen Essen, Verpflegung und Ärzte. Bleibt hier.' Dann sah ich, wie die Infanterie, die dem Panzer folgte, die Wachmannschaft einsammelte; sie mussten ihre Waffen auf einen Haufen werfen. Die Amerikaner kamen mit einem Kanister, schütteten Benzin darüber und warfen dann eine Feuerlanze hinein. Der Haufen brannte lichterloh, die Munition flog rechts und links, und ich dachte: Nimm dir mal eine kleine Pistole mit, und ich kroch an den Haufen heran. Aber eines dieser Geschosse streifte mich, ich fühlte es am Ohr, und ich sagte mir: Lieber nicht! Die Pistole hätte mir auch nichts genützt. Die Amerikaner hatten Anweisung, jeden bewaffneten Nichtamerikaner sofort standrechtlich zu erschießen. Das wusste ich aber nicht. Und es war auch besser, dass ich keine Rache ausüben konnte. Zudem: Wo war die SS, die angeblich für den Führer in den Tod gehen würde? Sie hatte sich Zivilkleidung

---

362 Internet: Gusen Memorial Committee; Wikipedia, KZ Gusen (21.5.2011).
363 Karl Otto Herz: Holocaust Journal.

besorgt und war in der dunklen Nacht verschwunden. Die KZ-Wache wurde von Außer-Dienst-Polizisten geleistet, die man noch in letzter Eile aufgetrieben hatte, die aber auch keinen Spaß verstanden. Jemand, der an den Draht ging, wurde sofort erschossen. Und das an den letzten fünf oder sechs Kriegstagen!

Ich habe mir also keine Pistole besorgt. Die russischen Gefangenen hatten eine Bresche in den Draht geschlagen, und ich bin durch den Draht gekrochen und war zum ersten Mal frei. Das hört sich so schön an. Ich hätte jubeln sollen. Ich hätte Fahnen schwenken sollen. Ich war draußen und konnte gehen, wohin ich wollte. Aber was für ein Gefühl hatte ich? Ich hatte kein Gefühl. Ich war leer. Ich war keines Gefühles mehr mächtig. Ich war innerlich tot. Ich wusste nicht, wo ich war; ich wusste nicht, wo meine Familie war, ich wusste von nichts, außer dass ich auf einmal lose – nicht frei – auf österreichischem Boden stand.

Ich bin weiter gekrochen und habe mich durchgeschlagen, habe nachts in einem Gehöft geschlafen. Die Bauern wussten, was los war; sie waren nicht gerade erfreut, haben uns – da waren auch noch andere – aber doch in ihrer Scheune einen Schlafplatz angewiesen, und wir haben auf Stroh geschlafen. Am nächsten Morgen gab man mir ein paar Scheiben Brot und hat uns den Weg nach Linz gezeigt; dort werde man uns versorgen.

Ich bin in die nächste Ortschaft gegangen und fand dort einen Brunnen und eine Bank, auf der aufgemalt war: ‚Nicht für Juden'. Aber das hatte jetzt keinen Sinn mehr. Ich habe mich auf die Bank gleich neben diese Schrift hingesetzt, am Brunnen mir etwas Wasser geholt und angefangen, mein Brot zu essen.

Ich saß da, und die Amerikaner fuhren vorbei und hin und her. Auf einmal sehe ich in etwa hundert Meter Entfernung, wie ein Jeep auf mich zukommt mit einer Kühlerfigur, wie ich sie noch nie gesehen hatte: Der amerikanische Leutnant hatte auf die Kühlerhaube mit Stahldraht eine Büste von Adolf Hitler befestigt, und wenn er dann anfuhr oder nach links oder rechts fuhr, wippte dieser Hitlerkopf auf und nieder und nach rechts und links. Das war das Originellste, was ich je gesehen habe.

Ich dachte, der würde einfach weiterfahren, aber er hielt bei mir an. Was wollte der von mir? Ich saß da mit einem Stück Brot in zerfetzter Kleidung, verlaust, verdreckt, mit einem Haarschnitt, den man in Amerika *mohawk* [Irokesenschnitt] nennt, allerdings war es ein *reverse mohawk* [ein umgekehrter Irokesenschnitt]. Die Lagerordnung in Mauthausen verlangte, dass ein Mittelstreifen glänzend kahl geschoren wurde, während die Seitenhaare 2 oder 3 mm hoch sein sollten. Wir waren also sofort als Häftlinge zu erkennen. Zum damaligen Zeitpunkt war mir das aber egal.

Der Amerikaner hielt also an und winkte mich zu sich: ‚*Come here!*' Ich verstand ein paar Worte Englisch, wir hatten Englisch in der Schule. Ich ging auf ihn zu, und er zog eine wunderschön glänzende Hohner-Mundharmonika aus seiner Brusttasche: ‚*Can you play this?*' Nun war ich ein sehr guter Harmonikaspieler. Ich antwortete ihm: ‚*Yes, I can play.*' Er sagte: ‚*Can you play ‚Dutchland over all'?*' Zunächst verstand ich ihn nicht, aber dann ging mir ein Licht auf, was er wollte: ‚Deutschland, Deutschland über alles'. Er forderte mich auf, hinten aufzusitzen, und ich spielte, so laut ich konnte, ‚*Dutchland over all*'. Er wollte den Österreichern zeigen: Der Krieg ist zu Ende, und wir verachten euch für das, was ihr getan habt. Und ich spielte: ‚Soldaten, Kameraden, hängt die Juden, stellt die Bonzen an die Wand!' oder ‚Die Fahne hoch! Die Reihen fest geschlossen!' und all die Nazilieder, die ich kannte. Und der Amerikaner grinste über das ganze Gesicht, beugte sich nach der Seite und nach der Seite, und ich spielte die Nazilieder, bis wir dann von weither ein Trompetensignal zum Aufbrechen hörten. Wir kamen wieder zum Marktplatz zurück, und überall war der Ruf ‚Aufsatteln! Macht euch fertig!' Ich stieg aus und verabschiedete mich von meinen beiden Amerikanern, und die holten aus ihren Taschen Schokolade und Zigaretten und gaben sie mir."

Karl Otto Herz: Befreiung in Gusen I

Bruder Karl Otto Herz schilderte in einem Brief vom 12. März 1987 seine Befreiung in Gusen I so:

„Ich war am 5. Mai 1945 so schwach (72 Pfund), daß ich Gusen nicht verlassen konnte bis drei Wochen später. Ich mußte dann ‚fliehen', weil das Lager von der US-Armee schon geschlossen war. [...]

Die meisten Häftlinge verließen Gusen gleich nach der Befreiung. Andere Kranke, die noch besser auf den Füßen waren als ich, brachten mir Nahrung in meinem Topf und auch Häftlingskleidung im besseren Zustand als die meine. Nach ca. zehn Tagen konnte ich auf kurze Zeit herumgehen, konnte mir aber nicht vorstellen, wie ich es ‚draußen' unbetreut geschafft hätte. Dann wurde Gusen geschlossen, ich glaube, weil die noch Zurückgebliebenen eine Gesundheitsbedrohung darstellten. Wir hörten von einem Plan, das Lager den Russen zu übergeben, da die Amerikaner sich auf die Nordseite der Donau zurückziehen wollten. Da ich Gott sei Dank wieder stärker war, gab diese Aussicht Anlaß für mich, den Versuch zu machen (erfolgreich), mit meinem kümmerlichen Englisch einen Soldaten dazu zu bewegen, mich und einen Kameraden (Giovanni Kahlberg aus Mailand) herauszulassen, nämlich uns mittels einer Leiter über den Stacheldraht zu helfen. Das muß so ca. 25. Mai 1945 gewesen sein, und wir folgten dann der Eisenbahnspur nach Linz."[364]

---

364 Daners, S. 275f.; letzter Abschnitt wortgleich in einem Brief vom 27.4.1987.

Der lange Weg in die USA

Zigtausende von ehemaligen Zwangsarbeitern, Kriegsgefangenen und KZ-Insassen hatten die Amerikaner in Oberösterreich befreit. Sie mussten untergebracht und mit Lebensmitteln versorgt, ihre Repatriierung organisiert werden. Es war eine gewaltige Aufgabe, bei deren Bewältigung die US-Besatzungsmacht auf die Unterstützung internationaler Flüchtlingsorganisationen angewiesen war. Es fehlte an Lebensmittelvorräten, an Kleidung, an Unterbringungsmöglichkeiten, sodass die Lebensumstände der *Displaced Persons (DPs)* katastrophal blieben – die der Zivilbevölkerung allerdings vielfach auch.

„Im Laufe der Monate Mai bis August 1945 versorgten die amerikanischen Soldaten Zehntausende von Häftlingen in Mauthausen, Gusen, Steyr, Lenzing, Ebensee, Gunskirchen mit Lebensmitteln und weit mehr als zwanzigtausend Schwerkranke mit Medikamenten. Wenige Tage nach der Befreiung veranlaßten sie die Überführung der Kranken in mehrere von ihnen provisorisch eingerichtete Hospitäler und in die Krankenhäuser der nahen Umgebung."[365]

In der Stadt Linz, wo zahlreiche *Displaced Persons*, nicht zuletzt aus den Konzentrationslagern Mauthausen und Gusen, sich sammelten, entstand ein ganzes Netz von Lagern *(DP Camps)*, deren Verwaltung in den ersten Monaten der Militäradministration unterstand. Zunächst hatte man die betroffenen Personen nach ihrer Nationalität auf die einzelnen Lager verteilt. Die Folge war, dass deutsche Juden und KZ-Insassen in ihrem *DP Camp* ihre deutschen Peiniger wiederfanden. Nach dem alarmierenden Bericht von Earl Grant Harrison über die untragbaren Zustände in den *Camps*[366] wurden diese im Herbst 1945 an die Hilfsorganisation der Vereinten Nationen UNRRA[367] übergeben und für Juden eigene Lager geschaffen. In Linz gab es drei solcher jüdischen Lager: „Wegscheid" „Bindermichl" und „Davidstern".[368]

---

365 Maršalek, S. 336.
366 *Report on the Treatment of Displaced Jews*, August 1945.
367 *United Nations Relief and Rehabilitation Administration* (Nothilfe- und Wiederaufbauverwaltung der Vereinten Nationen).
368 „Lager Wegscheid" (Camp Maurice L. Tyler, Lager 67): beiderseits der Landwiedstraße; „Lager Bindermichl": Ramsauerstraße/Hatschekstraße/Uhlandgasse/Am

Die meisten jüdischen DPs wünschten keine Repatriierung, sondern suchten nach Auswanderungsmöglichkeiten, vorzugsweise nach Palästina und in die USA. Ihre alte Heimat gab es nicht mehr: Familienangehörige und Bekannte hatte man verschleppt und ermordet, ihre Häuser und Geschäfte waren enteignet, die Synagogen zerstört. Die alte Heimat der jüdischen Deutschen war das Land der Verfolger; sich hier wieder anzusiedeln, schien den meisten unmöglich. Da aber die USA und andere Einwanderungsländer sich diesem Einwanderungsdruck mit restriktiven Maßnahmen entgegenstellten, blieb für viele in den *Camps* die Zukunft düster, zumal die britische Regierung auch die Auswanderung in das von ihr verwaltete Völkerbund-Mandatsgebiet Palästina zu drosseln versuchte, weil sie politische Verwicklungen befürchtete.

Rudy Herz: Von Linz über Rotterdam nach Südfrankreich
Rudy Herz, der nach der Befreiung sich auf den Weg nach Linz gemacht hatte und hier durch Pflege in einem Hospital gesundheitlich wiederhergestellt wurde, versuchte dieser Situation möglichst früh zu entgehen. 1983 berichtete er:

„[Nach der Befreiung] kam ich nach Linz ins Krankenhaus wegen genereller Debilität (Erschöpfung), ich wog ca. 85 Pfund, mein Normalgewicht waren 170 Pfund. [Mein Bruder und ich] waren zur gleichen Zeit in Linz, ich wußte von seiner Anwesenheit nichts und er nichts von meiner. Er arbeitete für den amerikanischen Rundfunk, er war zu dieser Zeit 17 Jahre alt und ging durch eine Kinderhilfe nach Amerika, da er in eine Altersklasse fiel, der man es erleichtert hatte, nach Amerika zu gehen.

Da ich keine Möglichkeit sah, irgendwie von Linz wegzukommen, denn man steckte kurzerhand alle KZ-Insassen in Lager, wo wir dann weiter gesessen hätten, nahm ich mir vor, daß mir das nicht passieren [sollte]. Ich konnte durch mein flüssiges Kölsch gut die holländischen Juden verstehen und hatte mir schon in Theresienstadt Mühe gegeben, Holländisch zu lernen. In den KZs, die danach folgten, war ich auch

---

Bindermichl; Lager „Davidstern" (Camp David) in der ehemaligen SS-Kaserne Ebelsberg, Wiener Straße 545–549. Vgl. Internet: http://www.linz.at/geschichte/de/42242.asp (23.5.2011).

sehr viel mit Holländern zusammen, ich suchte absichtlich ihre Gegenwart und gab mich als ein an der Grenze wohnender Holländer aus.

In Linz habe ich das fortgesetzt und habe einen holländischen Transport aufgesucht, der mit Hilfe französischer Offiziere und des Roten Kreuzes zusammengestellt wurde. Ich gab mich einfach für den Sohn meines Onkels [Siegfried Herz in Rotterdam[369]] aus, was nicht schwierig war, denn ich sprach ziemlich gut holländisch - zwar mit deutschem Akzent, was ja aber zu erwarten war, da Onkel Siegfried ja aus Deutschland stammte. Wir fuhren mit vielen Unterbrechungen per Zug, per Lkw immer weiter und weiter. Wir saßen in Viehwagen, aber jeder war guter Dinge. In diesem Transport nach Holland waren Zwangsarbeiter und KZ-[Insassen]. Da ich meine KZ-Montur [an]hatte, bekam ich von holländischen Zwangsarbeitern Kleidungsstücke geschenkt."[370]

Umfangreiche Gleisarbeiten hielten den Zug rechtsrheinisch vor Köln für vier Stunden auf. In der Ferne dämmerten die Türme des Kölner Doms, wie Rudy Herz sie von Kindheit an kannte. Wehmut stieg in ihm auf und Willi Ostermanns Lied: „Wenn ich so an ming Heimat denke / und sin d'r Dom so vör mir ston." Er stieg aus, stand am Gleiskörper, unentschlossen, ob er losgehen sollte, und stieg wieder ein. Noch dreimal stieg er aus, und machte sich doch nicht auf den Weg. Er lebte in der bangen Befürchtung, der einzige Überlebende seiner Familie zu sein, und dass es keinen mehr gebe, der auf ihn wartete. Von Onkel Hermann Jacobsohn hatte er keinerlei Nachricht und befürchtete das Schlimmste.[371] Die Ruinen der Häuser in Köln und das Fehlen jedes Familienangehörigen würden das unerträgliche Gefühl des Alleinseins noch steigern und sogar die Erinnerung an das Verlorene beschädigen. In Köln oder Stommeln träfe er vielleicht bekannte Gesichter, aber könnte er sich diesen Menschen noch zugehörig fühlen? Wie wäre es zu ertragen, seinem ehemaligen Lehrer oder den SA-Leuten und anderen, die ihn und seine Familie drangsaliert hatten, zu begegnen? Und wer wollte seine Leidensgeschichte hören? Sein jüdisches Schicksal und das verdrängte Schuldgefühl der Menschen in der ehemaligen Heimat rissen

---

369 Ein Bruder des Vaters.
370 Daners, S. 288.
371 Vgl. Brief von Rudy Herz an Hermann Jacobsohn, ca. 10.7.1946.

einen tiefen Graben auf, über den keine Brücke führte. Der Zug setzte sich in Bewegung, Rudy Herz sprang auf und fuhr an der verlorenen Heimat vorbei. Irgendwo nördlich von Köln wurde der Rhein überquert – vermutlich mit einem Fährschiff, weil die Brücken zerstört waren –, und dann linksrheinisch die Zugfahrt fortgesetzt bis nach Holland.[372]

„In der Nähe von Venlo endete der Zug; wir wurden in einem Kloster an der Grenze untergebracht, ich hatte auch da noch Gewissensbisse, ob ich nicht in Köln den Onkel Hermann hätte ausfindig machen sollen."[373]

„Die niederländische Regierung hatte bereits Anfang 1945 die Errichtung von Aufnahmezentren geplant. In diesen Grenz-Kontroll-Zentren wurden die Ankommenden medizinisch untersucht, Kleider und kleine Geldbeträge ausgegeben, Fingerabdrücke genommen und Fotos gemacht. Solche Zentren gab es u. a. in Eindhoven, Maastricht, Valkenburg, Weert und Venlo. Bis Ende Juli 1945 waren 305 000 Niederländer repatriiert. Fast in jeder Stadt gab es zudem Informationszentren, wo die Heimkehrenden Hilfe bei der Suche nach Verwandten sowie bei der Arbeitsbeschaffung erhielten."[374]

Von dem Aufnahmezentrum in Venlo aus wurden die Heimkehrenden dann weiter ins Landesinnere geleitet. Rudy Herz 1983:

„Diejenigen, die nach Antwerpen und Rotterdam zurückgebracht wurden, fuhren über Kanäle und den Rhein weiter. Es war eine der schönsten Zeiten meines Lebens, es war alles ruhig, friedlich, keine Bomben, keine Granaten, keine Flak, kein sich Niederwerfen beim ersten Schuß. Es gab etwas zu essen. Die Holländer haben die, die zurückkamen, so gastfreundlich aufgenommen, wie ich noch nie aufgenommen worden bin. Ich sprach sehr wenig, man hat mich auch nicht gefragt, man drang nicht in mich ein. Man wußte von den ersten, die zurückgekommen waren, daß in den Lagern was ganz Grauenhaftes vorgefallen war.

Auf einem Kanalkahn fuhr ich langsam auf Rotterdam zu. Irgendwo hatte ich mir eine Verletzung zugezogen, die begann schlimmer zu wer-

---

372 Vgl. Wißkirchen (8).
373 Daners, S. 288.
374 Ebd., S. 274.

den, ich hatte eine Blutvergiftung im Arm. Der Kapitän sah sich das an und sagte: ‚Ich nehm dich nicht weiter mit, du bist so weit gekommen, ich möchte dich nicht noch verlieren, wir legen für dich an, ich kenne hier eine [jüdische] Familie, die untergetaucht war, sie ist jetzt wieder zurück, und laß dich bei denen, da gibt es auch ein Hospital.'

Der Kapitän hat mich hingebracht, und im Hospital bin ich sofort – ohne jede Frage – behandelt worden, man hat mich operiert, und ich bin ziemlich schnell gesund geworden. Nach zwei Tagen hat man mich einer jüdischen Familie übergeben, von der ich auf das gastfreundlichste aufgenommen worden bin, ich bin noch nie in meinem Leben so gut behandelt worden. Dort blieb ich ungefähr vierzehn Tage, weil ich ab und zu zum Hospital mußte, bis ich die Fäden gezogen bekam. Dann ging es endlich per Kahn weiter nach Rotterdam. Das Zentrum war ausbombardiert, aber es gab eine jüdische Gemeinde – zusammen mit anderen holländischen und polnischen Juden wurde ich in ein Rekonvaleszenzheim gesteckt. Ich wurde von Fieber befallen, das von den Ärzten nicht diagnostiziert werden konnte. Ungefähr drei Wochen war ich im Fieberdelirium. [...]

Eine Verbindung zu irgendwelchen Familienmitgliedern hatte ich nicht, ich wußte nicht, wer noch am Leben war. Langsam ging ich wieder ins normale Leben über, aber all die Leute, die vom KZ gekommen waren, waren wortkarg. Es gab Frauen aus Auschwitz und welche aus Mauthausen, die mit mir von Mauthausen zurückgekommen waren, sie waren dünn, ausgemergelt, Haare runtergeschoren. In Holland dachte man zunächst, daß sie von der holländischen Bevölkerung so zugerichtet worden wären, weil sie Kollaborateure gewesen seien. Die Polizei und die Bürgermeisterei erließen dann Aufrufe, daß diese Leute unschuldig seien.

In Holland war ich ca. vier Monate. Man versuchte, mir irgendeine Beschäftigung zu besorgen; da ich schon damals an der Uhrmacherei interessiert war, schickte man mich zu einem Uhrmacher in die Lehre. Ich wohnte in einem jüdischen Heim, das zurückgekommenen KZ-Insassen von der holländischen Regierung zur Verfügung gestellt worden war."[375]

---

375 Ebd., S. 288f.

In zerlumpten Kleidern war er nach Holland gekommen. Wie ein Vagabund habe er ausgesehen, schrieb er später seinem Onkel Hermann.[376] Aber die Freunde seines in Auschwitz umgekommenen Onkels Siegfried Herz[377], die sich um ihn kümmerten, hatten selbst nichts. Die Not nach dem Krieg war allüberall. Erst im Frühjahr 1946, inzwischen in Frankreich, gab man ihm eine ausgediente alte Polizeiuniform, bis er dann im Sommer 1946 Kleiderpakete von inzwischen ausfindig gemachten Bekannten in den USA erhielt, „so dass ich jetzt wieder menschlich aussehe".[378]

Der Weg von Rotterdam nach Frankreich war abenteuerlich:

„Da kamen eines Tages Soldaten in britischer Uniform, die aber auf der Achselklappe oder am Revers einen Davidstern aufgenäht hatten, das war die *Jewish Brigade*, die hat unter der zurückgekommenen KZ-Jugend Werbung für Israel gemacht, und ca. 90 Prozent von uns haben sich entschlossen, mitzumachen und nach Palästina zu gehen."

Diese *Jewish Brigade* war im September 1944 mit jüdischen Freiwilligen aus Palästina aufgestellt worden und hatte noch in die Kämpfe in Nordostitalien eingegriffen.[379] Hier kam sie zum ersten Mal in Kontakt mit Überlebenden des Holocausts und gründete angesichts von deren Notlage Hilfskomitees, um sie mit dem Lebenswichtigsten zu versorgen. „Die Soldaten führten Schulunterricht für die Kinder durch, begleiteten die jüdischen Überlebenden beim Überqueren von Grenzen und schmuggelten sie nach Palästina."[380]

Nach Kriegsende war die Jüdische Brigade als Besatzungstruppe in Europa eingesetzt und nahm Kontakt auf zu den überlebenden Juden in den Lagern; sie setzte sich ein für deren bessere Versorgung und organisierte auch hier die illegale Einwanderung nach Palästina – insbesondere über das Mittelmeer auf kleinen Schiffen, die vorwiegend von italienischen, aber auch von französischen Häfen ausliefen. Unter dem Akronym „TTG"[381] entstand eine Gruppe innerhalb der *Jewish Brigade*, die

---

376 Brief vom 19.7.1946.
377 Geb. 23.1.1901 in Butzheim, †30.9.1942 in Auschwitz (Yad Vashem).
378 Brief von Rudy Herz an Hermann Jacobsohn vom 6.8.1946.
379 Ettinger, S. 1283; vgl. Blum.
380 Daners, S. 273.
381 Abkürzung für den jiddischen Kraftausdruck „*tilhas tizig gescheften*", der sinngemäß dem des Götz von Berlichingen entspricht; vgl. Blum, S. 235.

sich mit Hilfe gefälschter Marschbefehle, die von ihrem Brigadegeneral E. F. Benjamin „unterzeichnet" waren und von britischen Transporteinheiten akzeptiert wurden, aus britischen Nachschubdepots mit allem Nötigen versorgte: mit Fahrzeugen, Benzin, Lebensmitteln, Uniformen usw.[382] Die britische Regierung, Mandatsmacht in Palästina, wollte mit Rücksicht auf die Palästinenser und die arabischen Anrainerstaaten eine massenhafte Einwanderung, aber auch den in großem Stil betriebenen Waffenschmuggel für die *Haganah*, die zionistische Militärorganisation in Palästina, verhindern und bekämpfte die zionistischen Aktivitäten der Jüdischen Brigade. 1946 spitzte sich dieser Konflikt zu und führte zu Gewaltaktionen auf beiden Seiten. Der britische Angriff auf das im Juli 1947 von Marseille nach Palästina ausgelaufene Flüchtlingsschiff mit 4500 illegalen jüdischen Einwanderern an Bord bewegte damals die öffentliche Meinung der ganzen Welt.[383] Die Vereinten Nationen nahmen sich des Problems an und beschlossen in ihrer Vollversammlung vom 29. November 1947 die Teilung Palästinas. Am 14. Mai 1948 verkündete David Ben Gurion die Unabhängigkeit des neuen Staates Israel.

Dass um die Jahreswende 1945/46 Mitglieder der Jüdischen Brigade in dem Heim in Rotterdam erschienen, in dem Rudy Herz damals lebte, war Teil von deren zionistischen Bemühungen im Vorfeld der israelischen Staatsgründung. Die Brigade war im Juli 1945 nach Belgien und in die Niederlande verlegt worden und begann hier, Auswanderungswillige nach Palästina zu werben und nach Süden an die Mittelmeerküste zu bringen, um hier an Bord eines illegalen Auswanderungsschiffes gehen zu können.

Sie fand dabei Unterstützung bei den jüdischen französischen Pfadfindern *(„Éclaireurs israélites de France")*, die 1923 gegründet worden waren. Als 1933 in Deutschland die nationalsozialistische Verfolgung der Juden einsetzte, kümmerten sie sich um Kinder von nach Frankreich Geflohenen und nahmen sie in Heime auf, die sie unterhielten. Zentrum ihrer Aktivitäten war Moissac, ein kleiner Ort im Süden, wo sie im Haus Nr. 18 am *Quai du Port* ein solches Heim unterhielten, das von dem jungen Paar Shatta und Bouli Simon geführt wurde.[384] Etwa hundert

---
382 Blum, S. 236.
383 Ettinger, S. 1290f.
384 Lewertowski; Capul.

Kinder lebten hier, insbesondere jüdische, die von ihren Eltern hierhin in Sicherheit gebracht wurden. Als nach der Besetzung Frankreichs 1940 auch das mit den Nazis kollaborierende Vichy-Regime unter Henri Philippe Pétain im nicht besetzten Süden die jüdischen Pfadfinder verbot, konnte das Heim zunächst trotzdem weitergeführt werden – mit Wissen der Ortsbevölkerung und unter Mithilfe des Bürgermeisters, der vor anstehenden Razzien die Heimleitung warnte. Als im November 1942 die deutsche Wehrmacht auch in Südfrankreich einmarschiert war, musste das Haus im August 1943 geschlossen werden. Vorher brachte man jedoch die gefährdeten Kinder in kleinen Gruppen an verschiedenen Orten und mit gefälschten Papieren, die ihnen eine nichtjüdische „Identität" gaben, unter. 500 konnten vor dem Schicksal von 11 000 aus Frankreich deportierten Kindern[385] bewahrt werden. Die kanadische Schriftstellerin Kathy Kacer hat in ihrem 2006 erschienenen Jugendroman *„Hiding Edith: A True Story",* 2010 in deutscher Übersetzung erschienen, die Rettung eines dieser Kinder geschildert.[386]

Als im September 1944 der Krieg in Frankreich zu Ende ging, kehrten viele dieser Jugendlichen wieder nach Moissac zurück, und bald folgten ihnen jüdische Jugendliche aus den befreiten Konzentrationslagern. Das Heim wurde im *„Moulin de Moissac",* einem größeren, dem bisherigen Gebäude gegenüberliegenden ehemaligen Mühlengebäude am Fluss Tarn, wieder eröffnet. Mit der Befreiung der Konzentrations- und Vernichtungslager kamen bis an die dreihundert junge Überlebende des Holocausts, Männer und Frauen, hierhin.[387] In Gruppen, die jeweils einem Leiter unterstanden, wurden die Heimbewohner auf die Auswanderung nach Palästina vorbereitet. In dem Gebäude befanden sich verschiedene Lehrwerkstätten, weshalb es den Namen *„Centre Artisanal"* (Handwerkszentrum) erhielt. Finanziert wurde es im Wesentlichen durch einen Baron de Rothschild.

Mit Hilfe der *Jewish Brigade* fand auch Rudy Herz Anfang 1946 von Rotterdam aus, wohin es ihn verschlagen hatte, den Weg dorthin:

---

385 Capul, S. 21.
386 Kacer.
387 Das Heim bestand bis 1951 und wurde dann in das *Château de Laversine* (Oise) verlegt; vgl. Capul, S. 25. Im *Moulin de Moissac* befindet sich heute ein Hotel.

„Eines Tages war es dann so weit, die *Jewish Brigade* sagte: ‚Haltet euch bereit, wir geben euch Uniformen, die Lastwagen sind englisch, ihr sprecht kein Wort mehr zu jemandem, außer denen, die etwas Englisch sprechen. Wenn wir angehalten werden und jemand kommt nach hinten, um nachzuschauen, dann sagt: *We are members of the Jewish Brigade*, und laßt euch auf nichts weiteres ein.' Die jungen Damen mußten auch diese Uniformen anziehen, sie saßen vorne in der Führerkabine, die anderen, die noch einigermaßen wie Soldaten aussahen, saßen hinten bei der Ladeklappe auf den Bänken.

Wir fuhren auf schnellstem Weg der Grenze zu. Die erste Grenzwache war die belgische, und es geschah genau so, wie man uns das auch gesagt hatte, man kam nach hinten, die Plane wurde aufgehoben, man guckte hinein und sprach auf französisch auf uns ein, und wir sagten einfach bloß *Jewish Brigade*, das beruhigte sie anscheinend, und wir fuhren durch Belgien. An der französischen Grenze das gleiche, allerdings ein viel längeres Warten, ein etwas eingehenderes Anleuchten mit Taschenlampen – die Fahrt wurde nachts durchgeführt –, und jemand sprach in gebrochenem Englisch auf uns ein. Da ich einer der wenigen war, der mehr als drei Worte Englisch konnte, sagte ich dann: ‚*We are Jewish Brigade, we are joining our headquarter in Paris.*' Dieser Strom von Englisch war dann doch für den Grenzbeamten zuviel, er winkte den Transport – ich glaube, es waren vier Lastwagen – durch.

In Paris wurden wir von den *Éclaireurs israélites*, den jüdischen Pfadfindern, in Empfang genommen. Wir blieben eine Nacht in Paris, wir wurden angewiesen, mit niemandem Kontakt aufzunehmen, und wurden am nächsten Morgen auf den Bahnhof gebracht und fuhren dann nach Südfrankreich in ein Sammellager in Féneyrols-les-Bains im Departement Tarn-Garonne, nicht sehr weit von Moissac. […] Dieses Lager wurde dann aufgelöst, und wir gingen dann nach Moissac."[388]

Eine Schlüsselrolle für Rudy Herz spielte damals Émile Wajda[389], ein aus Ungarn stammender französischer Jude und *Capitaine* (Hauptmann) der französischen Armee. Nach der französischen Kapitulation im Juni

---

388 Daners, S. 289ff.
389 Rudy Herz schreibt den Namen „Vajda".

1940 und der Errichtung des Vichy-Regimes in Südfrankreich war er in den Widerstand gegangen und hatte sich in Toulouse einer vorwiegend jüdischen Partisanen-Organisation angeschlossen[390], die eng mit den *Éclaireurs israélites de France* zusammenarbeitete. 1944 wurde Wajda verhaftet und in das KZ Dachau gebracht. Nach der Befreiung war er ein wichtiger Verbindungsmann zwischen der *Jewish Brigade* und der jüdischen Pfadfinderorganisation bei dem Bemühen, ehemaligen jüdischen KZ-Häftlingen zur illegalen Auswanderung nach Palästina zu verhelfen. Wajda kannte die alten Netzwerke der „*Maquis*"[391] genannten Partisanenorganisation und konnte sie nutzen für die neuen Ziele. So hatte eine begüterte Comtesse de Féneyrols, die zugleich *Maire* (Bürgermeisterin) im Ort war, ihm und den jüdischen Pfadfindern ihr altes kleines Restaurant und Hotel im Ort gleichen Namens am Fluss Aveyron zur Verfügung gestellt, um hier ehemalige jüdische KZ-Häftlinge unterzubringen. Sie war die Letzte ihres Geschlechts, und ihr Sohn, Mitglied der *Résistance*, war von Deutschen standrechtlich erschossen worden.[392] Wajda arbeitete auch eng mit Shatta und Bouli Simon zusammen, den Leitern des Heims in Moissac, wohin Rudy Herz nach einigen Monaten in Féneyrols weitergeleitet wurde. Hier im *Centre Artisanal* im *Moulin de Moissac* lebte er von Anfang Juli bis Anfang Dezember 1946. Die Gruppe, der er angehörte, bestand vorwiegend aus osteuropäischen Juden und wurde von Émile Wajda geleitet.

Kontaktaufnahme mit Onkel Hermann in Köln

In den Heimen in Féneyrols und dann in Moissac bereitete Rudy Herz sich auf die Auswanderung nach Palästina vor.[393] Die geplante Weiterleitung auf ein illegales Auswandererschiff ließ sich aber doch nicht so schnell verwirklichen. Die Konturen der eigenen Zukunft vernebelten sich. Er saß allein in einem französischen Heim und wusste

---

390 *35ᵉ Brigade FTP-MOI (Francs-tireurs et partisans – main-d'oeuvre immigrée).*
391 Metonymischer Ausdruck für die Partisanenorganisationen der französischen Résistance: „maquis" bedeutet „undurchdringlicher Buschwald", in dem die Partisanen sich versteckten.
392 Ihr sehnlichster, aber nicht erfüllter Wunsch war es, neben ihrem Sohn, der auf einem Soldatenfriedhof lag, begraben zu werden.
393 Rudy Herz, Interview 16.2.2011.

nicht, ob noch jemand seiner Brüder oder sein Onkel Hermann überlebt hatte oder er der einzige war. Im Lager hatte die Familie, bevor sie auseinandergerissen wurde, verabredet: Wer überlebt, wendet sich zunächst an Onkel Hermann, denn ihm räumte man am ehesten eine Überlebenschance ein. Über ihn hoffte man sich wiederzufinden.

Aber über ein Jahr lang versuchte Rudy Herz vergeblich, Kontakt zu seinem Onkel zu finden. Es war nicht möglich, aus dem Ausland private Briefe nach Deutschland zu schicken. Von Holland aus gab er deshalb Soldaten, die nach Deutschland reisten, Briefe an Hermann Jacobsohn in Köln mit, aber sie kamen nicht an, weil er keine gültige Adresse von ihm kannte. Als dann im April 1946 der internationale Postverkehr mit Deutschland wieder aufgenommen wurde, schrieb er von Frankreich aus an ihn, aber die Briefe erreichten ihn aus dem gleichen Grunde nicht. Rudy Herz wandte sich deshalb an die jüdische Gemeinde in Köln, die sich neu konstituiert und im Mai 1945 im stark beschädigten Israelitischen Asyl in der Ottostraße 85 ihr Büro eröffnet hatte.[394] Aber der Brief kam zurück, man hatte dort keine Kenntnis über (den seit 1939 katholischen) Hermann Jacobsohn. Immerhin gelang es Rudy Herz, in St. Lizaigne in Frankreich eine überlebende Verwandte, eine Schwester seines Onkels Moritz Kaufmann aus Nettesheim, ausfindig zu machen.[395]

Am 19. Juni 1946 (Poststempel) machte Rudy Herz einen erneuten Versuch, Verbindung zu seinem Onkel Hermann in Köln aufzunehmen. Er adressierte den Brief „p. Adr. Jakob Stock, Stommeln (Kr. Köln)", in der Hoffnung, das irgendjemand in seinem Geburtsort ihm weiterhelfen konnte. Jakob Stock aus Stommeln hatte in der Tat seine Deportation nach Theresienstadt überlebt, wohnte aber nach seiner von Konrad Adenauer ermöglichten Rückkehr nicht in seinem Heimatort, sondern in einem Flüchtlingsheim, das die jüdische Gemeinde in Köln im ehemaligen Kindergarten in der Ottostraße 85 eingerichtet hatte.[396] Aber in

---
394 Becker-Jákli, S. 358.
395 Dieser Onkel war 1942 mit seiner Frau Henriette, der jüngsten Schwester des Vaters Ernst Herz, und vier Kindern nach Minsk deportiert worden, wo alle umkamen.
396 Becker-Jákli, S. 357.

Stommeln lebten Schulkameraden von Hermann Jacobsohn, man hatte ihn noch vor kurzem getroffen, als er nach Stommeln gekommen und mit Lebensmitteln im Gepäck wieder nach Köln zu seiner Familie gefahren war. Jemand wusste, wo er wohnte, und so erreichte der Brief seinen Adressaten.

Auch Hermann Jacobsohn, seine Frau Elisabeth und Tochter Helga hatten schwere Zeiten durchlebt. Am 13. April 1945 waren sie nach acht Monaten im Versteck in Köln-Gremberg durch den Einmarsch der Amerikaner befreit worden. Inzwischen hatten sie sich bei der Stadtverwaltung registrieren lassen, um Lebensmittelkarten zu erhalten, man hatte ihnen neue Ausweise ohne judenfeindliche Einträge ausgestellt, und ein Oberstadtrat Karpinski vom städtischen Wohnungsamt, der in Köln-Brück wohnte, hatte sie am 8. Mai 1945 dort als Fliegergeschädigte in ein leerstehendes Haus an der Lindlarer Straße eingewiesen. Es war ein völlig unversehrtes, bestens möbliertes Einfamilienhaus mit großem Garten, das dem SS-Obersturmführer Fritz Pütz gehörte, der in sowjetischer Kriegsgefangenschaft war. Seine Frau, einst Frauenschaftsführerin in Köln-Brück, war mit ihrer Tochter zu ihren Eltern im Rheingau ausgewichen. Für die vom Krieg arg gebeutelte Familie Jacobsohn war es wie ein Geschenk des Himmels. Wegen Beschlagnahmung durch die amerikanischen Besatzungstruppen mussten sie das Haus zwar für mehrere Wochen noch einmal räumen, konnten dann aber nach dem Abzug der Amerikaner Ende Juni 1945 wieder zurückkehren.

Auch Hermann Jacobsohn hatte versucht, etwas über das Schicksal seiner Schwester Lily Herz und ihrer Familie in Erfahrung zu bringen. Im Frühherbst 1945 hatte man ihm bei einem Besuch in Stommeln mitgeteilt, dass sein Neffe Karl Otto Herz bei der Gemeindeverwaltung um eine Geburtsurkunde nachgesucht hatte, die er für seine bevorstehende Auswanderung in die USA brauchte. Er hatte also überlebt. Aber Post hatte er von ihm nicht erhalten, und seine Adresse kannte er nicht. Und jetzt, im Juli 1946, hielt er das Schreiben seines Neffen Rudy Herz in Händen, der ihm aus Féneyrols in Südfrankreich auf dem Briefpapier der dortigen *„Maison de repos pour déportés"* schrieb:

„Féneyrols, im Juni 1946
Lieber Onkel Hermann!
Ich bin schon fast verzweifelt, dass ich von Dir noch nicht irgendein Lebenszeichen erhalten habe. Ich weiß ganz sicher, dass Du lebst, aber bis jetzt ist es mir noch nicht gelungen, mit Dir in Verbindung zu kommen. Ich schrieb zuerst an das Jüdische Asyl in Köln, aber ich bekam den Brief zurück. Wüsste ich doch einmal eine feste Adresse, auf der ich Dich immer erreichen kann. Wie geht es Dir? Hast Du irgendwelche Nachrichten von meiner Familie? Schreibe mir doch bitte sofort zurück. Was machst Du jetzt? Ich möchte gerne noch einmal [nach] Köln kommen, um zu sehen, was los ist. Wer ist denn alles zurückgekommen? Ich brenne darauf, irgendetwas zu hören!

Als meine Adresse schreibe bitte an Frau L. Moritz, es ist Onkel Moritz Kaufmanns Schwester. Sie weiß immer, wo ich zu finden bin. Was machen Tante Lisbeth und Helga? Ich hoffe, sie sind gesund. Mir geht es soweit auch ziemlich gut. Ich kann nicht klagen. Ich bekomme von Amerika noch jetzt Kleider und Lebensmittel geschickt, weil ich fast gar nichts hatte, als ich hier ankam.

Ich habe hier die Adressen von fast allen Verwandten und Bekannten aus Amerika!

Lieber Onkel Hermann! Außerdem muss ich Dir mitteilen, dass Tante Ernestine im Lager Theresienstadt an Enteritis gestorben ist. Ich glaube bestimmt, dass, wenn das Hönninger Haus noch steht, Du es beanspruchen kannst. Ach, ich wünschte, ich könnte Dir alles mündlich berichten, ich werde Dir erst ausführlich schreiben, wenn ich von Dir Antwort erhalten habe.

Für heute will ich schließen, viele Grüße und Küsse
von Deinem Neffen (gez.) Rudi.
Adr. Rudi Herz, p. Adr. L. Moritz, St. Lizaigne (Indre)"

Am 19. Juli 1946 hielt Rudy Herz endlich eine kurze Nachricht von seinem Onkel in Händen. Er war überglücklich, antwortete sofort und wollte alles in die Wege leiten, um ihn in Köln zu besuchen. Gut zwei Wochen später erreichte ihn dann ein langer Brief seines Onkels, aus dem er erfuhr, dass sein Bruder Karl Otto lebte, in die USA auswandern wollte und in Stommeln bei der Gemeindeverwaltung um eine Geburtsurkunde nachgesucht hatte. Wie ein Jubelschrei antwortete er sofort (am 6.8.1946):

„Also fast eineinhalb Jahre musste ich warten, bis dass ich hörte, dass Karl-Otto noch lebt! Ich weiß nicht, ob Du Dir vorstellen kannst, wie ich mich gefreut habe. Heute ist *Tisch'a beAv*[397], aber für mich ist er heute kein Trauertag. Ich hatte ja schon fast alle Hoffnung aufgegeben."

Für seine Zukunftsplanung eröffnete sich eine neue Perspektive: Lange war sein Blick auf Palästina gerichtet gewesen, und er hatte in Südfrankreich eine landwirtschaftliche Ausbildung absolviert, um sich auf ein Leben dort im Kibbuz vorzubereiten. Aber wenn sein einziger überlebender Bruder in den USA lebte, dann war die Auswanderung dorthin doch auch eine Option! Schon vorher hatte er daran gedacht, aber jetzt sah er sich darin bestärkt und arbeitete weiter daran, seine englischen Sprachkenntnisse zu verbessern. Erna Shafer geb. Cahn[398], die wie er selbst aus Stommeln stammte, jetzt aber in Chicago lebte, hatte auch bereits die für eine Einreise in die USA erforderliche Bürgschaftserklärung *(Affidavit)* unterschrieben.[399] Mit ihrer Hilfe hatte er auch die Adressen von in den USA lebenden Verwandten und Bekannten ausfindig gemacht: Erna Shafers Schwester Selma Guthman geb. Cahn, die Geschwister Georg und Herbert Moses (jetzt Moore) aus Stommeln, Albert Kaufmann, ein Vetter aus Nettesheim, sowie Herta Oster verh. Baruch, eine Cousine des Vaters, und andere.[400] Alle hatten ihm auch Hilfspakete geschickt, u. a. mit Kleidungsstücken darin, sodass er die alte Polizeiuniform, die man ihm in Frankreich gegeben hatte, endlich ablegen konnte. Inzwischen, im Juli 1946, hatte er – nach der lebensbedrohlichen Auszehrung in Mauthausen-Gusen – wieder ein Gewicht von 70 kg erreicht.

Am 23. August 1946 beging Rudy Herz seinen 21. Geburtstag. Um mit den anderen Jugendlichen aus seiner Gruppe ein wenig feiern zu

---
397 Jüdischer Fast- und Trauertag zum Gedenken an die Zerstörung des Tempels in Jerusalem.
398 Zusammen mit ihrem Mann Max Sochaczewer hatte sie nach der Einwanderung in die USA ihren Familiennamen in „Shafer" geändert.
399 Vgl. Brief von Rudy Herz an Hermann Jacobsohn vom 11.6.1946.
400 Vgl. Daners, S. 280.

können, backte er einen Kuchen, aber vor allem: Mit der Post kam ein Brief seines Onkels aus Köln mit Geburtstagswünschen und Fotos darin. In einem langen Brief antworte er sofort:

„Heute morgen ist nach langer Zeit einmal wieder ein strahlender Tag, als wäre er gerade für mich geschaffen worden. Es ist herrlich, die Sonne noch zu sehen, doch leider nicht ohne eine kleine Trübung, denn die, die ich gerne an diesem Tag um mich haben möchte, die mir das Leben gegeben haben, die sind nicht mehr. Doch freue ich mich, dass ich noch sagen [kann], ich habe noch jemand, der an mich denkt. Das Gefühl, niemand mehr zu haben, wie ich es noch ein Jahr nach dem Krieg hatte, als ich noch von niemand wusste, ist nicht zu ertragen. Eure Fotos haben mich sehr gefreut und ich nehme an, dass Ihr inzwischen auch ein Foto von mir erhalten habt, welches ich Euch mit dem letzten Brief schickte. Lieber Onkel Hermann! Ich muss Dir sagen, dass Dein Foto ausgezeichnet ist, doch ich sehe darauf, dass auch Du Dich sehr verändert hast. Ich hatte Dich ganz anders in Erinnerung, ich muss allerdings bemerken, dass sechs Jahre Elend nicht spurlos an einem vorbeigehen können. Du siehst viel ernster aus, aber hoffentlich hast Du Deinen Humor, der uns immer viel Freude machte, nicht verloren. Ja, ich möchte noch heute zu Euch kommen, aber wenn Ihr wüsstet, wieviel Knüppel einem zwischen die Füße geworfen werden, dann könntet Ihr Euch vorstellen, dass das gar nicht so einfach ist."[401]

Um die noch unbekannte Adresse des Bruders in den USA ausfindig zu machen, gab Herta Oster im Wochenmagazin „Aufbau", einer in New York erscheinenden deutsch-jüdischen Emigrantenzeitung, eine Suchanzeige auf (sinngemäß): „Rudy Herz sucht seinen Bruder Karl Otto, vermutlich in New York lebend."[402] Dieser las die Anzeige am Geburtstag seines Bruders, am 23. August 1946. Seine Freude war groß. Unverzüglich nahm er mit ihm in Südfrankreich Kontakt auf, musste ihm aber auch von dem Tod der Mutter und jüngeren Geschwister berichten, dessen Augenzeuge er gewesen war. Für Rudy stand nun endgültig fest, dass er seine Zukunft in Amerika suchen wollte, zumal auch

---

401 Rudy Herz, Brief vom 23.8.1946 an Hermann Jacobsohn.
402 Rudy Herz, Interview 16.2.2011.

sein Bruder ihn darum bat. Er wandte sich an das amerikanische Konsulat und beantragte ein Einwanderungsvisum für die USA.

Gerne hätte er jedoch vorher noch einmal seinen Onkel Hermann in Köln und seine alte Heimat besucht. In den Briefen, die er vom August bis Oktober 1946 nach Köln schickte, ist immer wieder davon die Rede. Er nannte ihn seinen Lieblingsonkel aus Kindertagen, er vertraute ihm und baute auf seine „Lebenserfahrung".[403] Aber der Reiseverkehr zwischen Frankreich und dem besetzten Deutschland war strengsten Restriktionen unterworfen. Die Franzosen ließen keinen nach Deutschland ausreisen und die Briten keinen in ihre Besatzungszone einreisen. Selbst die einzelnen Zonen in Deutschland schotteten sich untereinander ab und forderten für jeden Übertritt ihrer Grenzen einen Passierschein. Hinzu kam, dass die britischen Besatzungsbehörden, zu deren Zone Köln gehörte, insbesondere Juden unter strenger Kontrolle hielten, weil sie zionistische Aktivitäten befürchteten. Hintergrund war die restriktive Einwanderungspolitik der britischen Regierung für ihr Mandatsgebiet Palästina und der daraus herrührende Konflikt mit jüdischen Vertretern. In seinem Brief vom 6. August 1946 an seinen Onkel Hermann klagte Rudy Herz:

„Ich will Dir sagen, es ist nicht leicht, jetzt nach Deutschland zu kommen. Du weißt, daß hier jetzt die Friedenskonferenz[404] abgehalten wird. Die Franzosen lassen überhaupt jetzt niemand fahren."

Und am 23. August 1946:

„Ja, ich möchte noch heute zu Euch kommen. […] Bitte, schreibe mir dann doch in Französisch, und mein Leiter sagt mir gerade, daß Du dann darin schreiben sollst, daß meine Anwesenheit erforderlich ist, wenn möglich mit einem Stempel von einem Bürgermeister."[405]

Im September schickte Hermann Jacobsohn seinem Neffen ein entsprechendes behördliches Dokument. Dieser schaffte es auch, die Genehmigung der französischen Behörden für seinen Besuch in

---

403 Briefe vom 23.8. und 3.11.1946.
404 Gemeint ist die Pariser Außenministerkonferenz, die sich aber am 12. Juli 1946 ohne Vorbereitungen für einen Friedensvertrag vertagte und im November/Dezember 1946 in New York erneut zusammentrat.
405 Zit. n. Daners, S. 280.

Deutschland zu erlangen, aber die nächste Hürde war die Einreisegenehmigung in die Britische Besatzungszone, für die er nach Paris zum dortigen *Military Permit Office* fuhr. Empört schilderte er im Brief vom 25. Oktober 1946, dass man seinen Antrag abgelehnt habe, weil seine beabsichtigte Reise nur persönlichen Zwecken diene. *„If your presence is needed for the British Forces in Germany we can give you the permission. Otherwise not. I'm sorry"* (Wenn Ihre Anwesenheit notwendig ist für die britischen Streitkräfte in Deutschland, können wir Ihnen eine Einreiseerlaubnis geben, sonst nicht).[406]

Illegal nach Deutschland einzureisen hätte seine damals intensiv betriebene Auswanderung nach Amerika gefährden können, die sich sowieso wegen der niedrigen Einwanderungsquoten und der Bevorzugung von Juden aus deutschen *DP Camps* als schwierig erwies. Er verwarf deshalb diesen Gedanken.

Auswanderung in die USA

Voraussetzung für ein Einreisevisum war ein *Affidavit*, d. h. die beglaubigte Bürgschaftserklärung eines amerikanischen Bürgers, für ihn im Bedarfsfalle aufzukommen. Erna Shafer geb. Cahn hatte bereits eine solche Erklärung abgegeben und teilte sich mit Herta Oster die Kosten der Schiffspassage in Höhe von 500 Dollar.[407] Daraufhin bekam Rudy Herz im Oktober 1946 ein drei Monate gültiges Einreisevisum. Er fuhr nach Paris, wo sich das Büro der jüdischen Auswanderungshilfsorganisation „HIAS" *(Hebrew Immigrant Aid Society)* befand. Am 12. Dezember endlich wurde er morgens aus dem Bett geholt und ins Büro der HIAS bestellt: er solle sich sofort auf den Weg nach Le Havre machen, wo sein Schiff zunächst nach England und von dort nach New York gehe.

Rudy Herz zögerte keinen Augenblick. Mit Deutschland, Stommeln und Köln hatte er innerlich abgeschlossen, oder besser: er redete sich das ein, um seinen Entschluss zur Auswanderung unumstößlich zu machen. Bereits in einem Brief aus Moissac vom 3. November 1946 an

---

406 Darstellung und Zitat n. Daners, S. 280f.
407 Ebd., S. 291; Rudy Herz, Interview 16.2.2011 (Darin nennt er abweichend die Summe von 600 Dollar).

seinen Onkel in Köln hatte er mit seiner alten Heimat, die ihn einst in die blau-weiß gestreifte KZ-Uniform gesteckt hatte, abgerechnet:

„Ich ziehe es vor, in einem weniger blutrünstigen Land zu leben. Mich ärgert es jedesmal, wenn ich hier die Kriegsgefangenen herumlaufen sehe, in Zivilanzügen, durch nichts auffallend als durch den Akzent. Dick und ausgefressen und arbeiten sehr wenig – dann überkommt mich manchmal die Wut, wenn ich an das Elend denke, das wir durchmachen mußten. [...]
Daß es den Stommelnern jetzt alles so leid tut, daß meine Eltern nicht mehr leben, kann ich mir nicht vorstellen. Sonst habe ich nämlich niemand meine Eltern besuchen sehen als den Kaminfeger, der die Rechnung brachte."[408]

Bitterkeit spricht aus diesen Worten, eine verletzte Seele, und das verrät, wie wenig gleichgültig ihm sein Entschluss war und wie vieles es für ihn noch zu verarbeiten gab.

Auf dem Schiff teilte man die Passagiere in zwei Gruppen ein: reguläre Einwanderer und jüdische Verfolgte. Zusammen mit zwei Kameraden aus Moissac wurde Rudy Herz, obwohl er auf ein normales Einreisevisum reiste, einer *Jeschiwa*-Gruppe von langbärtigen Talmud-Studenten zugeteilt, die weder Englisch noch Deutsch sprachen. Nach neun Tagen, während derer Rudy Herz wegen schwerer See und eines Orkans ständig seekrank war, legte das Schiff am Pier im Hafengebäude von New York an. Die anderen jüdischen Einwanderer hatten schon vorher auf der vorgelagerten Insel *Ellis Island* von Bord gehen müssen, um dort die Einreisekontrollen zu durchlaufen. Rudy Herz und seine Moissac-Freunde aber betraten im Hafen amerikanischen Boden und wurden im Hafengebäude abgefertigt. Und hier sah er seinen Bruder Karl Otto wieder; dieser wusste, wann sein Schiff anlanden würde, und hatte auf ihn gewartet. Für beide war es ein bewegender Moment, sie sprachen über ihre Erfahrungen, über die Eltern, die Geschwister, Verwandte, und sie trugen gemeinsam schwer an dem Verlust ihrer ganzen Familie. Karl Otto, der auch von der HIAS unterstützt worden war, inzwischen aber in New York ein Zimmer bewohnte und schon einen

---

408 Daners, S. 283f.

Job hatte und Geld verdiente, begleitete seinen Bruder zum Quartier der HIAS, wo dieser für die nächste Zeit Unterkunft und Verpflegung fand und auch ein Handgeld bekam, um sich etwas kaufen zu können. Täglich kam er ihn hier besuchen, er führte ihn durch die Stadt und zu dort wohnenden Bekannten, und er erzählte ihm, wie es ihm nach seiner Befreiung in Mauthausen-Gusen am 5. Mai 1945 ergangen war:

Karl Ottos Weg vom DP Camp in Linz nach New York

Völlig entkräftet und dem Hungertod nahe, hatte er zunächst das Lager nicht verlassen können, sich dann aber am 19. Mai entlang den Schienen der Eisenbahn auf den Weg nach Linz gemacht. Dort wurde er von der amerikanischen Besatzung als „*displaced person*" registriert, fotografiert, gewogen (36 kg) und gemessen (1,78m) und dann dem jüdischen *DP Camp* „Bindermichl" zugewiesen, das zunächst von der Militärregierung und dann von der UNRRA verwaltet wurde. Es befand sich in einem beschlagnahmten und geräumten Teil der Wohnungsanlage gleichen Namens (371 Wohnungen). Im Lager erhielt er von einem Kameraden die Nachricht vom Tod seines Bruders Alfred in Bergen-Belsen und auch vom wahrscheinlichen Tod seines Vaters in Blechhammer. Vom Weg der Mutter und der drei jüngeren Geschwister in den Tod war er selbst Augenzeuge gewesen. Es blieb nur noch der ältere Bruder Rudy, und von dem erfuhr er im Lager, dass er mit einem Transport nach Holland gegangen sei.[409]

Karl Otto war ein aufgeweckter junger Mann von 17 Jahren und schaffte es, als Nachrichtenschreiber für den Sender „Radio Linz" eingestellt zu werden, der nach einmonatiger Pause am 8. Juni 1945 unter Leitung der *Information Services Branch* der US Armee wieder in Betrieb gegangen war. Ein Jahr lang übte er diese Tätigkeit aus. Der tägliche Umgang mit Amerikanern verbesserte nicht nur sein Englisch, sondern half ihm wohl auch, bei einem Sonderprogramm für die Einwanderung jüdischer Waisenkinder in die USA berücksichtigt zu werden. Im Juli 1946 trat er seine Reise nach Amerika an, las dort einen Monat später die „Aufbau"-Annonce seines Bruders Rudy und konnte ihn weitere vier Monate später im Dezember 1946 im Hafen von New York in die Arme schließen.

---

409 Karl Otto Herz, Holocaust Journal.

Vom Hühnerrupfer zum Uhrmacher

Als Rudy Herz sieben Tage lang mit seinem Bruder Karl Otto durch New York gewandert war, wurde ihm bald bewusst, dass er hier nicht bleiben konnte. Seinem Onkel Hermann schrieb er, die Stadt sei ihm „zu gewaltig", sie erdrücke ihn regelrecht und widere ihn an.[410] Die Antaios-Natur in ihm meldete sich, die den Kontakt zur Erde brauchte. Aber die Lösung, die sich ihm dann anbot, befreite zwar von den Steinschluchten New Yorks, erfüllte den Traum eines naturverbundenen Lebens aber nicht.[411] Aus Chicago reiste bald nach seiner Ankunft Erna Shafer mit ihrer Tochter an und besuchte Rudy Herz in seinem New Yorker HIAS-Quartier; sie hatte für ihn die Bürgschaft unterschrieben und zusammen mit Herta Oster die Passagierkosten (500 Dollar) bezahlt. Sie machte ihm einen Vorschlag: Ein Nachbar[412] von Ernst Cahn besitze eine Hühnerfarm in *Monmouth Junction* (South Brunswick Township im Middlesex County, New Jersey, USA), 48 Meilen südwestlich von New York; dort gebe es Arbeit für ihn. Rudy Herz, der aus New York weg wollte, ging darauf ein und zog auf die Hühnerfarm. Anfangs fühlte er sich hier im eher ländlichen Umfeld wohl, wenn ihn „das Leben auch nicht mit Samthandschuhen" anfasste. „Aber jedenfalls brauche ich nicht mehr Hunger zu leiden."[413] Ein gutes halbes Jahr lang hat er hier für 100 Dollar bei nur zwei freien Tagen im Monat geschuftet, und von Tag zu Tag mehr fühlte er sich ausgenutzt. Er war einsam und isoliert, weil ihm keine Zeit blieb, mit anderen Leuten zusammenzukommen. Wochenlang sah er niemand anders als seinen Chef und dessen Frau.[414] Ursprüngliche Pläne, wie sein Bruder Karl Otto eine *High School* zu besuchen,[415] ließen sich da nicht realisieren. Im Gespräch bezeichnet er seine damalige Tätigkeit, militärisches Vokabular adaptierend, als *„chicken flicker on the left wing"* – „Hühnerrupfer auf dem linken Flügel".

Als er die 500 Dollar zusammenhatte, zahlte er seine Schulden zurück und reiste nach Cleveland, wo in der Euclid Avenue eine Frau Else

---
410 Briefe vom Januar 1947 und 11.3.1947.
411 Grundlage der folgenden Darstellung: Rudy Herz, Interview 16.2.2011.
412 Namens Siegel; er stammte aus Hessen.
413 Brief vom 11.3.1947 an Hermann Jacobsohn.
414 Brief vom 2.9.1947 an Hermann Jacobsohn.
415 Vgl. Brief vom Januar 1947 an Hermann Jacobsohn.

Simons aus Köln wohnte, mit der er bereits in Frankreich Kontakt gehabt hatte. Sie hatte im „Aufbau" die Anzeige gelesen, ihn über den Verlag ausfindig gemacht und ihm geschrieben. Sie war eine gute Freundin der Mutter aus den gemeinsamen Tagen im Internat in Konstanz.[416]

Als Rudy Herz auf der Türschwelle ihres Hauses stand, war es das erste Mal seit 1942, dass er sie wiedersah. Sie schlug ihm vor, bei einem Bekannten, der ein Bauunternehmen hatte, Arbeit zu suchen. Aber ihm schwebte anderes vor. In Rotterdam hatte er einige Monate in einer Uhrmacher-Lehrwerkstatt gelernt, und in dieser Branche wollte er sein Glück versuchen. Er reiste nach Chicago, wo Erna Shafer wohnte und mit ihrem Mann Max ein Hutgeschäft betrieb. Einige Zeit lang wohnte er bei ihr und konnte sich etwas erholen. Seine berufliche Zukunft war aber weiterhin völlig ungewiss. Vorübergehend dachte er daran, als Kellner zu arbeiten und später „ins Hotelfach" zu gehen.[417] Aber dann nahm er im September 1947 eine Anstellung in einem Uhrengeschäft an, wo er Armbänder an Armbanduhren anbrachte und die kleinen Aufzieh- und Einstellrädchen (Kronen) aufzog. Wegen Unstimmigkeiten wechselte er jedoch nach drei Monaten, als das Weihnachtsgeschäft vorbei war, zu dem Uhren- und Juweliergeschäft *Clinton Watch Comp.*[418] Bis fünf Uhr nachmittags arbeitete er hier täglich; abends, von 18 bis 21 Uhr, besuchte er zwei Jahre lang eine Lehrwerkstatt, um sich zum Uhrmacher ausbilden zu lassen.[419] Es war für ihn eine harte Zeit, aber er bewies Durchhaltevermögen. Dann hatte er es geschafft, war gelernter Uhrmacher und eröffnete in Chicago ein eigenes kleines Uhrengeschäft.

Soldat im Koreakrieg

Über bescheidene Anfänge kam er zunächst jedoch nicht hinaus. Wenige Monate später, im Juli 1950, wurde Rudy Herz zur amerikanischen Armee einberufen, obwohl er noch Ausländer war. Aber in den USA galt die zweijährige Wehrpflicht für alle männlichen Einwohner zwischen 18 und 25 Jahren. Ausländer, die diesen Dienst verweigerten,

---

416 In erster Ehe war sie mit dem Schrotthändler Meyer-Gideon verheiratet gewesen. Nach der Scheidung hatte sie den Rechtsanwalt Kurt Simons geheiratet.
417 Brief vom 2.9.1947 an Hermann Jacobsohn.
418 Besitzer war die jüdische Familie Wein.
419 Rudy Herz, Telefonat 17.6.2011.

gefährdeten damit ihre Einbürgerung. Für Holocaustüberlebende gab es zwar eine Sonderregelung, aber davon wollte Rudy Herz, 24 Jahre alt, keinen Gebrauch machen. Truppen der Nordkoreanischen Volksarmee überschritten am 25. Juni 1950 die Grenze nach Südkorea und lösten damit den Koreakrieg aus. Die USA, die ein weiteres Vordringen des Kommunismus in Ostasien nicht hinnehmen wollten, füllten durch Einberufungen die erheblich ausgedünnten Truppenreihen auf. Rudy Herz sah es als seine staatsbürgerliche Pflicht an, dieser Einberufung zu folgen, schloss seinen kleinen Laden und machte sich am 12. September 1950 auf den Weg zu der Militärbasis *Fort Leonard Wood* in Missouri, wo er eingekleidet wurde.

Rudy Herz diente in der *45th Infantry Division*, die im Zweiten Weltkrieg unter dem Namen *Thunderbird* in Italien, Frankreich und Süddeutschland gekämpft hatte. Mit dieser Division wurde er nach einer militärischen Grundausbildung in den USA im März 1951 auf die japanische Insel Hokkaido verschifft, wo das Training für den Koreakrieg fortgesetzt wurde. Seit Dezember 1951 kam die Division dann in Korea zum Kampfeinsatz. Rudy Herz lag als Frontsoldat mit seiner Einheit in den Schützengräben am *Old Baldy Hill* („Alter Glatzkopf"), den die Amerikaner seit dem 26. Juni 1952 monatelang, bis zum 26. März 1953, gegen heftige chinesische Attacken verteidigten. Rudy Herz, der den Zweiten Weltkrieg als verfolgter Häftling hatte erleiden müssen, stand nun in einem blutigen Stellungskrieg, wurde zum *Sergeant First Class* (Oberfeldwebel) ernannt und hatte das Kommando über dreißig Mann. In einem Brief vom 30. Juli 1981 an eine Realschulklasse in Pulheim schrieb er, es sei ihm darum gegangen, ein „Unrecht, das wir verhüten können, nicht zuzulassen", nämlich den „Einbruch der kommunistischen Nordkoreaner in den Süden".[420]

Juwelier- und Uhrengeschäft in Chicago
Nach der Entlassung kehrte er im Oktober 1952 in die USA und nach Chicago zurück und eröffnete wieder seinen Uhrmacherladen.[421] Zusammen mit einem Partner baute er ein Juwelier- und Uhrengeschäft

---
420 Daners, S. 285.
421 Rudy Herz, Telefonat 17.6.2011.

(*Chicago Watchclock Corp.*) im Stadtteil Hyde Park im südlichen Chicago in der South Blackstone Avenue (3525) auf. Es war ein Viertel, in dem zahlreiche deutsche Juden wohnten. Die Geschäfte liefen gut an, aber nach einigen erfolgreichen Jahren kündigten sich Schwierigkeiten an. Chicago war in den 1950er Jahren eine Stadt im Umbruch. Vor allem die Krise in der Stahlindustrie und dadurch bedingte Umstrukturierungen führten zur Massenarbeitslosigkeit. Armut breitete sich aus, und die 3,6-Millionen-Stadt verlor nach und nach ein Viertel ihrer Einwohner. Gleichzeitig zogen die Mittelschichten aus dem Stadtinneren hinaus in die Vorstädte, wo es schönere Häuser gab, und die Geschäfte folgten ihnen. Ins Stadtzentrum rückten Afrikaner oder Latinos nach, die Straßen wurden unsicher durch rassistische Jugendgangs. Seit etwa 1960 erfasste auch die Bürgerrechtsbewegung die Stadt. Um deren innere Bezirke nicht teilweise zu Slums verkommen zu lassen, ließ die Stadtverwaltung ganze Viertel abreißen, und in die neuen Wohnblocks zogen abermals Angehörige der genannten unteren Bevölkerungsschichten ein. Das Geschäftsleben in der Stadt verödete, und diesem Abwärtssog konnte auch das Schmuck- und Uhrengeschäft, dessen Mitinhaber Rudy Herz war, sich nicht entziehen. Menschen, die um ihr Überleben kämpfen, sind keine Kunden für einen Juwelierladen. 1963 zog Rudy Herz für sich die Reißleine. Er gab die Teilhaberschaft auf und begab sich auf neue Suche nach einer Zukunft für sich – nach Europa. Abermals musste er von vorne anfangen.

Bruder Karl Ottos Werdegang

Der Lebensweg seines Bruders Karl Otto verlief gerader und zielstrebiger. Mit 18 Jahren war er im Juli 1946 nach New York gekommen. An regulärer Schulbildung brachte er wenig mit. Vor der Deportation der Familie aus Köln hatte er dort das jüdische Gymnasium *Jawne* in der St.-Apern-Straße besucht, das aber 1941 seinen Lehrbetrieb einstellen musste. Damals war er dreizehn Jahre alt, und seitdem hatte er keine Schule mehr von innen gesehen. Allerdings hatte die aufopferungsvolle Tätigkeit von Lehrern, Künstlern und Wissenschaftlern, die in Theresienstadt trotz Verbots den Kindern und Jugendlichen Unterricht erteilten, hierfür einen gewissen Ausgleich geschaffen. Wie bildungshungrig Karl Otto Herz war, zeigt die Mitteilung seines Bruders, dass er im Familienlager in Auschwitz 1944 eine Ausgabe von Goethes „Faust" auftrieb und eifrig studierte.

In Amerika angekommen, war ihm klar, dass er zunächst eine vernünftige Ausbildung nachholen musste, und dieses Ziel verfolgte er konsequent. Tagsüber arbeitete er als Buchhalter im Büro einer Agentur, abends besuchte er eine *Evening High School* in New York. Nach dem *High School Diploma* studierte er an einer traditionsreichen Hochschule in New York, dem *City College of New York*, das Fach Chemie. Er machte seinen Bachelor, schloss ein Masterstudium an der *Rutgers University (The State University of New Jersey)* an und promovierte dort. Inzwischen hatte er seine Frau Annette geb. Kittens (Katz)[422] kennengelernt, eine Musikstudentin, hervorragende Pianistin und zielstrebige junge Frau aus einer jüdischen Familie.[423] Bereits 1952, noch während der Studentenzeit, heirateten sie.

Nach dem Studium, etwa seit 1958, war Karl Otto Herz publizistisch tätig. Er arbeitete sieben Jahre als Redakteur und beschäftigte sich mit Fragen der Welternährung. Von 1966 bis 1970 war er Chefredakteur des monatlich erscheinenden *Food Technology Magazine*, der führenden ernährungswissenschaftlichen Zeitschrift in den USA, die vom *Institute of Food Technologists* in Chicago herausgegeben wird. Er wechselte dann zur Welternährungsorganisation der Vereinten Nationen *(Food and Agriculture Organization; FAO)* mit Sitz in Rom.[424] Vierundzwanzig Jahre lang hat er hier mit seiner Frau und den Kindern gelebt[425] und sich forschend, publizistisch und bei Weltkonferenzen mit Problemen des Hungers in der Welt und den Möglichkeiten seiner Bekämpfung beschäftigt. Sein besonderes Augenmerk galt dabei der Frage, welchen Beitrag die Sojabohne hierzu leisten könne. Viele Länder der Dritten Welt, um deren Zukunft es dabei ging, hat er als Vertreter der FAO besucht. Seine Frau unterrichtete während der Jahre in Rom an der *High School* der dortigen

---

422   Geboren am 11.5.1933 in New York. „Kittens" ist die anglisierte Form des ursprünglichen Namens „Katz".
423   Der Großvater war 1912, in der Zeit der Pogrome, aus Minsk in Weißrussland eingewandert, die Großmutter stammte aus Tiflis. Beide hatten sich in den USA kennengelernt.
424   Vgl. Karl Otto Herz, Holocaust Journal.
425   Adresse: Viale dell' Astronomia 19.

American Overseas School of Rome (Klavier). Sechs Kinder hat sie geboren, von denen zwei als Kleinkinder verstorben sind: eins an Pseudokrupp, eins am plötzlichen Kindstod.[426]

Ca. 1994 trat Karl Otto Herz in den Ruhestand und lebt mit seiner Frau heute in Las Vegas.

Fast möchte man meinen, ihm sei es gelungen, nach den schrecklichen Erfahrungen in der Zeit des Nationalsozialismus, wo er Zeuge der Ermordung seiner Mutter und jüngeren Geschwister wurde und dem Erschöpfungstod nahe war, ein neues, erfolgreiches Leben zu beginnen und die Schatten der Vergangenheit vollständig abzuschütteln. Aber man täusche sich nicht. 1995, nachdem er in den Ruhestand getreten war, holte er die Blätter mit Gedichten hervor, die er 1945/46 im *DP Camp* in Linz mit „wild klopfendem Herzen" über die Todeswelt der Lager geschrieben hatte. All die Jahre über hatte er sie sorgfältig verwahrt. Er schrieb sie mit Schreibmaschine ab, übersetzte sie ins Englische und stellte sie unter dem Titel „*Holocaust Journal*" zu einer Gedichtsammlung zusammen. Er fügte stichwortartige Informationen zu seiner Holocaust-Biographie und ein paar erklärende Anmerkungen hinzu und bemühte sich – vergeblich – um einen Verleger.

Was er als Siebzehnjähriger geschrieben hatte, war nicht vergangen. Die neu zusammengestellte Sammlung eröffnete er mit einem Gedicht, das er ursprünglich einem 1945/46 entstandenen „Prosaband" über das Vernichtungslager Auschwitz-Birkenau vorangestellt hatte:

Birkenau ... ein Prolog

Schemen sind's, die mir erscheinen.
In des Nebels dichtem Grau
Seh' ich Bilder sich vereinen
Und sie rufen: Birkenau!

Die Baracken, Stacheldrähte
Sind mir alle noch vertraut.

---
426 Pilar, Interview 27.5.2011.

Seh' ich euch in Flammenröte
Wie ich einstens euch geschaut,

Als aus den verhassten Schloten
Meterhoch die Flamme schlug,
Die, genährt vom Fleisch der Toten,
Menschen in die Lüfte trug?

Als die Lüfte widerhallten
Vom verzweifelnden Geschrei
Jener Menschen, die da wallten
Schweren Schrittes, Reih' an Reih'

Zur Vergasung in den Kammern?
Qualvoller Erstickungstod!
Wenn die Lippen nur noch stammeln
Fragend, zweifelnd, klagend: Gott??!

Sieh', wie sich die Nebel teilen!
Bilder kommen viel ans Licht.
Darf nicht allzu lang verweilen.
Jedes ruft: Vergiss mich nicht!

Bleiche Köpfe der Gefährten
Suchen flehend meinen Blick.
Nie, so lang ich weil' auf Erden,
Sei vergessen ihr Geschick.

Kennst du mich noch? rufen die Bilder.
Weiß wohl nicht, was heut' mich treibt,
Doch mein Herz klopft immer wilder,
Während meine Feder schreibt.

Rückkehr nach Europa – Hochzeit in Südfrankreich – Rückkehr in die USA [427]

1963 packte Rudy Herz in Chicago erneut seine Koffer und reiste nach Europa. Mit seinen Ersparnissen hoffte er sich eine neue Existenz aufbauen zu können. Vielleicht in seinem Geburtsort Stommeln? Aus seiner Geschäftsaufgabe in Chicago verfügte er ja über ein Kapital von etwa 50 000 bis 60 000 DM. Sein Weg führte ihn dorthin. Er besuchte Michael Lamprecht, den Zimmermeister, der ihn 1941/42 in der Werkstatt der Kölner Firma Westdeutscher Barackenbau, wo er Meister war, anständig behandelt hatte. Inzwischen hatte er sich in Stommeln als Zimmermeister selbständig gemacht. Er nahm ihn freundlich auf und bot ihm eine Stelle in seinem Betrieb an, um die Gesellenprüfung als Zimmermann nachzuholen. Aber Rudy Herz zögerte. Er hatte die betretenen Gesichter der Nachbarn gesehen, die er ansprach und die ihn wiedererkannten. Schuldgefühle erstickten alle Herzlichkeit. Ihn, den Stommelner Judenjungen, wiederzusehen strengte die Leute an, er war nicht wirklich willkommen. Die unselige Vergangenheit, in die auch der Heimatort verstrickt war, kam wieder hoch und machte für beide Seiten die Begegnung schwierig. Er spürte, dass hier kein Ort war für ihn, ein neues Leben zu beginnen, zumal sein Kapital nicht reichte, in Stommeln ein Haus mit Grundstück zu erwerben.

In Eckum und Rommerskirchen, wo er zur Schule gegangen war, ging es ihm nicht besser. Schon als Kind hatte er sich hier nicht wohlgefühlt und manche Diskriminierung erfahren. Seinen Lehrer, unter dem er vieles zu erleiden gehabt hatte, wollte er zur Rede stellen, aber als er dann erfuhr, wie krank dieser Mann war, ließ er davon ab. Er quartierte sich in der Forsbacher Mühle in Rösrath-Forsbach ein und erkundete von hier aus die Stadt Köln, die er kaum noch wiedererkannte.

Er besuchte seinen Onkel Hermann Jacobsohn, der inzwischen mit seiner Familie im eigenen Heim in Köln-Rath wohnte. Auch hier gab es

---

427 Wichtigste Grundlage für die folgende Darstellung ist das Interview mit Rudy Herz vom 16.2.2011, ergänzt durch: Pilar, Interview 23.3.2011.

Schatten der Vergangenheit. Allen war bewusst, welche Spannungen wegen der „Mischehe" zwischen den Familien einst bestanden hatten. Sich das einzugestehen war schwierig, erst recht, wenn man gleichzeitig das Holocaustschicksal der Schwester und Schwägerin, ihres Mannes und ihrer Kinder bedachte. Eigene Unzulänglichkeit, innerfamiliäre Ungerechtigkeit und gesamtpolitisches Verbrechen waren ineinander verwoben und belasteten das Gespräch, sobald es tiefere Schichten berührte. Über die KZ-Erfahrungen von Rudy Herz wurde deshalb nur oberflächlich gesprochen; dass er seine Auschwitznummer unter langen Hemdsärmeln verbarg, wurde stillschweigend übersehen; denn hätte man nachgefragt, hätte man das berührt, was wie ein Tabu zwischen ihnen stand. Die Familie Jacobsohn hatte in der Nazizeit selbst unter antisemitischer Verfolgung gelitten, aber ihr Schicksal, so schwer es war, war nicht vergleichbar mit dem der umgebrachten Familie ihres Besuchers; sie hatte Hilfspakete nach Theresienstadt geschickt, aber doch nur wenig bewirken können. Sie selbst hatte überlebt, wohnte inzwischen in ihrem neuerbauten Eigenheim – und der Neffe, ein junger Mann von 38 Jahren, irrte suchend und fragend durch die Welt, um seinen Platz zu finden, wie ein moderner Ahasver, der aber jetzt selbst der Misshandelte war.

Rudy Herz suchte den Rat seines Onkels Hermann und musste dann einsehen, wie wenig realistisch seine spontanen Zukunftspläne waren: Hubschrauberpilot schien ihm ein reizvoller Beruf, aber wie sollte das gehen? Eine gärtnerische Tätigkeit hätte ihn gereizt, und er ließ sich zeigen, wie man fachgerecht Obstbäume schneidet – um sich dann doch einzugestehen, dass er nicht die erforderlichen Fachkenntnisse besaß. Überhaupt fehlte ihm das notwendige Kapital, um sich in Deutschland selbständig zu machen.

Heirat und Niederlassung in Südfrankreich
Mit einem alten VW, den er sich gebraucht gekauft hatte, machte er sich auf den Weg nach Südfrankreich an die Côte d'Azur zu Émile Wajda, unter dessen Leitung er sich 1946 im Heim der jüdischen Pfadfinder in Féneyrols und Moissac auf die damals noch geplante Auswanderung nach Palästina vorbereitet hatte. Das mediterrane Klima umschmeichel-

te ihn. Er sah die Ferienhäuser der reichen Engländer, die hier ihren Urlaub verbrachten. Im benachbarten Monaco residierten Fürst Rainier und seine berühmte Gattin Grace Kelly, die sich seit ihrer Traumhochzeit 1956 Fürstin Gracia Patricia nannte. Monaco und die ganze Côte d'Azur entwickelten sich immer mehr zu einem Zentrum der internationalen High Society und des Tourismus.

Hier sah Rudy Herz für sich eine Zukunftschance. Er kaufte in Menton ein mehr oder weniger verwildertes, abseits gelegenes Terrassengrundstück, etwa einen Hektar groß, und wollte aus Holz Ferienappartements bzw. ein Motel darauf errichten.[428] Er dachte dabei nicht zuletzt an Amerikaner, die auf ihrer Europareise auch für ein paar Tage an die Côte d'Azur kommen wollten, aber nicht so viel Geld hatten wie die Engländer in ihren noblen Ferienhäusern und die von zu Hause aus solche einfachen Unterkünfte für den Autoreisenden ohne eigene Gastronomie kannten. Sie würden sich auch mit weniger Komfort und Luxus zufriedengeben. Beim Bau der Holzhäuser wollte er selbst mit Hand anlegen; die nötigen Kenntnisse hatte er sich doch in Köln im Barackenbau erworben.

Mit seiner Idee fuhr er wieder nach Köln zu seinem Onkel Hermann, wohl auch in der stillen Hoffnung, ihn für diese Idee zu begeistern und zu einer finanziellen Beteiligung zu bewegen. Aber Onkel Hermann, ein erfahrener Kaufmann, war skeptisch und riet ab: Das Grundstück war noch gar nicht erschlossen; ob und wie auf ihm gebaut werden konnte, war noch gar nicht geklärt. Zunächst mussten noch Kanal, Wasserleitung und Zugangsstraße auf eigene Kosten gebaut werden. Ein fertiger Plan oder gar eine Baugenehmigung lagen erst recht nicht vor. Zudem

---

428 Bezahlt hat er das Grundstück mit dem, was er sich bisher in Amerika erspart hatte, und der Wiedergutmachungszahlung, die er aufgrund des Bundesentschädigungsgesetzes vom 29.6.1956 von der Bundesrepublik Deutschland erhalten hatte. Nach diesem Gesetz wurden u. a. für jeden Monat KZ-Haft 150 DM Entschädigung gezahlt. Bei Rudy Herz waren es 34 Monate, woraus sich eine Summe von 5100 DM errechnet. Wegen weiterer Entschädigungskriterien ist die Gesamtsumme der Entschädigung höher anzusetzen. – In einem Vergleich vor dem Wiedergutmachungsamt beim Landgericht Mönchengladbach vom 7.10.1954 war ihm und seinem Bruder als den einzigen Überlebenden und Erben der einst großen Familie Herz aus Butzheim für deren einstigen Haus- und Grundbesitz in Butzheim eine Abfindungssumme von 2500,- DM zugesprochen worden.

waren die einzelnen Terrassenstufen des Grundstücks für das Bauvorhaben zu schmal. Und vor allem: Mit dem Kauf des Grundstücks hatte Rudy Herz sich finanziell verausgabt, Geld für das Bauvorhaben selbst stand ihm nicht mehr zur Verfügung. Hermann Jacobsohn selbst war weder willens noch in der Lage, sich an dem Projekt zu beteiligen, dessen Erfolgschancen ihm auch fraglich erschienen.

Enttäuscht machte Rudy Herz sich wieder auf den Weg nach Süden. Irgendetwas musste sich doch mit seinem Grundstück anfangen lassen. Er traf und beriet sich dort mit Bekannten und erhielt eines Tages im Frühjahr 1964 eine Einladung auf ein englisches Segelboot im Hafen von Menton. Hier begegnete er einer dreizehn Jahre jüngeren deutschen Katholikin, die es auch nach Südfrankreich verschlagen hatte: Ursula Syré. Sie kamen ins Gespräch. Danach lud er sie ein, sie trafen sich und zogen schließlich, nachdem er ihr einen Heiratsantrag gemacht hatte, zusammen. Schmunzelnd erinnert sich der 85-Jährige:

„Ich habe ihr – nicht bei romantischem Mondenschein, einem Glas Wein oder Sekt, sondern geradeheraus – einfach gesagt: ‚Ich möchte dich heiraten.' Sie war nicht dagegen."

Das junge Ehepaar verband die Liebe zum einfachen Leben und zur Natur, das Streifen durch die Wälder und Sammeln von Pilzen, die es dort im Spätsommer und Herbst überreich gab. Vor allem aber: Beide waren von der Nazizeit Gezeichnete, die – spiegelverkehrt – das Schicksal miteinander verband. Die Wirren der Zeitläufte hatten sie nach Südfrankreich verschlagen, beide waren hier allein, ohne Familie. Zwei Gestrandete gaben sich gegenseitig Halt.

Ursula Syré, geboren in München, war das einzige Kind eines Ärzteehepaares. Der Vater stammte aus Essen und war Urologe. Die Mutter hatte in Köln studiert und dann dort einige Jahre im städtischen Kinderheim am Sülzgürtel 47 als Ärztin gearbeitet. Als Ursula neun Jahre alt war, wurde die Ehe der Eltern geschieden. Der Vater, ein überzeugter Nationalsozialist, war als Leiter eines Lazarettes an der Ostfront. Die Mutter zog zur Großmutter nach Garmisch Partenkirchen. Dort wuchs Ursula Syré auf. Nach der Schulzeit absolvierte sie in Murnau am Staffelsee eine Gärtnerlehre.

Für einige Zeit arbeitete sie anschließend bei dem bekannten, mehrfach ausgezeichneten Kölner Landschaftsarchitekten Gottfried Kühn (1912–2002), dessen Hauptinteresse der Anlage von Hausgärten galt. 1951 hatte er im exklusiven Kölner Villenviertel Hahnwald sein Büro eröffnet und fand dort die Kundschaft für seine großzügigen Gartenplanungen. Für Ursula Syré war es eine prägende Zeit. Sie entwickelte sich zu einer Spezialistin für Perennen, d. h. langlebige Stauden, wie die Herbstzeitlose oder Immortellen. Sie erhielt dann aber bald das Angebot, Leiterin der Staudenabteilung eines großen Schweizer Gartencenters in Genf zu werden, und siedelte spontan dorthin über. In dieser frankophonen und weltläufigen Stadt gab es internationale Kundschaft, und das förderte ihre guten französischen, italienischen und englischen Sprachkenntnisse.

Schließlich nahm sie das Angebot an, auf einem Kreuzfahrtschiff als Hostess zu arbeiten. Sie war ungebunden und abenteuerlustig; was konnte es Schöneres für sie geben, als auf einem solchen Luxusschiff das Mittelmeer zu durchkreuzen, fremde Häfen anzulaufen und teilzuhaben am Leben einer exklusiven Gesellschaft an Bord? Und doch ging es ihr in gewisser Weise wie Rudy Herz: Sie reiste umher ohne den sicheren Rückhalt einer Familie und ohne einen Platz, wo sie hätte Wurzeln schlagen können. Zum Vater gab es keinerlei Kontakt, ihre Mutter praktizierte inzwischen als Internistin in Bad Tölz, sie selbst wohnte in einem kleinen Dorf oberhalb von Menton – aber nur, um hier darauf zu warten, dass ihr Schiff wieder zur nächsten Kreuzfahrt ablegte.

Im Frühjahr 1964 traf sie dann auf dem englischen Segelschiff im Hafen von Menton den 38-jährigen Rudy Herz, ein Umhergetriebener und Suchender wie sie selbst. Die deutsche Sprache verband beide und erleichterte ein tiefes Verständnis. Sie erfuhr von seinem jüdischen Schicksal, aber darüber wollte sie nicht reden. Sie dachte an ihren Vater, sie stand auf der anderen Seite, der Seite der schuldig Gewordenen. Beide waren durch die Zeitläufte Entwurzelte, aber ihre Schicksale waren nicht deckungsgleich, sondern spiegelten sich seitenverkehrt.

Sie nahm seine Einladung an und zog zu ihm. Auf dem Terrassengrundstück am Rande von Menton gab es ein altes Stallgebäude, in dem sie sich ihre bescheidene Wohnung einrichteten. Sie besserten die aus Sandstein errichteten Terrassenmauern aus, brachten das vernachlässigte Grundstück mit seinen Zitronen-, Oliven- und Kirschbäumen in Ordnung und beschlossen, hier gemeinsam eine *maison d'horticultur* aufzubauen. Sie lag etwas abseits, auf halber Höhe eines Hügels; das nächste Haus stand auf dessen anderer Seite. Dort gab es auch eine Kapelle, von deren Turm jede Stunde das „Ave Maria" als Glockenspiel über das Tal erklang.

Ursula Syré wurde schwanger. Beide freuten sich, denn sie wollten heiraten und Kinder haben. Die erforderlichen standesamtlichen Urkunden zu beschaffen dauerte allerdings länger als erwartet, beide waren ja in Menton Ausländer: er US-Amerikaner, sie Deutsche. Und weil Ursula Syré aus einem ehemaligen Feindstaat stammte, brauchte sie noch eine besondere Genehmigung, in Frankreich heiraten zu dürfen. Unter den Hochzeitsgästen war auch der väterliche Freund von Rudy Herz, Capitaine Émile Wajda, der 1946 in Féneyrols und Moissac sein Jugendleiter war.

Die Mutter Dr. Syré kam zum ersten Besuch nach Menton. Ihr zukünftiger Schwiegersohn, von dem sie noch kaum etwas wusste, holte sie mit ihrer Tochter am Flughafen in Nizza ab, und als sie den ihr vertrauten rheinischen Tonfall in Rudys Stimme hörte, entfuhr es ihr: „Ah, ne kölsche Jong!". Das war ihr durchaus sympathisch. Aber als sie erfuhr, dass er Jude war, verlor sie ihre Unbefangenheit: nicht weil sie Antisemitin war, sondern weil sich der tiefe Graben an Schuld auftat, in die ihr geschiedener Mann, aber auch sie selbst als Deutsche verstrickt war. Die Vergangenheit ließ sich nicht einfach abschütteln.

Ein entbehrungs- und arbeitsreiches Leben wartete auf die Neuvermählten, aber das schreckte beide nicht. Ende des Jahres 1964 wurde die Tochter Carolyn geboren, benannt nach der Mutter Lily des Vaters; ein Jahr später folgte Sohn Raphael. Die Erzeugnisse ihrer Gärtnerei ernährten sie. Rudy verkaufte auf dem Markt in Menton von eigenen Bäumen geerntete Kirschen, Zitronen, Oliven und selbst gezogenes Gemüse und Salat – oder Pilze, die er mit seiner Frau im Wald gesammelt hatte. Unter ihrer Anleitung zogen sie Zierpflanzen, die als Topfpflanzen für den heimischen Garten oder das Wohnzimmer verkauft wurden.

Das meiste Geld aber kam ein durch den Export von Mimosensträußen aus eigenen Kulturen nach England; rechtzeitig vor Weihnachten wurden sie geschnitten und in Bündeln nach dort exportiert, wo sie dann rechtzeitig zum Weihnachtsfest in den Wohnzimmern erblühen sollten. Viele Engländer kannten die Pracht der Mimosenblüten im Vorfrühling an der Côte d'Azur und waren schon während der Blütezeit als Touristen der „*Route du Mimosa*" gefolgt; zu Hause kultivierten sie die Pflanze in ihren Gärten. Sie durch rechtzeitigen Schnitt bereits im weihnachtlichen Wohnzimmer zum Blühen zu bringen war damals sehr populär und verschaffte Ursula und Rudy Herz im südfranzösischen Menton Absatzchancen in England.

Abermals waren es politische Umstände, die der jungen Familie einen Strich durch ihre Lebensplanung machten. Englands Bemühungen 1966/67, in die Europäische Wirtschaftsgemeinschaft (EWG) aufgenommen zu werden, scheiterten am hartnäckigen Widerstand des französischen Präsidenten Charles de Gaulle, der um die europäische Führungsrolle seines Landes fürchtete und die heimischen Landwirte vor der Konkurrenz aus den Commonwealth-Staaten schützen wollte. Während innerhalb der EWG die Zölle schrittweise abgebaut wurden, blieben gegenüber England die Zollmauern bestehen, was den Handel erschwerte. Ursula und Rudy Herz waren davon betroffen. Die hohen Zölle machten ihre Mimosen für die englischen Kunden zu teuer, sodass ihr Exportgeschäft einbrach. Nach drei Jahren endete ihr schöner Traum vom Leben an der Côte d'Azur. Rudy Herz überlegte noch, sich auf Hühnerzucht umzustellen, wie er das in Amerika als junger Einwanderer kennengelernt hatte, aber dann hörte er doch auf seinen Freund Émile Wajda, der ihm abriet.

„Da habe ich meiner Frau gesagt: Wir können viel besser in Amerika verhungern. Ich bin noch immer amerikanischer Staatsbürger, wir gehen nach Amerika. Für mich war das ja einfach; für meine Frau auch; sie hatte einen Reisepass, sie war eine Deutsche, aber sie hatte amerikanische Kinder."[429]

---

429   Rudy Herz, Interview 16.2.2011.

Endgültige Auswanderung in die USA

Sie packten ihre Koffer und flogen mit den Kindern in die USA.[430] Für beide war es ein endgültiger Abschied von Europa. Rudy Herz selbst ist zwar einige Male zu Besuch in seine deutsche Heimat und nach Südfrankreich gekommen, seine Frau aber nicht mehr. Der Abschied von Europa war für sie auch ein Abschied von einem Teil ihrer eigenen Biographie, sie will dorthin nicht mehr zurück und hat für sich auch entschieden, nicht mehr Deutsch zu sprechen.

Nach Chicago wollte Rudy Herz auf keinen Fall zurück. Das mediterrane Klima in Menton hatte er mit seiner Frau lieben gelernt, und etwas Vergleichbares suchten sie in den wärmeren Zonen der Südstaaten. Beide konnten sich ihre Zukunft auch nicht in der steinernen Welt einer Großstadt vorstellen, sie brauchten den Umgang mit der Natur, das Streifen durch Wälder, den freien Blick über die Landschaft.

Erfüllen ließ sich dieser neue Traum nur begrenzt. Zunächst zogen sie nach Augusta am Savannah River im US-Bundesstaat Georgia, gelegen an dessen Ostgrenze zu South Carolina hin. Dem Traum vom ländlichen Leben entsprach diese Stadt nicht. In der Zeit des Kalten Krieges war Anfang der 1950er Jahre im Rahmen des nationalen Verteidigungsprogramms die *Savannah River Site* mit mehreren Brutreaktoren errichtet worden, wo Tritium und Plutonium 239 für den Bau von Nuklearwaffen produziert wurde. Der Stadt brachte das wirtschaftlichen Aufschwung. Hier übernahm Rudy Herz die Filiale einer amerikanischen Kette von Juwelierläden[431] in einem großen Warenhaus und knüpfte beruflich damit an seine Zeit in Chicago an. Aber weder für ihn noch für seine Frau war das befriedigend und finanziell auch nicht einträglich genug. Zwei Jahre hielten sie durch, dann packten sie erneut die Koffer.

Von dem, was sie erspart hatten, und mit Hilfe eines vergünstigten Kredits, der ihm als Veteran der *US Army* bewilligt wurde, kauften sie ein Grundstück in Myrtle Beach an der Atlantikküste von South Carolina, einer Stadt, wo das Klima warm ist und wo auf großen Golfplätzen die *High Society* des Landes ihrem Reichensport nachgeht, in ihren Ferienhäusern die Wochenenden verbringt und in ihren Gärten mit großen

---

430 Das Haus in Menton wurde erst um 1987 verkauft. Mttlg. Dorit Hahne.
431 *Toledo Jeweler's Supply Co Inc* mit Hauptsitz in Toledo OH.

Swimmingpools aufwendige Partys feiert. Die Kleinen Leute tummeln sich am fast 50 Kilometer langen Strand oder vergnügen sich in den Freizeitparks. Was dem deutschen Massentourismus Mallorca, ist dem amerikanischen Myrtle Beach.

Das Grundstück, das Rudy und Ursula Herz sich erwarben, liegt außerhalb des Zentrums an einer der Ausfallstraßen *(Highway 707)*. Ganz von vorne haben sie 1970 hier anfangen müssen, wieder einmal. Für die wachsende Familie – 1972 wurde die Tochter Chantal geboren – musste nach und nach ein Haus geschaffen werden. Schritt für Schritt und nach Jahren der Entbehrung ist es ihnen gelungen, hier ein Gartencenter aufzubauen und ihren Kindern einen guten Start ins Leben zu ermöglichen. Zierpflanzen aller Art gehören zum Kerngeschäft. Viele Jahre lang hat Ursula Herz daneben bis zu 40 Ziegen gehalten, sie gemolken, die Milch zu Ziegenkäse verarbeitet und verkauft. Haupteinnahmequelle aber war die Anlage von privaten Gärten. Das, was sie in Köln-Hahnwald einst bei dem Landschaftsarchitekten Gottfried Kühn gelernt hatte, kam ihr jetzt zugute. Reiche Leute gab es in Myrtle Beach zuhauf, die ihre Dienstleistung in Anspruch nahmen und sich von ihr ihre Gärten planen und anlegen ließen, auch Gartenteiche oder Natursteinmauern gehörten dazu. Rudy Herz wurde zum Gärtner, wie er es in Menton in Südfrankreich drei Jahre lang schon einmal gewesen war. Die Liebe zur Zucht von überwinternden Stauden hat Ursula Herz nicht verloren; die im amerikanischen Handel erhältliche Funkien-Sorte *Hosta Peedee Elfin Bells,* eine kleinwüchsige Hybride der *Hosta Ventricosa* mit dunkelgrünen Blättern, ist ihre Züchtung.

Zur Ruhe gesetzt haben beide sich auch heute (2011) noch nicht. Rudy Herz, obwohl 85 Jahre alt, arbeitet noch täglich in seiner Gärtnerei, soweit die Gesundheit es ihm erlaubt. Seit einigen Jahren beschäftigt er sich auch mit der Zucht von Koj-Fischen. Wohlhabende Kunden kaufen sie für die Teiche in ihren Gärten.

Zu Reichtum haben die beiden es aber nicht gebracht, eine nach deutschen Maßstäben angemessene Altersversorgung haben sie sich nicht aufbauen können. Und doch schaut Rudy Herz zufrieden und mit berechtigtem Stolz auf das zurück, was er zusammen mit seiner Frau in

Myrtle Beach geschaffen hat. Seine Kinder sind inzwischen verheiratet, haben eigene Familien gegründet und ihn und seine Frau zu Großeltern gemacht.

In Deutschland ist seine einst große Familie durch das Verbrechen des Holocausts vernichtet worden. In den USA haben Rudy und Ursula Herz den Grundstein für eine neue Familie gelegt – eine amerikanische, der deutschen Sprache nicht mehr mächtig, der deutschen Wurzeln aber sich doch bewusst. Zu Hermann Jacobsohns Tochter Helga verh. Pilar in Köln und ihren Kindern und Enkelkindern bestehen enge familiäre Kontakte.

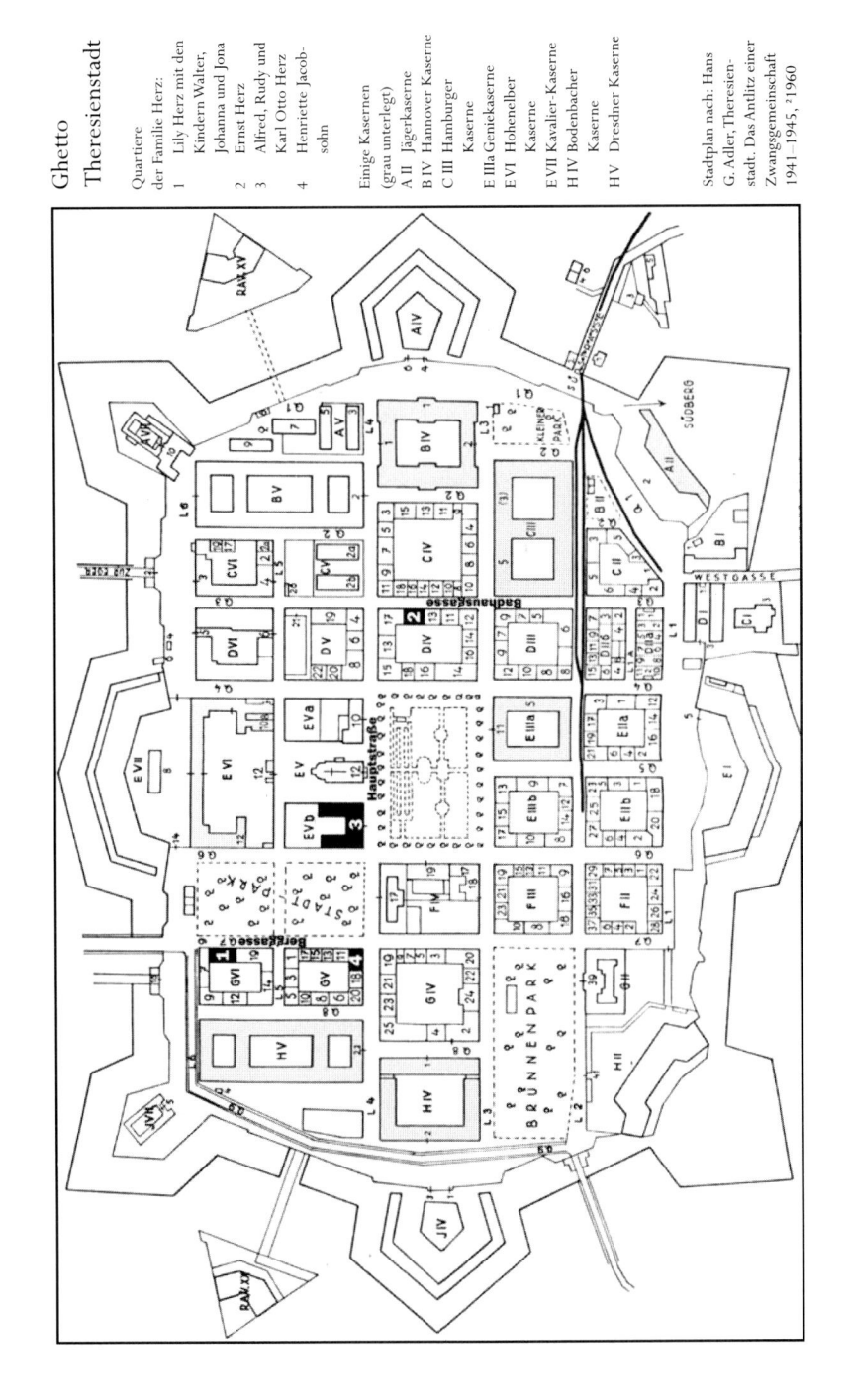

Ghetto
Theresienstadt

Quartiere
der Familie Herz:
1 Lily Herz mit den Kindern Walter, Johanna und Jona
2 Ernst Herz
3 Alfred, Rudy und Karl Otto Herz
4 Henriette Jacobsohn

Einige Kasernen
(grau unterlegt)
A II   Jägerkaserne
B IV   Hannover Kaserne
C III   Hamburger Kaserne
E IIIa Geniekaserne
E VI   Hohenelber Kaserne
E VII Kavalier-Kaserne
H IV Bodenbacher Kaserne
H V   Dresdner Kaserne

Stadtplan nach: Hans G. Adler, Theresienstadt. Das Antlitz einer Zwangsgemeinschaft 1941–1945, ²1960

BT 33

Theresienstadt Q 315, Badgasse 15: Quartier von Ernst Herz (Zustand 1986)

Theresienstadt Q 721, Berggasse 21: Quartier von Lily Herz mit den Kindern Walter, Johanna und Jona (Zustand 1986)

Theresienstadt L 414, Hauptstraße 14: Quartier von Alfred, Rudy und Karl Otto Herz (Zustand 1986)

Theresienstadt L 416, Hauptstraße 16: Quartier von Henriette Jacobsohn (Zustand 1986)

Postkarte aus Theresienstadt, 13.6.1943. Lily Herz schreibt unter dem Namen ihrer Tochter Johanna (Lagerliste Nr. 17072, vgl. Vermerk oben). Fritz Löwenstein ist ausgebombt. Die Karte wird nach Siegburg weitergeleitet.

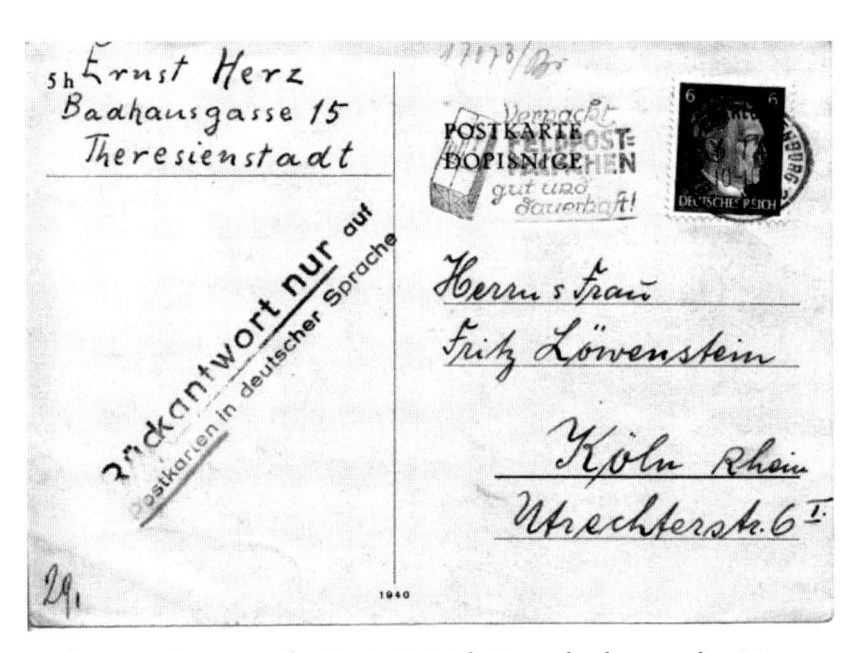

Postkarte aus Theresienstadt, 27.10.1943. Lily Herz schreibt unter dem Namen ihres Mannes (Lagerliste Nr. 17073). Die Familie Löwenstein war inzwischen in das jüdische Massenquartier Utrechter Str. 6 in Köln eingewiesen worden.

BT 37

Postkarte aus Theresienstadt, 8.11.1943. Lily Herz schreibt unter dem Namen ihres Sohnes „Rudi" (Lagerliste Nr. 17076).

Postkarte aus Theresienstadt, 31.12.1943. Lily Herz schreibt unter ihrem eigenen Namen (Lagerliste Nr. 17074).

BT 39

Ausgebombt: Haus Neue Maastrichter Str. 3 (o.) und Häuserzeile in der Neuen Maastrichter Str. mit Haus Nr. 3 (u.)

BT 40

Pferdestall-Baracke in Auschwitz-Birkenau, außen (2006) und innen (2008)

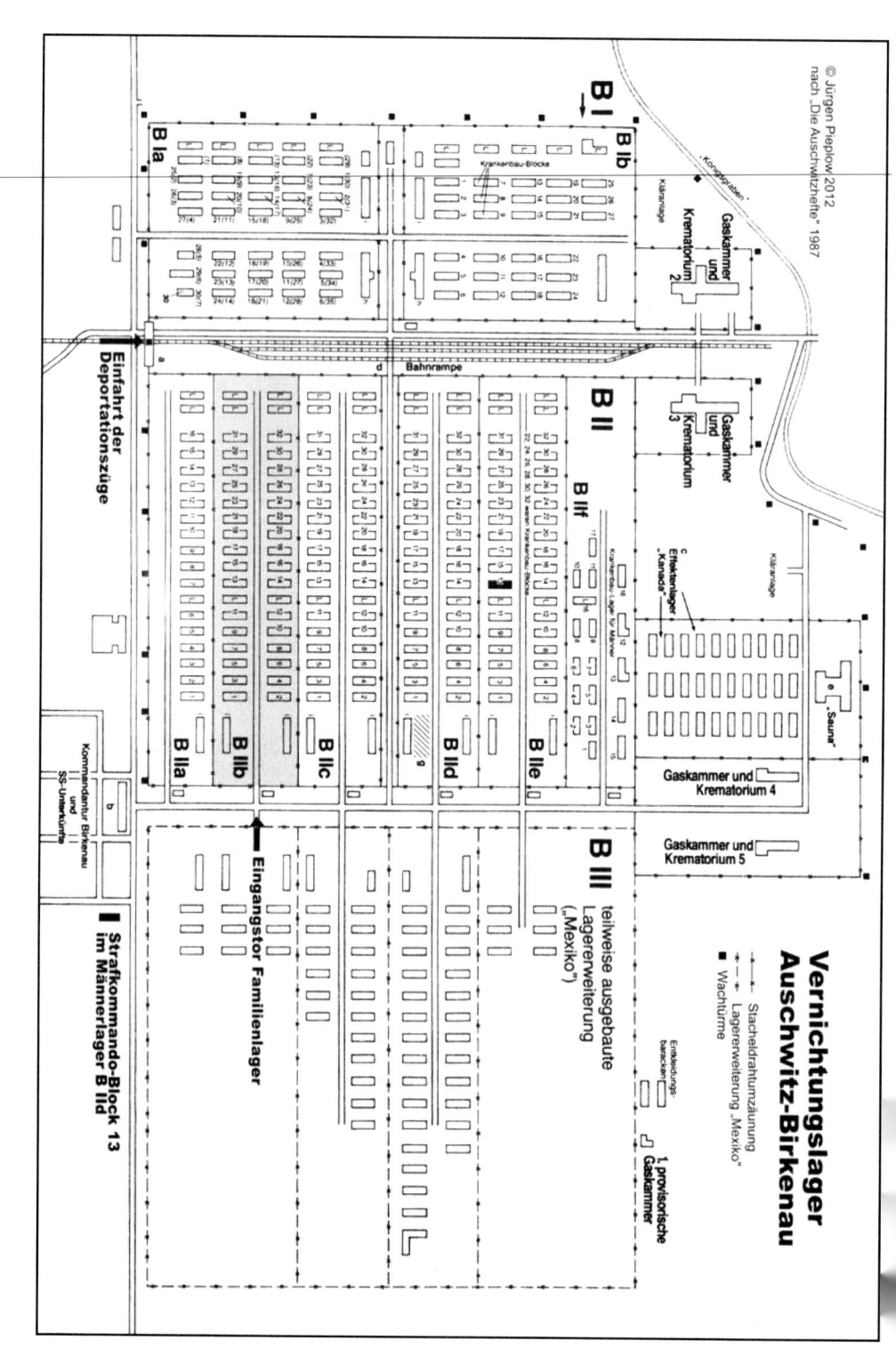

BT 42

Hans Bretz, ADAC-Präsident 1964-72. Bei ihm tauchten Elisabeth Jacobsohn und Tochter Helga 1944 zeitweise unter.

Helga Jacobsohn, März 1943

Ehepaar Pietzner (r.) mit dem 1944/45 von ihnen unterstützten Ehepaar Löwenstein, 1960

Familie Jacobsohn nach Kriegsende 1945; Mutter Elisabeth und Tochter Helga mit selbstgeschneiderten Kleidern

Auschwitz-Birkenau: Die gesprengten Reste der Gaskammer 2 (Jürgen Pieplow, 1990)

Mauthausen-Gusen: Eingang zur Stollenanlage „Bergkristall" für die unterirdische Flugzeugproduktion

Rudy Herz mit Frau Ursula geb. Syré und den Kindern Carolyn und Raphael, Sommer 1967 (v.l.); 1972 wurde noch die Tochter Chantal geboren.

Rudy Herz auf dem jüdischen Friedhof in Stommeln, 1987

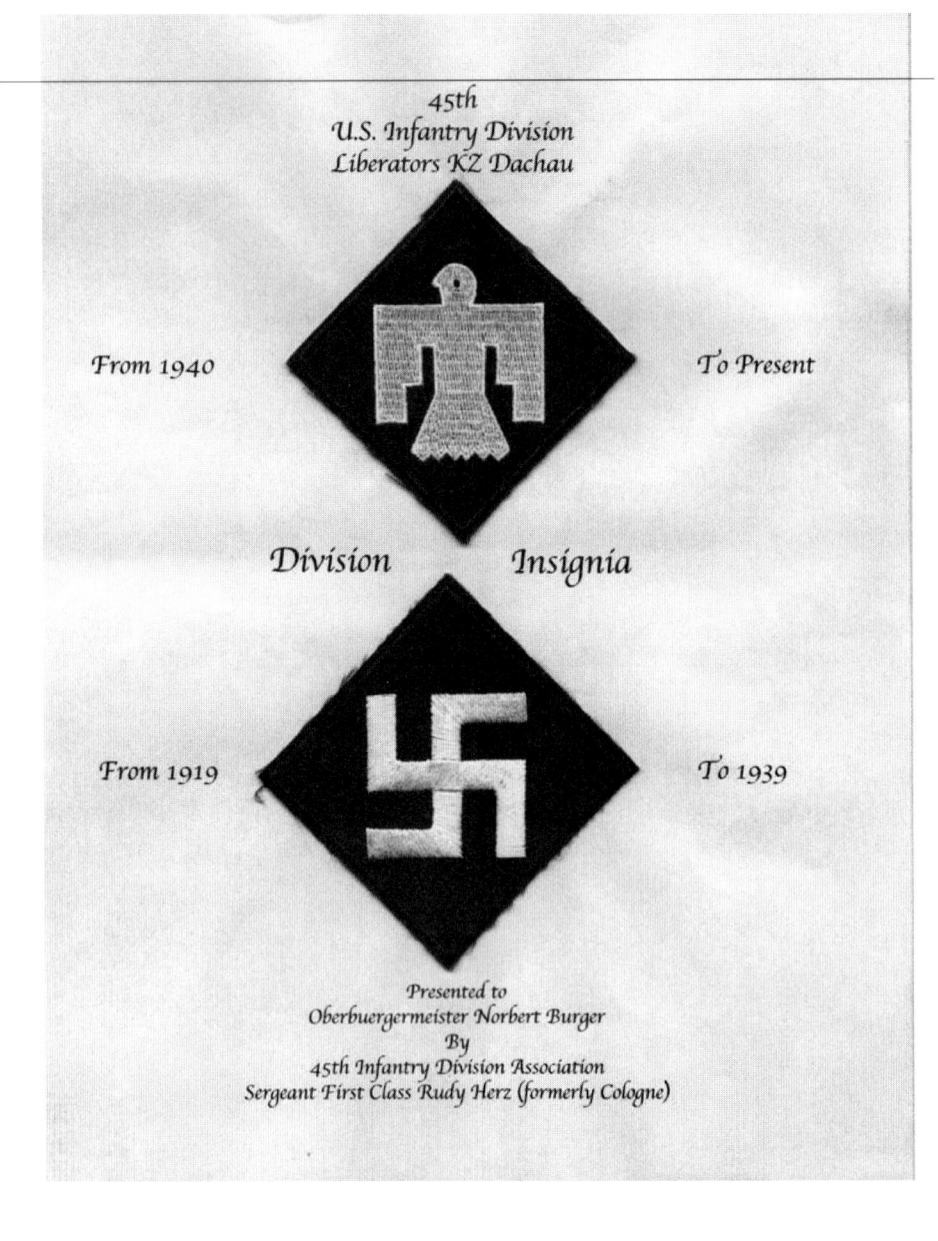

45th
U.S. Infantry Division
Liberators KZ Dachau

From 1940   To Present

Division   Insignia

From 1919   To 1939

Presented to
Oberbuergermeister Norbert Burger
By
45th Infantry Division Association
Sergeant First Class Rudy Herz (formerly Cologne)

Grußblatt mit den Abzeichen der *45th U.S. Infantry Division*, das „*Sergeant First Class Rudy Herz*" 1999 dem Kölner Oberbürgermeister überreichen wollte

Besuchergruppe ehemaliger Kölner Juden (mit Angehörigen) vor dem historischen Kölner Rathaus 1999; rechts außen im dunklen Jackett Rudy Herz, hinter ihm seine Tochter Chantal

Letzter Besuch von Rudy Herz in Köln, Februar 2011: Stadtbummel mit der Nichte zweiten Grades Dorit und deren Ehemann Walther Hahne

Privater „Rheinischer Abend" im Kölner Brauhaus „Em Walfisch", 11. Februar 2011. Hans Röhr verleiht Rudy Herz einen Karnevalsorden der Session.

Empfang im Pulheimer Rathaus durch Bürgermeister Frank Keppeler, 15.2.2011

Exkurs 2: Hermann Jacobsohn und seine Familie nach 1945[432]

Hermann Jacobsohns Familie hatte schwere Jahre durchlebt. Als sie im April 1945 im Untergrund im rechtsrheinischen Köln-Gremberg befreit wurde, stand sie vor dem Nichts. Zukunftspläne zu schmieden blieb zunächst keine Zeit. Andere Fragen standen im Vordergrund: Was essen wir, wo sollen wir wohnen, wie beschaffen wir uns neue Wäsche, Kleidung, Schuhe? Mit dem Fahrrad machte Hermann Jacobsohn sich im April 1945 auf den Weg über den Rhein, um bei der neuen provisorischen Stadtverwaltung für sich und seine Familie Registrierungs- und Lebensmittelkarten zu besorgen. Seine Frau hatte einen sehnlichen Wunsch: Auf ihrem Reisepass sollte nicht mehr stehen: „Frau Hermann Israel Jacobsohn Elisabeth geb. Neukirchen."

Die Familie hatte das Glück, in Köln-Brück an der Lindlarer Straße ein damals leerstehendes Wohnhaus zugewiesen zu bekommen, das sie nach Rückkehr der Eigentümer 1950 aber räumen musste. Sie zog damals nach Köln-Thielenbruch.[433]

Die Versorgungslage der Bevölkerung war in den ersten Nachkriegsjahren katastrophal, und umso mehr blühten Schwarzhandel und Tauschgeschäfte. Die amerikanische und – seit Juni 1945 – britische Besatzungsmacht gingen dagegen vor, aber in den Städten war man, wollte man überleben, darauf angewiesen, weil das, was man auf Bezugsscheine bekam, nicht zum Leben reichte. Da das Geld inflationär entwertet war, entwickelte sich die begehrte Zigarette zum allgemeinen Wertmaßstab, sodass man schließlich von einer „Zigarettenwährung" sprach. Erst die Währungsreform vom 20. Juni 1948 machte dem ein Ende.

Hermann Jacobsohn wusste das in der ersten Nachkriegszeit für sich zu nutzen. Er erinnerte sich seines Schulfreundes, dem er um 1921 zwanzigtausend Goldmark geliehen hatte, die bei ihrer Rückzahlung 1923 dann gerade noch einen „Ring Blutwurst" wert waren. Der wohnte

---

432 Grundlage für die folgende Darstellung: Pilar, Interviews 23.3.2011 und 21.6.2011.
433 Pilar, Interview 27.5.2011.

inzwischen in Braunschweig und leitete ein Lager der unter Treuhandverwaltung stehenden Zigarettenfirma Reemtsma. Er hatte also Zigaretten, die Hermann Jacobsohn im Koffer bei ihm holte. Zu Hause ließen sich damit Geschäfte machen.[434]

Zur gleichen Zeit hatte Hermann Jacobsohn sich mit seinem Bekannten Paul Bracht zusammengetan, der einen kleinen Betrieb in Köln-Holweide hatte. Mit ihm zusammen kaufte er Ende 1945 eine frühere Mannesmann-Halle in Köln-Westhoven. Nach der schrittweisen Beseitigung schwerer Kriegsschäden begann man mit der Produktion von Kartonagen: Schachteln und Boxen aus Pappe, auch schöne Schmuckdosen mit Krakelee-Oberfläche. Wichtigster Kunde wurden die Bayerwerke in Leverkusen, für die man aus Strohpappe, die mit Wasserglas überzogen wurde, fassähnliche Behältnisse für chemische Produkte herstellte. Hermann Jacobsohn kaufte bei Stommelner Bauern, die er aus Kindertagen kannte, Stroh ein und brachte es nach Zülpich in eine Fabrik, die daraus Strohpappe herstellte, die dann an die Firma Paul Bracht geliefert wurde. Für Hermann Jacobsohn war es ein einträgliches Geschäft. Er trieb auch alte Wickelmaschinen für die Kartonageproduktion auf, die im Betrieb repariert und dann weiterverkauft wurden. Die Firma wuchs und hatte in den 1950er Jahren schließlich über hundert Beschäftigte.

Anfangs lebte die Familie in Köln-Thielenbruch, bis sie 1956 ein neu errichtetes Einfamilienhaus in Köln-Rath bezog. Die Erbschaft von Elisabeth Neukirchen – 60 000 DM – machte es möglich.[435] Aber da war das Verhältnis von Hermann Jacobsohn zu seinem Kompagnon Paul Bracht bereits zunehmend getrübt. 1960 trennte er sich schließlich, inzwischen 65-jährig, von der Firma.

Er ließ sich auszahlen und kaufte Aktien; er erzielte Gewinne, aber verspekulierte sich auch und machte große Verluste. Obwohl inzwischen im Rentenalter, war er unermüdlich tätig. Er schloss sich 1963 mit einem Bekannten zusammen und steckte 100 000 DM in den Aufbau

---

434 Pilar, Interview 23.3.2011.
435 Auf dem Eigelstein waren zwei Hinterhäuser stehen geblieben, die von den erbberechtigten Schwestern Elisabeth, Cilli und Christa und dem Ehemann einer weiteren Schwester, die 1934 im Kindsbett verstorben war, 1955 an das Schuhhaus Kämpgen verkauft wurden (ein Bruder war seit 1943 im Krieg vermisst). Das Grundstück in Köln-Rath hatten Elisabeth und Hermann Jacobsohn bereits 1952 gekauft. Baukosten: 130 000 DM. Pilar, Interview 27.5.2011.

einer neuen Firma, die alte Maschinen reparierte, die sie nach Schließung kleinerer Betriebe aufkaufte und dann ins Ausland absetzte: nach Jugoslawien, Algerien, Portugal, Frankreich. 1971 stieg er als Teilhaber aus der Firma aus, war aber noch bis 1979 aktiv bei der Vermittlung von Kartonagemaschinen im In- und Ausland. Noch als 84-Jähriger fuhr er nach Jugoslawien und machte gute Geschäfte.

Am 6. Oktober 1972 war seine Frau Elisabeth Neukirchen gestorben. 46 Jahre lang war er mit ihr verheiratet gewesen, und sie war ihm und dem gemeinsamen Kind die wichtigste Stütze gerade auch in den schwierigen Zeiten, wo er als „Volljude" und seine Tochter als „Halbjüdin" gefährdet waren. Tochter Helga hat ihrer Mutter 2011, als sie gefragt wurde, was ihre schönste Erinnerung an diese sei, mit ihrer Antwort ein kleines Denkmal gesetzt: „Meine Mutter hat in all den schweren Jahren, die wir hatten, immer versucht, meinen Vater und mich zu beschützen und mit rheinischem Frohsinn das Beste daraus zu machen. Wir konnten uns bedingungslos auf sie verlassen."[436]

Hermann Jacobsohn heiratete 1978 seine zweite Frau Hildegard Beckstedde. 1982 erkrankten seine Augen an einer nassen Macula-Degeneration der Netzhaut (AMD), die rasch zu weitgehender Erblindung führte. Tapfer, aber letztlich vergeblich kämpfte er mit beleuchteten Leselupen und einem Bildschirmlesegerät dagegen an. Es blieb bei mühseligen Versuchen, mit deren Hilfe den einen oder anderen kleinen Zeitungsartikel zu lesen. Er war auf ständige Hilfe angewiesen, aber unterkriegen ließ er sich nicht. Am 2. Dezember 1990 verstarb er im Alter von 95 Jahren.

Sein wechselvolles Leben kannte Höhen und Tiefen. Immer wieder war er phasenweise als Geschäftsmann erfolgreich, aber wiederholt stürzte er ab: wegen der politischen Umstände im nationalsozialistischen Deutschland, aber auch, weil er sich von anderen ausnutzen und über den Tisch ziehen ließ. Tochter Helga erzählt von dieser Schwäche und meint abschließend – ihren Vater halb bewundernd, halb wegen seiner gutmütigen Leichtgläubigkeit resignierend: „Also, ein tüchtiger Kaufmann war er eigentlich nicht." Aber das ist ein einseitiges Urteil, das seinem findigen Kaufmannssinn, seiner bewundernswerten Tatkraft und seiner Liebenswürdigkeit nicht gerecht wird.

---

436 Pilar, Interview 27.5.2011.

Lebens-Erinnerung

Im August 1999, in der Zeit seines 74. Geburtstages, folgte Rudy Herz einer Einladung der Stadt Köln und kam zusammen mit seiner Tochter Chantal zu Besuch an den Rhein. Im historischen Hansasaal des Rathauses empfing der Oberbürgermeister der Stadt eine Handvoll ehemaliger Kölner Juden, die wegen des Nationalsozialismus ihre Heimat verlassen hatten. Rudy Herz wollte nicht mit leeren Händen kommen und hatte sich von dem Veteranenverein der Division, in der er als US-Soldat gedient hatte, ein Grußblatt besorgt: *„Presented to / Oberbuergermeister Norbert Burger / By / 45th Infantry Division Association / Sergeant First Class Rudy Herz (formerly Cologne)"* (s. BT 46).

Warum dieses Mitbringsel? Für Rudy Herz war wichtig, dass sein Name darauf stand und mit dem Zusatz *„formerly Cologne"* versehen war; das wies ihn halbamtlich als Kölner und Rheinländer aus. Und das ist für sein Selbstverständnis wichtig. Ohne diese Wurzel fehlte seiner Person der Ursprung, und er möchte doch ein Stück stolz darauf sein können, im Schatten der Kölner Domtürme geboren zu sein. Mit der Überreichung des Blattes wollte er sagen: Ich gehöre hier hin, ich bin hier kein Fremder.

Wichtig für ihn war auch, dass er auf dem Blatt als *„Sergeant First Class"* tituliert wurde, was dem deutschen Oberfeldwebel entspricht, einem Unteroffiziersrang mit Portepee, dem gegenüber militärische Grußpflicht besteht. 1942 hatte man ihn und seine Eltern und Geschwister im Deportationszug nach Theresienstadt aus der Stadt entfernt wie Parasiten, die man loswerden wollte; welch eine Genugtuung für ihn, dass er jetzt zurückkehren konnte mit dem Beweis, dass er etwas taugte und sich als Führungsperson bewährt hatte – und das in jener Division, die sich auf dem Grußblatt stolz als einer der *„Liberators KZ Dachau"* bezeichnete. Ein Stück dieses Ruhmes fiel auch auf ihn, wenn er auch erst später in dieser Division gedient hatte. Als einer der amerikanischen „Befreier" kam er hochgehobenen Hauptes in seine alte Heimat zurück.

Auf das Grußblatt aufgeklebt waren das aktuelle und das historische Emblem der Division, kleine textile, auf der Spitze stehende Quadrate mit roter Fläche und goldfarbenem Symbol: oben der Donnervogel *Thun-*

derbird, unten ein *Swastica*, ein Hakenkreuz. Beide Symbole waren von der Division gewählt worden als Reverenz gegenüber der zahlenmäßig starken indianischen Urbevölkerung in Oklahoma, wo sie ihr Hauptquartier hat. Das Symbol des Hakenkreuzes ist ja keine Erfindung der Nazis, sondern in Abwandlungen und seit Jahrtausenden in fast allen Kulturen weltweit zu finden, teilweise bis heute - in japanischen Stadtplänen zum Beispiel, wo es auf Tempelbezirke hinweist. Auch bei den Indianern war es verbreitet als Symbol des Sonnenrades und stand für Licht, Leben, Fruchtbarkeit. Als dann aber die Nazis es zum Zeichen für Rassismus und Antisemitismus machten und die Welt mit Krieg überzogen und Juden verfolgten, war es nicht mehr tragbar und wurde 1940 vom *Thunderbird* abgelöst, jenem riesigen Vogel des indianischen Volksglaubens, der mit dem Schwingen seiner Flügel den Donner verursacht, mit dem Öffnen seiner Augen die Blitze und mit großen Wassermassen auf seinem Rücken den Regen.[437]

Als Rudy Herz, bevor er zum Empfang ins Rathaus ging, das Grußblatt der Familie seines Onkels Hermann Jacobsohn zeigte, schlug man die Hände über dem Kopf zusammen: Das ging auf gar keinen Fall! Dem Kölner Oberbürgermeister konnte man kein Hakenkreuz überreichen! Und so ließ Rudy Herz das Grußblatt zu Hause zurück in der Schublade, obwohl doch so vieles darauf stand, worauf er stolz war. Das Hakenkreuz, dessen Symbolik die Nazis ein für alle Mal besudelt haben, machte seine Überreichung unmöglich.

Rudy Herz wird dieses schmutzige Hakenkreuz nicht los, seit er als kleiner Junge im zweiten Schuljahr hat zusehen müssen, wie es feierlich gehisst und mit Nazigesängen begleitet wurde. Es sitzt ihm im Nacken. Es hat die private und kollektive Lebenserinnerung besetzt, ein für alle Mal.

„Erinnerung" meint hier nicht das im Alltag nützliche Vermögen, etwas Wahrgenommenes im Gedächtnis zu behalten, sondern zielt auf das Zentrum der Seele des Menschen, auf sein Einssein mit sich selbst. Was der Mensch ist, das ist er geworden, und deshalb findet er sich selbst in der Erinnerung. Sie ist der Kern seiner personalen Identität, in ihr wird die Kontinuität der eigenen Person erfahrbar. Sie zu verlieren hieße Auflösung der eigenen Persönlichkeit. Alzheimerkranke erleiden es. Ohne intakte Erinnerung ist ein gesundes menschliches Leben nicht möglich.

---

437 Nach Funk & Wagnalls: Standard Dictionary of the English Language, International Edition, Bd. 2, New York 1966, S. 1310.

Für Rudy Herz gibt es keine ungestörte Erinnerung. In seiner Seele machen die Greueltaten des Nationalsozialismus sich breit. Als Kind las und sah er in Köln im Stürmer-Schaukasten die widerlichen Hetzparolen und Karikaturen gegen die Juden; als Jugendlicher erlebte er im Lager, wie der Kapo ihn mit dem Stock traktierte, als wäre er ein Stück Vieh, und er gehörte dazu, als der Hunger die Menschen reduzierte auf das animalische Bedürfnis, zu essen. Schließlich nahm man ihm das, woran sein Herz am meisten hing: seine Eltern und Geschwister, seine Familie. Alles das sind Erinnerungen, die sich wie ein Schleier der Düsternis vor die Bilder glücklicher Kindertage schieben.

Aber er will sich davon nicht beherrschen lassen. Um sich selbst zu behaupten, um auch seine Kindheit als Erinnerung zu bewahren und sein Leben nicht zerteilen und zerfallen zu lassen, redet er über die Schrecken der Nazizeit. Wenn er sie in Worte fasst, kann er sie bändigen und die Freiheit gewinnen, durch sie hindurch zu den darunter liegenden Wurzeln seiner Person vorzustoßen. Nur so kann er die durch nationalsozialistische Gewalt zerrissene Einheit seines Lebens wiederherstellen.

Rudy Herz war es nicht vergönnt, in Ruhe zu entfalten, was in ihm und in seinem Umfeld an Chancen für ihn angelegt war. Gewaltsam riss man ihn heraus, und er musste kämpfen gegen eine Welt voll Hass und Verachtung. Die dadurch verursachten Verletzungen dauern an, bis auf den heutigen Tag.

Sie haben seinen Lebensweg kompliziert gemacht. Er verlief nicht gerade. Lange hat es gedauert, bis er aus dem Gewirr mancher Irrwege schließlich in Myrtle Beach zusammen mit seiner Frau Ursula einen Ort fand, wo er für sich und seine Familie ein neues Leben mit neuen Erinnerungen aufbauen konnte. Für ihn persönlich ist es aber wichtig, dass dieses neue Leben nicht die Verbindung zu seinen Wurzeln vor den Nazijahren verliert. Seine älteste Tochter trägt den Namen seiner Mutter: Auch das ist ein Versuch, Kontinuität in seinem Leben bis hin zu seinen Kindertagen herzustellen.

Im Februar 2011 weilte Rudy Herz zu Besuch in Stommeln und Köln. Die respektvolle Beachtung, die er fand, tat ihm gut. Im Domhotel logierte er für ein paar Tage und genoss den für ihn ungewöhnlichen Luxus und die zuvorkommende Behandlung durch den Geschäftsführer. Bei einem privaten rheinischen Abend mit Kölsch und Sauerbraten im Kölner Altstadt-Brauhaus „Walfisch" dekorierte einer der Teilnehmer ihn (es war Karnevalssession) mit dem Orden eines Kölschen Traditionskorps. Die Stadt Pulheim ehrte ihn durch eine Eintragung ins Goldene Buch. Wer ihn in solchen Momenten beobachtete, spürte, welche Genugtuung ihm die öffentliche Anerkennung verschaffte. Und doch war ihm die Erfahrung menschlicher Nähe wichtiger, etwa die Plauderstunde in einer Kaffeerunde, zu der eine Dame ihn einlud. Hier wurde er nicht hofiert, sondern gehörte einfach dazu. Er fühlte sich wohl, weil es so selbstverständlich war, dass er da war. Die Gastgeberin hatte Stachelbeertörtchen gebacken, etwas, was es in seiner amerikanischen Heimat nicht gibt, was er aber kannte aus Kindertagen. Sie schmeckten ihm wunderbar, sie versetzten ihn zurück an die von seiner Mutter gedeckte Kaffeetafel. Erinnerte Vergangenheit und erlebte Gegenwart kamen überein, und deshalb konnte er ganz bei sich sein. Als es am nächsten Tag in einem anderen Wohnzimmer abermals Stachelbeertörtchen gab und sein mitgereister Schwiegersohn in der falschen Annahme, es handle sich um Weintrauben, eins nahm und dann den Mund verzog, weil er die Säure schmeckte, erheiterte ihn das ungemein. In diesem Augenblick war er selbst wieder ein Rheinländer, der über einen Amerikaner schmunzelte, der keine Stachelbeeren kennt, sondern sie für Trauben hält. Solche Momente des Einsseins von Erinnerung und Gegenwart machten ihn glücklich.

Lily Herz: ihr Name lebt fort

Rudy und Karl Otto, die Söhne von Ernst und Lily Herz, leben heute beide in den USA, ebenfalls ihre Kinder, Schwiegerkinder und Enkel. In Köln lebt noch die Tochter von Lilys Bruder Hermann Jacobsohn. Auch ihre beiden Kinder haben ihr inzwischen Enkel geschenkt. Rein jüdisch ist noch die Familie von Karl Otto Herz, der heute privat nur noch mit dem ersten Namen „Karl" angeredet wird. Sein Bruder Rudy hat eine Katholikin geheiratet. Die in Deutschland lebenden Nachkommen von Hermann Jacobsohn sind katholisch. Aber die unterschiedliche religiöse Orientierung ist heute kein Problem mehr für den familiären Zusammenhalt über den Atlantik hinweg. Ein wichtiges Ferment, das trotz unterschiedlicher Entwicklungen der einzelnen Familien das Bewusstsein der Zusammengehörigkeit wachhält, ist die gemeinsame Erinnerung an die Jahre des Holocausts, insbesondere an Lily (= Karoline) Herz, in deren Schicksal die Erinnerungsfäden sich verdichten und zusammenlaufen. Karl Otto Herz nannte seine 1956 geborene erste Tochter nach ihr „Carol Lyn", und die gab den Namen in der amerikanischen Kurzform „Keri" an ihre eigene Tochter weiter. Für Rudy Herz war es ebenfalls klar, dass seine 1964 geborene erste Tochter den Namen der Mutter bekam: „Carolyn". Auch für den deutschen Zweig der Familie ist Lily Herz zu einem zentralen Fluchtpunkt der eigenen Identität geworden: Eine Urenkelin von Hermann Jacobsohn heißt „Caroline".

Der fortlebende Name der ermordeten Lily Herz stellt sich gegen das Vergessen und gegen das eliminatorische Ziel der Nationalsozialisten, die Juden Europas auszurotten.

Aber mit einem *Happy End*, wie Leser von den Erinnerungsbüchern Überlebender es gerne einfordern und wie Filme zur Holocaustthematik wie *Schindlers Liste* (1993), *Das Leben ist schön* (1997) oder *Der Pianist* (2002) es als – wenn auch gebrochenes – abschließendes Glückserlebnis schenken, hat das nichts zu tun. Der Schmerz des Verlustes hat sich für Rudy Herz nicht aufgelöst in einem glücklichen Ende, sondern fordert bis heute die Tapferkeit, den eigenen Lebenswillen gegen den Sog des Abgrunds zu stellen. Und das gewonnene labile seelische Gleichgewicht ist stets gefährdet. Ich hatte Rudy Herz im August 2011 zu seinem 86. Geburtstag ein eingerahmtes Foto seiner Mutter geschickt: ein Mädchenfoto, dass er so noch nicht kannte, im Original unscheinbar und schadhaft, durch Bildbearbeitung aber wiederhergestellt. Lange blieb eine Reaktion auf das Geschenk aus. Erst sieben Wochen später bedankte er sich in einem Telefonat, stockte und sagte dann: „Ich habe das Bild umdrehen müssen, Sie werden das verstehen. Ich kann nicht am Tisch vor dem Bild sitzen, ohne dass mir alles wieder in den Sinn kommt. Es hängt jetzt an einer Wand, wo ich dran vorbeikomme. Das geht."

Es gibt kein Ende, erst recht kein glückliches, sondern nur Gegenwart, die jeden Tag aufs Neue im Alltag bewältigt sein will.

Nachruf

Beflügelt war Rudy Herz im Februar 2011 von seinem Besuch in Köln und Stommeln nach Hause zurückgekehrt. Er hatte Zuhörer in seiner alten Heimat gefunden, die ihn verstanden und seine Schilderungen aufgenommen hatten in ihr Herz. Vor allem die Anteilnahme der Schülerinnen und Schüler – der „Kinder", wie er sagte – hatte ihn tief berührt. Und er war fest entschlossen, 2012 noch einmal zurückzukommen.

Es war ihm nicht vergönnt. Wegen eines kranken Knies hatte er sich ins Hospital begeben müssen. Die Operation verlief gut, aber er infizierte sich mit einem multiresistenten Krankenhauskeim, der ihm viele Wochen lang schwer zu schaffen machte. Am 21. Juni 2011 schrieb er: „Jetzt erhole ich mich recht langsam. Ich hatte 15 Pfund verloren." Zur gewohnten Arbeit war er lange nicht fähig. Im Frühherbst 2011 ging es dann aufwärts, die Lebensgeister kehrten zurück, und er arbeitete wieder, wenn auch noch geschwächt, täglich in seiner Baumschule und Gärtnerei.

Eine Lebensmittelvergiftung warf ihn im Oktober 2011 aber erneut aufs Krankenbett. Man riet ihm, sich ins Krankenhaus zu begeben, aber er weigerte sich. Er misstraute nach schlechter Erfahrung dieser Einrichtung und baute lieber auf seine eigene Heilungskraft. Als er sich schließlich doch in das Unabwendbare fügen musste, war es zu spät. Am 18. Oktober 2011 verstarb er im Hospital in Charleston, SC. Mit militärischen Ehren wurde er auf dem *Beaufort National Cemetery* beigesetzt.

In einer bewegenden Gedenkfeier für Rudy Herz am 12. November 2011 in der *Calvary Chapel* in Socastee, SC. nahmen die Familie und Freunde von ihm Abschied. Sohn Raphael trug einen Nachruf des durch Krankheit verhinderten langjährigen Freundes P. L. vor, in dem es u. a. hieß:

„Rudy und ich waren mehr als 25 Jahre lang enge Freunde, und es fällt mir sehr schwer, an ihn in der Vergangenheit zu denken. […]

Rudy hatte einen hellen Geist, einen scharfen Verstand, ein liebenswürdiges Wesen, einen Sinn für Schönheit, ein gutes Herz und eine unstillbare geistige Neugier, wie ich sie noch bei keiner anderen Person gefunden habe. Und er hatte ein enzyklopädisches Wissen von praktisch allem unter der Sonne: Geschichte, Literatur, Theologie, Anthropologie, Philosophie, Botanik, Zoologie, Mythologie, Politik, Musik [...]. Ihn zu kennen war eine Freude, mit ihm zu reden ein Vergnügen, und ihn als Freund zu haben war und wird für immer eine meiner teuersten Erfahrungen bleiben.

[...] Ich mochte Rudy genau so, wie er war – im Schmutz grabend, die Erde siebend, meinen Garten in ein kleines Landschaftsparadies verwandelnd. [...] Manchmal aber bedauerte ich auch, dass Rudy nicht mehr Zeit hatte zum Schreiben, weil er mit Sicherheit reich gesegnet war mit schriftstellerischem Talent. Seine Liebe zur Literatur, sein ständiges Suchen nach dem treffenden Wort war ganz offensichtlich [...]. Er war die einzige Person, die ich jemals kannte, die in allen Einzelheiten über Shakespeare diskutieren konnte, während sie eine verrostete Außen-Wasserpumpe ersetzte. [...]

Etwa eine Woche, bevor er starb, kam Rudy zu mir und bat um Unterstützung bei der Übersetzung eines Gedichtes aus dem Deutschen ins Englische. Er wünschte, dass die Wortwahl absolut präzise war und von höchster poetischer Qualität. [...] Leider konnte Rudy sein Vorhaben nicht vollenden. Es zeigt aber, woran sein Herz hing, selbst noch gegen Ende."

Es war Graf Stolbergs Gedicht „Lied auf dem Wasser zu singen", für dessen Übersetzung er Freundeshilfe suchte. Im September hatte ich ihm auf seine Bitte hin den Wortlaut geschickt, und in seinem letzten Telefonanruf von Anfang Oktober 2011 berichtete er, er wolle einen kurzen literarischen Text verfassen über den Schubert-Abend auf dem Speicher im Ghetto Theresienstadt und die tiefe Wirkung des Schubert-Liedes zu Stolbergs Gedicht auf ihn und die anderen Zuhörer. In englischer Sprache wollte er schreiben, weil er sich darin differenzierter und treffender ausdrücken könne. Er versprach, mir den Text zu schicken, aber er konnte ihn nicht mehr vollenden.

An seinem Lebensende beschäftigten sich seine Gedanken und Gefühle mit seiner Ghetto-Erfahrung, mit der Überwindung der Inhumanität durch die verwandelnde Kraft der Kunst. Es war der große Bogen, der sein von so vielen Brüchen zerfurchtes Leben überspannte.

Lied auf dem Wasser zu singen
Für meine Agnes

Mitten im Schimmer der spiegelnden Wellen
Gleitet, wie Schwäne, der wankende Kahn;
Ach, auf der Freude sanftschimmernden Wellen
Gleitet die Seele dahin wie der Kahn;
Denn von dem Himmel herab auf die Wellen
Tanzet das Abendrot rund um den Kahn.

Über den Wipfeln des westlichen Haines,
Winket uns freundlich der rötliche Schein;
Unter den Zweigen des östlichen Haines
Säuselt der Kalmus im rötlichen Schein;
Freude des Himmels und Ruhe des Haines
Atmet die Seel' im errötenden Schein.

Ach, es entschwindet mit tauigem Flügel
Mir auf den wiegenden Wellen die Zeit.
Morgen entschwinde mit schimmerndem Flügel
Wieder wie gestern und heute die Zeit,
Bis ich auf höherem strahlendem Flügel
Selber entschwinde der wechselnden Zeit.

Wechselnde Zeiten prägten Rudys Leben. Nun ist er ihnen entschwunden. Das Gedicht ist wie ein tröstlicher Abgesang auf ein mit nie versiegendem Mut und sich immer neu aufrichtender Tatkraft bestandenes langes Leben.

Nachkommen von Max und Helene Herz in Butzheim

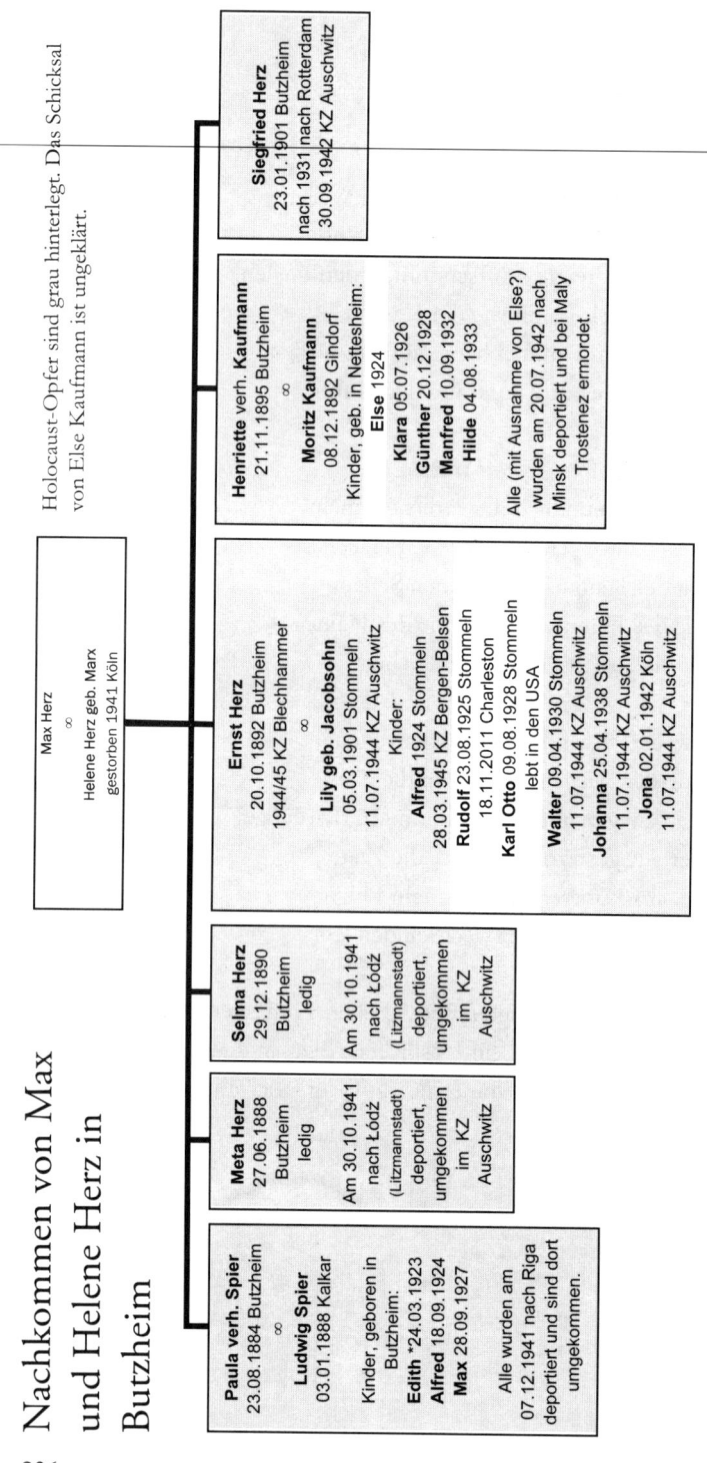

Holocaust-Opfer sind grau hinterlegt. Das Schicksal von Else Kaufmann ist ungeklärt.

Max Herz
∞
Helene Herz geb. Marx
gestorben 1941 Köln

Paula verh. Spier
23.08.1884 Butzheim
∞
Ludwig Spier
03.01.1888 Kalkar

Kinder, geboren in Butzheim:
Edith *24.03.1923
Alfred 18.09.1924
Max 28.09.1927

Alle wurden am 07.12.1941 nach Riga deportiert und sind dort umgekommen.

Meta Herz
27.06.1888 Butzheim
ledig

Am 30.10.1941 nach Łódź (Litzmannstadt) deportiert, umgekommen im KZ Auschwitz

---

Selma Herz
29.12.1890 Butzheim
ledig

Am 30.10.1941 nach Łódź (Litzmannstadt) deportiert, umgekommen im KZ Auschwitz

---

Ernst Herz
20.10.1892 Butzheim
1944/45 KZ Blechhammer
∞
Lily geb. Jacobsohn
05.03.1901 Stommeln
11.07.1944 KZ Auschwitz

Kinder:
Alfred 1924 Stommeln
28.03.1945 KZ Bergen-Belsen
Rudolf 23.08.1925 Stommeln
18.11.2011 Charleston
Karl Otto 09.08.1928 Stommeln
lebt in den USA
Walter 09.04.1930 Stommeln
11.07.1944 KZ Auschwitz
Johanna 25.04.1938 Stommeln
11.07.1944 KZ Auschwitz
Jona 02.01.1942 Köln
11.07.1944 KZ Auschwitz

Henriette verh. Kaufmann
21.11.1895 Butzheim
∞
Moritz Kaufmann
08.12.1892 Gindorf
Kinder, geb. in Nettesheim:
Else 1924
Klara 05.07.1926
Günther 20.12.1928
Manfred 10.09.1932
Hilde 04.08.1933

Alle (mit Ausnahme von Else?) wurden am 20.07.1942 nach Minsk deportiert und bei Maly Trostenez ermordet.

Siegfried Herz
23.01.1901 Butzheim
nach 1931 nach Rotterdam
30.09.1942 KZ Auschwitz

236

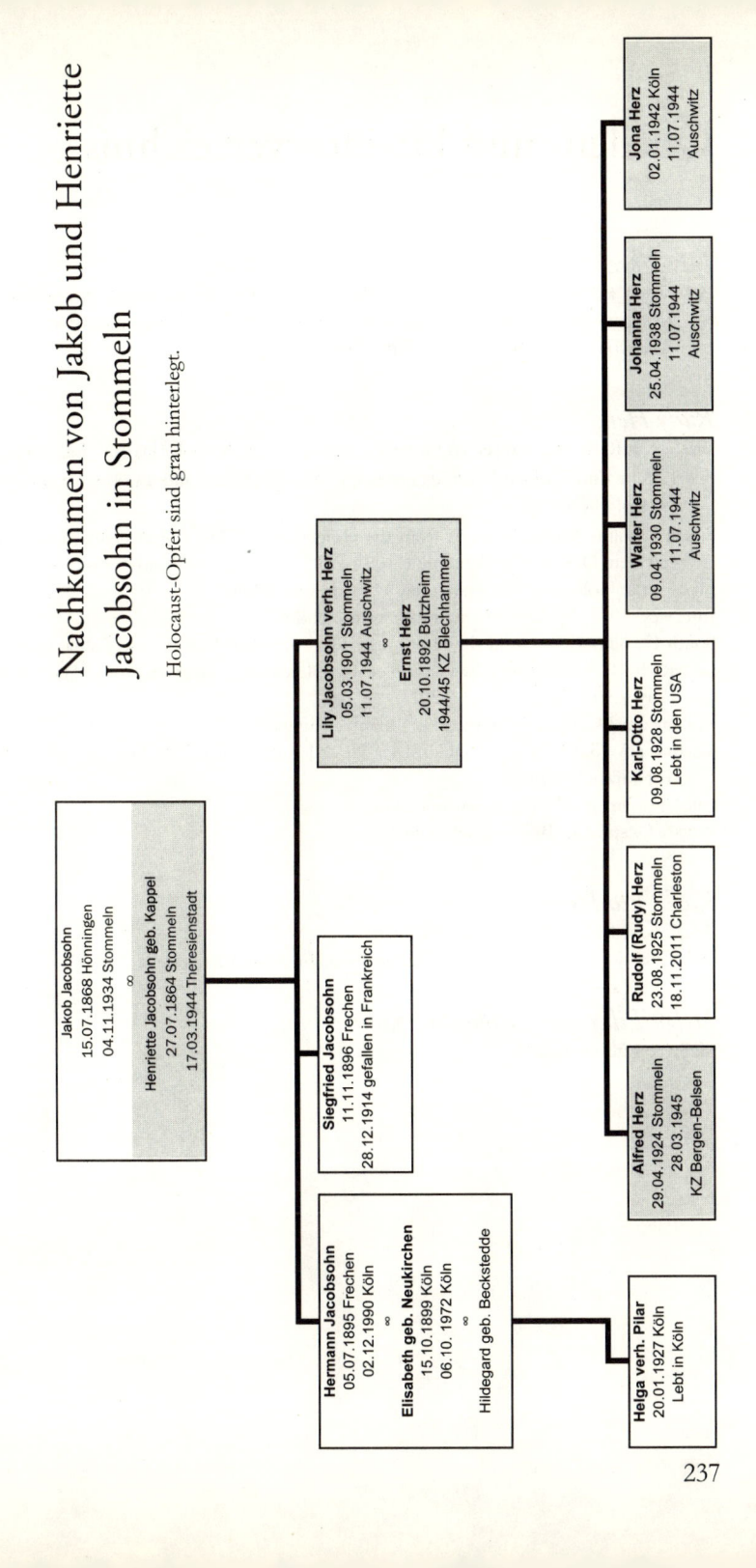

Nachkommen von Jakob und Henriette Jacobsohn in Stommeln

Holocaust-Opfer sind grau hinterlegt.

Jakob Jacobsohn
15.07.1868 Hönningen
04.11.1934 Stommeln
∞
Henriette Jacobsohn geb. Kappel
27.07.1864 Stommeln
17.03.1944 Theresienstadt

- **Siegfried Jacobsohn**
  11.11.1896 Frechen
  28.12.1914 gefallen in Frankreich

- **Lily Jacobsohn verh. Herz**
  05.03.1901 Stommeln
  11.07.1944 Auschwitz
  ∞
  Ernst Herz
  20.10.1892 Butzheim
  1944/45 KZ Blechhammer

  - **Alfred Herz**
    29.04.1924 Stommeln
    28.03.1945
    KZ Bergen-Belsen

  - **Rudolf (Rudy) Herz**
    23.08.1925 Stommeln
    18.11.2011 Charleston

  - **Karl-Otto Herz**
    09.08.1928 Stommeln
    Lebt in den USA

  - **Walter Herz**
    09.04.1930 Stommeln
    11.07.1944 Auschwitz

  - **Johanna Herz**
    25.04.1938 Stommeln
    11.07.1944 Auschwitz

  - **Jona Herz**
    02.01.1942 Köln
    11.07.1944 Auschwitz

- **Hermann Jacobsohn**
  05.07.1895 Frechen
  02.12.1990 Köln
  ∞
  Elisabeth geb. Neukirchen
  15.10.1899 Köln
  06.10.1972 Köln

  Hildegard geb. Beckstedde

  - **Helga verh. Pilar**
    20.01.1927 Köln
    Lebt in Köln

Quellen- und Literaturverzeichnis

Lily Herz
Postkarten aus dem Ghetto Theresienstadt an ihren Bruder Hermann Jacobsohn in Köln (im Besitz von Helga Pilar, Köln) und an Herrn und Frau Löwenstein, ebenfalls Köln (im Besitz von Mary Beer, Berlin), 1943/44.

Rudy Herz
Briefe von Rudy Herz an seinen Onkel Hermann Jacobsohn in Köln, Juni/Juli 1946.
Schriftliche und Tonband-Aufzeichnungen 1982/83, bearbeitet und hrsg. von Josef Wißkirchen (4).
South Carolina Voices: Lessons from the Holocaust: V77198 – Rudy Herz, Interview mit Tom Downey, 19. September 1991 (2 DVD), hrsg. vom South Carolina Council on the Holocaust. Im Stadtarchiv Pulheim vorhanden.
Interview 1999, NS-Dokumentationszentrum Köln.
South Carolina Council on the Holocaust: The Survivors' Stories – A Virtual Library: Rudy...; URL: http://www.scholocaustcouncil.org/, Registerkarte "The Holocaust / The Survivors" (1.3.2011).
Vortrag am 14.2.2011 in Stommeln; Tonaufzeichnung.
Vortrag am 15.2.2011 vor Schülern der Papst-Johannes XXIII.-Schule in Stommeln; Tonaufzeichnung.
Interview am 16.2.2011; Tonaufzeichnung.
Private Gespräche, Briefe, Telefonate.

Karl Otto Herz
Briefe vom 12.3.1987 und 27.4.1987.
Holocaust-Journal; Gedichte, entstanden 1945/46, zusammengestellt 1996.

Helga Pilar geb. Jacobsohn, Köln
Mehrere Interviews 2011.

Literatur

Adler, Hans G.: Theresienstadt. Das Antlitz einer Zwangsgemeinschaft 1941–1945, Tübingen ²1960.

Asaria, Zvi (Hrsg.): Die Juden in Köln von den ältesten Zeiten bis zur Gegenwart, Köln 1959.

Backhausen (1), Manfred: Das religiöse Leben der Stommelner Juden. In: Juden in Stommeln. Geschichte einer jüdischen Gemeinde im Kölner Umland, Teil 1, Pulheim 1983, S. 204–224.

Backhausen (2), Manfred: Die Geschichte der jüdischen Familien aus Stommeln, Sinnersdorf, Fliesteden und Umgebung. In: Juden in Stommeln. Geschichte einer jüdischen Gemeinde im Kölner Umland, Teil 2, Pulheim 1987, S. 78–158.

Backhausen, Manfred / Schneider, Eli Josef: Die Friedhöfe der jüdischen Gemeinden in Stommeln und Fliesteden. In: Juden in Stommeln. Geschichte einer jüdischen Gemeinde im Kölner Umland, Teil 1, Pulheim 1983, S. 225–260.

Bähr, Johannes / Banken, Ralf: Wirtschaftssteuerung durch Recht im Nationalsozialismus. Studien zur Entwicklung des Wirtschaftsrechts im Interventionsstaat des „Dritten Reichs" (Das Europa der Diktatur, Bd. 9), Frankfurt/M. 2005.

Becker-Jákli (1), Barbara (Hrsg.): Ich habe Köln doch so geliebt. Lebensgeschichten jüdischer Kölnerinnen und Kölner, Köln 1993.

Becker-Jákli (2), Barbara: Das jüdische Krankenhaus in Köln. Die Geschichte des Israelitischen Asyls für Kranke und Altersschwache 1869–1945, Köln 2004.

Benz, Wolfgang: Theresienstadt. In: Benz/Distel, Bd. 9, S. 449–496.

Benz, Wolfgang / Distel, Barbara: Der Ort des Terrors. Geschichte der nationalsozialistischen Konzentrationslager, 9 Bde., München 2005–2009.

Berglar, Peter: Clemens Kämpgen. Erinnerungen und Gedanken anläßlich des 70. Geburtstages, Köln 1981.

Bondy, Ruth: Mehr Glück als Verstand. Eine Autobiographie, Gerlingen 1999.

Blatman (1), Daniel: Rückzug, Evakuierung und Todesmärsche 1944–1945. In: Benz/Distel, Bd. 1, S. 296–312.

Blatman (2), Daniel: Die Todesmärsche 1944/45. Das letzte Kapitel des nationalsozialistischen Massenmords, Reinbek bei Hamburg 2011.

Blum, Howard: Ihr Leben in unserer Hand. Die Geschichte der Jüdischen Brigade im Zweiten Weltkrieg, München 2002.

Bopf, Britta: „Arisierung" in Köln. Die wirtschaftliche Existenzvernichtung der Juden 1933–1945, Köln 2004.

Brenner-Wonschick, Hannelore: Die Mädchen von Zimmer 28. Freundschaft, Hoffnung und Überleben in Theresienstadt, München 2004.

Brocke, Michael: Feuer an Dein Heiligtum gelegt. Zerstörte Synagogen 1938 Nordrhein-Westfalen, Bochum 1999.

Broszat, Martin: Der Staat Hitlers. Grundlegung und Entwicklung seiner inneren Verfassung, München 1969.

Capul, Maurice: Une maison d'enfants pendant la guerre 1939–1945: Moissac. In der Revue: Empan Nr. 57, 1/2005, S. 20–27.

Carlebach, Alexander: Adass Yeshurun of Cologne. The Life and Death of a Kehilla, Belfast 1964.

Corbach (1), Dieter: Die Jawne zu Köln. Zur Geschichte des ersten jüdischen Gymnasiums im Rheinland und zum Gedächtnis an Erich Klibansky 1900–1942, Köln 1990.

Corbach (2), Dieter: 6.00 Uhr ab Messe Köln-Deutz. Deportationen 1938–1945, Köln 1999.

Czech, Danuta: Kalendarium der Ereignisse im Konzentrationslager Auschwitz-Birkenau 1939–1945, Reinbek bei Hamburg 1958, ²1989.

Daners, Hermann: Schicksale nach der Befreiung. In: Juden in Stommeln. Geschichte einer jüdischen Gemeinde im Kölner Umland, Teil 2, Pulheim 1987, S. 266–294.

Deutschkron, Inge: ... denn ihrer war die Hölle. Kinder in Gettos und Lagern, Köln 1965.

Eichmann, Bernd: Versteinert – Verharmlost – Vergessen. KZ-Gedenkstätten in der Bundesrepublik Deutschland, Frankfurt/M 1985.

Ettinger, Shmuel: Drittes Buch: Vom 17. Jahrhundert bis zur Gegenwart – Die Neuzeit. In: Haim Hillel Ben-Sasson (Hrsg.): Geschichte des jüdischen Volkes von den Anfängen bis zur Gegenwart, München, ⁵2007, S. 887–1348.

Feuß, Axel: Das Theresienstadt-Konvolut, Hamburg/München 2002.

Gottwaldt, Alfred / Schulle, Diana: Die "Judendeportationen" aus dem Deutschen Reich 1941–1945. Eine kommentierte Chronologie, Wiesbaden 2005.

Greven's Adreßbuch Köln, Ausgaben von 1927 bis 1941/42.

Gruner, Wolf: Der Geschlossene Arbeitseinsatz deutscher Juden: Zur Zwangsarbeit als Element der Verfolgung 1938-1943, Berlin 1996.

Herbert, Ulrich: Geschichte der Ausländerpolitik in Deutschland: Saisonarbeiter, Zwangsarbeiter, Gastarbeiter, Flüchtlinge, München 2001.

Herbst, Ludolf: Hitlers Charisma. Die Erfindung eines deutschen Messias, Frankfurt/M 2010.

Hesdörffer, Heinz: Bekannte traf man viele: Aufzeichnungen eines deutschen Juden aus dem Winter 1945/46, Zürich 1998.

Hilberg, Raul: Die Vernichtung der europäischen Juden, 3 Bde., TB-Ausgabe, Frankfurt/M. 1990.

Hinterleitner, Helfried: Wenn wir den Krieg verlieren, Wels (A) 2009.

Historisches Archiv der Stadt Köln/NS-Dokumentationszentrum (Hrsg.): Jüdisches Schicksal in Köln 1918–1945, Unterrichtsmaterialien, o. O., o. J., (Köln 1988).

Hochstetter, Dorothee: Motorisierung und „Volksgemeinschaft". Das Nationalsozialistische Kraftfahrkorps (NSKK) 1931–1945, München 2005.

Hoffmann, Bruno: Die Ausnahmegesetzgebung gegen die Juden von 1933–1945 unter besonderer Berücksichtigung der Synagogengemeinde Köln, Diss. Köln 1962.

Höß, Rudolf: Kommandant in Auschwitz. Autobiographische Aufzeichnungen, hrsg. von Martin Broszat, dtv 2908, München 1963.

Irmer, Thomas: Artikel „Schwarzheide" in: Benz/Distel, Bd. 3, München 2006, S. 268–271.

Jäger, Kurt (Hrsg.): Lexikon der Elektrotechniker, Berlin und Offenbach 1996; Stichwort: Meirowsky, Max (Horst A. Wessel).

Jahn, Franziska: Das „Theresienstädter Familienlager" (B IIb) in Birkenau. In: Benz/Distel, Bd. 5, München 2007, S. 112–115.

Johnson, Eric A.: Der nationalsozialistische Terror. Gestapo, Juden und gewöhnliche Deutsche, Berlin 2001.

Die jüdische Emigration aus Deutschland 1933–1941. Die Geschichte einer Austreibung, Frankfurt/M. 1985.

Jüdisches Schicksal in Köln 1918 – 1945. Katalog zur Ausstellung des Historischen Archivs der Stadt Köln/NS-Dokumentationszentrum, Köln 1988.

Kacer, Kathy: Ediths Versteck. Die Geschichte des jüdischen Mädchens Edith Schwalb, Berlin 2010.
Kirschgens, Stefan: Wege durch das Niemandsland. Dokumentation und Analyse der Hilfe für Flüchtlinge im deutsch-belgisch-niederländischen Grenzland in den Jahren 1933 bis 1945, Köln 1998.
Klatt, Thomas: Unzugängliches Schoa-Massengrab. Vermutetes Massengrab in Lieberose kann aufgrund der Rechtslage nicht gesichtet werden. In: Jüdische Zeitung. Unabhängige Monatszeitung für zeitgenössisches Judentum, Ausgabe März 2008.
Klibanski, Bronka: Kinder aus dem Ghetto Białystok in Theresienstadt. In: Theresienstädter Studien und Dokumente, Prag 1995.
Kühle, Barbara: Die Todesmärsche der Häftlinge des KZ Sachsenhausen. Sachsenhausen 1, Oranienburg ²1988.
Lebert, Stephan: Ein Dorf und der Tod. In: Die Zeit, 12.5.2007.
Lexikon der Gerechten unter den Völkern: Deutsche und Österreicher, hrsg. von Daniel Fraenkel und Jakob Borut, Göttingen 2005.
Lewertowski, Catherine: Morts ou juifs: La Maison de Moissac, 1939–1945, Paris 2003.
Maršalek, Hans: Die Geschichte des Konzentrationslagers Mauthausen, Wien 1980.
Matzerath (1), Horst: Der Weg der Kölner Juden in den Holocaust. Versuch einer Rekonstruktion. In: Nationalsozialismus und Regionalgeschichte. Festschrift für Horst Matzerath, hrsg. von Barbara Becker-Jákli, Werner Jung und Martin Rüther, Köln 2002, S. 224–246.
Matzerath (2), Horst: Köln in der Zeit des Nationalsozialismus 1933–1945 (Geschichte der Stadt Köln, Bd. 12), Köln 2009.
Meinbach, Anita Meyer / Kassenoff, Miriam Klein : Memories of the Night. A Study of the Holocaust, Norwood, MA 2003 (Christopher-Gordon Publishers, Inc., ISBN 1-929024-67-3), Appendix B: Rudy Herz, S. 403 – 412.
Meyer, Beate: „Jüdische Mischlinge". Rassenpolitik und Verfolgungserfahrung 1933–1945, Hamburg ²2002.
Oprach, Marc: Das Konzentrationslager Theresienstadt in der Propaganda: Der Besuch einer Delegation des Internationalen Roten Kreuzes, eBook, Grin-Verlag, München 2008.
Orth, Karin: Das System der nationalsozialistischen Konzentrationslager. Eine politische Organisationsgeschichte, Zürich 2002.
Perz, Bertrand: Gusen I und II. In: Benz/Distel, Bd. 4, München 2006, S. 371–380.
Piper (1), Franciszek: Das Nebenlager Blechhammer. In: Hefte von Auschwitz 10/1967, S. 19–39.
Piper (2), Franciszek: Das Nebenlager Sosnowitz (II). In: Hefte von Auschwitz 11/1970, S. 97–128.
Pracht, Elfi: Jüdisches Kulturerbe in Nordrhein-Westfalen, Regierungsbezirk Köln, Köln 1997.
Pracht-Jörns (1), Elfi: Jüdisches Kulturerbe in Nordrhein-Westfalen, Regierungsbezirk Düsseldorf, Köln 2000.
Pracht-Jörns (2), Elfi, Bearb.: Jüdische Lebenswelten im Rheinland. Kommentierte Quellen von der Frühen Neuzeit bis zur Gegenwart, Köln 2011.
Rahe, Thomas: Bergen-Belsen – Stammlager. In: Benz/Distel, Bd. 7, S. 187–217.
Roth, John et al.: The Holocaust Chronicle. A History in Words and Pictures, Lincolnwood Ill. 2003.

Rudorff (1), Andrea: Blechhammer (Blachownia). In: Benz/Distel, Bd. 5, München 2007, S. 186–191.

Rudorff (2), Andrea: Sosnowitz II (Sosnowiec). In: Benz / Distel, Bd. 5, München 2007, S. 301–304.

Rüther (1), Martin, Bearb.: Köln, 31. Mai 1942: Der 1000-Bomber-Angriff, Köln 1992.

Rüther (2), Martin: Köln im Zweiten Weltkrieg. Alltag und Erfahrungen zwischen 1939 und 1945, Köln 2005.

Schmitz, Josef: Jüdische Familien am Gillbach. Beiträge zur Geschichte der Gemeinde Rommerskirchen, Bd. III, Rommerskirchen 1999.

Thomas, Harald: „Unser letztes Paradies auf Erden". Die Familie Herz in Theresienstadt. In: Juden in Stommeln. Geschichte einer jüdischen Gemeinde im Kölner Umland, Teil 2, Pulheim 1987, S. 207–229.

Tsur, Jakov: Schwarzheide – ein Außenlager des KZs Sachsenhausen. In: Theresienstädter Studien und Dokumente, Prag 2002.

Volavková, Hana (Red.): Hier fliegen keine Schmetterlinge. Kinderzeichnungen und Gedichte aus Theresienstadt 1942-1944, Wuppertal 1962.

Walk (1), Joseph, Hrsg.: Das Sonderrecht der Juden im NS-Staat. Eine Sammlung der gesetzlichen Maßnahmen und Richtlinien – Inhalt und Bedeutung, Heidelberg 1981.

Walk (2), Joseph: Das jüdische Schulwesen in Köln bis 1942. In: Köln und das rheinische Judentum, hrsg. v. Jutta Bohnke-Kollwitz u. a., Köln 1984, S. 415–426.

Weigelt (1), Andreas: „Die Juden sollen zittern!" Zur Geschichte des jüdischen „Arbeitslagers Lieberose" 1943–1945 in Jamlitz, einem Nebenlager des KZ Sachsenhausen sowie zur gleichnamigen Wanderausstellung. In: Gedenkstättenrundbrief 82, 4/1998, S. 14–20.

Weigelt (2):, Andreas Die Dokumentationsstätte KZ-Außenlager Lieberose 1943–1945 / Dokumentationsstätte Sowjetisches Speziallager Nr. 6 Jamlitz 1945–1947. In: Gedenkstättenrundbrief 118, 4/2004, S. 20–26.

Wessel, Horst A.: Die Firma Meirowsky & Co., später Dielektra, in Porz und ihre Leistungen auf dem Gebiet der künstlichen Isolierstoffe für die Elektrotechnik. In: Rechtsrhein. Köln 18 (1992), S. 129-162.

Wickert, Wolfram: Equinox. Roman, Bad Honnef 2005.

Wißkirchen (1), Josef: Geschichte der Stommelner und Sinnersdorfer Juden seit dem Ende des 18. Jahrhunderts. In: Juden in Stommeln. Geschichte einer jüdischen Gemeinde im Kölner Umland, Teil 1, Pulheim 1983, S. 44–160.

Wißkirchen (2), Josef: Juden in Stommeln – Mitglieder der Dorfgemeinschaft? Über das Zusammenleben jüdischer und christlicher Stommelner vom Anfang des 20. Jahrhunderts bis zur Deportation 1941/42. In: Juden in Stommeln. Geschichte einer jüdischen Gemeinde im Kölner Umland, Teil 2, Pulheim 1987, S. 11–77.

Wißkirchen (3), Josef: Schicksale Stommelner Juden im Dritten Reich. In: Juden in Stommeln. Geschichte einer jüdischen Gemeinde im Kölner Umland, Teil 2, Pulheim 1987, S. 159–206.

Wißkirchen (4), Josef (Hrsg.): Tausend Kilometer über das Erde – was zieht einen hinab? Auschwitz. Erinnerungen von Rudy Herz. In: Juden in Stommeln. Geschichte einer jüdischen Gemeinde im Kölner Umland, Teil 2, Pulheim 1987, S. 230–265.

Wißkirchen (5), Josef: Namensliste Stommelner und Fliestedener Juden im Umkreis der nationalsozialistischen Judenpolitik. In: Juden in Stommeln. Geschichte einer jüdischen Gemeinde im Kölner Umland, Teil 2, Pulheim 1987, S. 324–336.

Wißkirchen (6), Josef: Reichspogromnacht an Rhein und Erft – 9./10. November 1938. Eine Dokumentation, Pulheim 1988.
Wißkirchen (7), Josef: Gedenkstein auf dem jüdischen Friedhof in Stommeln. Pulheimer Beiträge zur Geschichte und Heimatkunde 13/1989, S. 237.
Wißkirchen (8), Josef: Wunden, die nicht heilen wollen. In: Jochen Arlt / Axel Kutsch (Hrsg.): Knollen, Kohle und Miljöh. Erftkreis-Lesebuch, Pulheim 1990, S. 59–63.
Wißkirchen (9), Josef: Christlicher Antisemitismus. Pulheimer Beiträge zur Geschichte und Heimatkunde 20/1996, S. 149–167.
Wißkirchen (10), Josef: 200 Jahre Geschichte Stommelns. Bd. 1: 1794–1914, Bd. 2: 1914–1945, Pulheim 1997 und 2001.
Wißkirchen (11), Josef (Hrsg.): Lokalteil Stommeln und Umgebung 1918–1939. Tagebuch des Stommelner Zeitungsagenten Lorenz Simon, Pulheim 1998 (unveröffentlichtes Typoskript, Stadtarchiv Pulheim).
Wißkirchen (12), Josef: Vom Schicksal der jüdischen Stommelner und dem Wegschauen der vielen. Gedanken zum 70. Jahrestag der Reichspogromnacht 1938. Pulheimer Beiträge zur Geschichte 34/2009, S. 272–291.

Internet

Audioweg Gusen. Das unsichtbare Lager; http://audioweg.gusen.org/ (21.5.2011).
Bertsch, Matthias: Sie hoben den Daumen. Interview mit Jehuda Bacon. In: Der Freitag, 4.2.2005; http://www.freitag.de/politik/0505-gespraech-02 (11.5.2011).
Die jüdischen Opfer des Nationalsozialismus aus Köln. Gedenkbuch, Köln 1995; Onlineversion: http://www.museenkoeln.de/ns-dok/default.asp?s=224&tid=139&kontrast=&schrift=.
Gedenkbuch. Opfer der Verfolgung der Juden unter der nationalsozialistischen Gewaltherrschaft in Deutschland 1933-1945. Onlineversion: http://www.bundesarchiv.de/gedenkbuch.
Ghetto Theresienstadt 1941–1945. Ein Nachschlagewerk; http://www.ghetto-theresienstadt.info.
Grabowsky, Sonja: Rassenpolitik im Nationalsozialismus. „Halbjuden" im Deutschen Reich 1933–1945; http://www.der-halbe-stern.de/pdf/grabowsky.pdf (8.3.2011).
Gusen Memorial Committee. KZ Mauthausen-Gusen Info-Pages; http://www.gusen.org.
Harrison, Earl Grant: Report on the Treatment of Displaced Jews, August 1945; http://www.jewishvirtuallibrary.org/jsource/Holocaust/truman_on_harrison.html. (23.5.2011).
Haunschmied, Rudolf: Gusen – eine Manifestation österreichischen Vergessens; http://audioweg.gusen.org/fileadmin/Bibliothek/pdf/Rudolf_Haunschmied.pdf (21.5.2011).
Holocaust Encyclopedia; http://www.ushmm.org/wlc/en/.
Ketterer, Claudia / Eichenberg, Helga: Fragen an Jehuda Bacon. Brückenbauer-Magazin „Dienste in Israel" 90, 11. 5. 2008; http://www.dienste-in-israel.org/fileadmin/download/Wegbegleiter/jehuda_bacon-k.pdf (9.7.2011).
Kosiek , Albert J.: Liberation of Mauthausen (and KZ Gusen I, II & III). In: Thunderbolt – The 11th Ard Div Association, Vol. 8, No. 7, May–June 1955, 700 Hill Bldg., Washington 6, D.C.; http://www.gusen.org/kosiek1x.htm (9.7.2011).

Murmelstein, Wolf: Theresienstadt – Ein Sonderfall in der Geschichte der Shoah; http://www.deathcamps.org/reinhard/terezinmurmel_de.htm (28.5.2011).
Tsur, Jakov / Senenko, René: Liste des Häftlingstransports vom 3. Juli 1944 aus dem Konzentrationslager Auschwitz-Birkenau nach dem KL Sachsenhausen Außenlager Schwarzheide, online gestellt am 19.4.2010; http://homepage.alice.de/rene. senenko/grenzlos/haeftlingsliste.pdf (17.5.2011).
United States Holocaust Memorial Museum; http://www.ushmm.org/.
Yad Vashem: The Central Database of Shoah Victims' Names; http://www.yadvashem. org/wps/portal/IY_HON_Entrance.

Film

Manfred Höffken: Juden in Stommeln. 25-minütige WDR-Reportage, Erstsendung 16.1.1988.

Bildnachweis

ADAC motorwelt Archiv: BT 43 o.l.
Mary Beer, Berlin: BT 16 u., BT 36 (beide), BT 37 (beide), BT 38 (beide), BT 39 (beide)
Yvonne Garborini, Köln: BT 28, BT 29
Dorit Hahne, Köln: BT 47 u.
Helga Pilar, Köln: BT 5 (alle), BT 6, BT 7 (beide), BT 8, BT 10 (beide), BT 12 (alle), BT 13, BT 15 u., BT 16 o., BT 22 (beide), BT 23 (alle), BT 24 (alle), BT 25 (alle), BT 26, BT 27 (beide), BT 43 u. (beide), BT 45 o., BT 46
Kreisarchiv des Rhein-Erft-Kreises, Bergheim: BT 4 o. (beide)
NS-Dokumentationszentrum Köln: BT 19 u.
Jürgen Pieplow, Wedel: BT 42, BT 44 o.
Helga und Rolf Pietzner, Köln: BT 40 (beide), BT 43 (o.r.)
Rheinisches Bildarchiv, Köln: BT 20
Stadtarchiv Konstanz: BT 11 (beide)
Stadt Köln: BT 47 o.
Stadt Pulheim: Frontispiz, BT 48 u.
Harald Thomas, Pulheim: BT 34 (beide), BT 35 (beide)
Wikimedia Commons: BT 41 o. (Pimke), BT 41 u. (China Crisis), BT 44 u. (Deutsches Bundesarchiv, Bild 192-003)
Josef Wißkirchen, Pulheim: BT 1, BT 2, BT 3, BT 4 u., BT 9 (beide), BT 14, BT 15 o., BT 17 (beide), BT 18, BT 19 o., BT 30 (beide), BT 31 (alle), BT 32 (beide), BT 45 u., BT 48 o.
Hans G. Adler, Theresienstadt. Das Antlitz einer Zwangsgemeinschaft 1941–1945, ²1960: BT 33
Alexander Carlebach, Adass Yeshurun of Cologne, Belfast 1964: BT 21

Register (Personen, Orte)

Aachen 82, 83
Adenauer, Konrad 199
Alfred 152, 153, 155, 164, 168, 207
Anstel *siehe* Rommerskirchen
Antwerpen 23, 55
Apfel, Josephine 101, 109
Arens, Familie 112
Arnold, Kapo in Lieberose 158
Augusta 222
Auschwitz, KZ 127, 166
Auschwitz-Birkenau, Vernichtungs-
   lager (Familienlager Theresi-
   enstadt) 108, 110, 115, 119,
   120, 123, 127–150, 164, 166,
   169, 193, 213, 214, 236, 237,
   BT 2, BT 41, BT 42, BT 44
Auschwitz-Monowitz KZ 166
   siehe auch Blechhammer;
   Sosnowitz

Backhausen, Manfred 6, 12
Bacon, Jehuda 147, 148
Bad Tölz 219
Baretzki, Stephan 145
Baruch, Herta geb. Oster *siehe* Oster
Baumkötter, Dr. Heinz 158
Bauschowitz 99, 100, 114
Beaufort 233
Becker, Jurek 121
Becker, Lehrer in Rommerskirchen
   43
Becker, Magda 6
Beckstedde, Hildegard 227, 237
Bednarek, Emil 145, 146
Beer, Emil 111
Beer, Mary 6, 111
Bełżec, Vernichtungslager 27
Ben Gurion, David 195
Benjamin, E. F., Brigadegeneral 195
Bergen-Belsen KZ 168–170, 207,
   236, 237, BT 2

Berg b. Lindlar 111
Berg, Hausmeister in der Jüdischen
   Lehrwerkstatt 59
Berlin 106, 113
Białystok, Ghetto 118, 119, 120
Biermann, Wolf 176
Birnfeld, Chaim 146
Blameuser, Hans 88, 90, 92
Bläser, Unterscharführer 152
Blechhammer (Blachownia Śląska),
   Außenlager KZ Auschwitz
   143, 144, 168, 207, 236, 237,
   BT 2
Bonn 70, 78
Bonn-Beuel 78
Bracht, Fritz 166
Bracht, Paul 226
Braunschweig 226
Breslau 166
Bretz, Hans 85, 89, BT 43
Brüssel 23
Buchenwald, KZ 144
Bückeberg bei Hameln 47
Burger, Anton 105
Burger, Norbert 228
Butzheim *siehe* Rommerskirchen

Cahn, Berta BT 10, BT 13
Cahn, Erna *siehe* Eppstein; Shafer
Cahn, Rosalie (Rosi) verh. Levy BT
   10
Celan, Paul 16
Chamisso, Adalbert von 9
Charleston 233, 236, 237
Château de Laversine (Oise) 196
Chicago 20, 208, 209, 210, 212, 215
Cleveland 208
Cohn, Horst 106
Corbach, Dieter 64
Cremer, Resi BT 10
Czech, Danuta 141

Dachau, KZ 198
Daners, Hermann 6
Demnig, Gunter 29
Dorpmüller, Julius 58
Dülken & Co., Hobelwerk 24, 73
Düsseldorf 23

Ebensee 189
Eckum *siehe* Rommerskirchen
Éclaireurs israélites de France 195, 197, 198
Edelstein, Jakob 105
Ehrenforst 143
Ehrlich, Sophie BT 15
Eichel, SS-Führer 155
Eichmann, Adolf 122
Eichmann, Bernd 169
Eindhoven 192
Eitorf a. d. Sieg 85
Engels, Ludwig 32
Engels, Maria 32
Eppstein, Erna geb. Cahn BT13; *siehe auch* Shafer
Eppstein, Paul 105, 122, 124

Falk, Bernhard 19
Falkensee 171
Féneyrols, Comtesse de 198
Féneyrols-les-Bains 197, 198, 200, 216, BT 2
Flossenbürg, KZ 169
Förster, Marie 111
Frankfurt a.M. 12
Frechen 27, 61, 237
Freiligrath, Ferdinand 23
Friedmann, Pavel 101f.
Frixheim *siehe* Rommerskirchen
Fromm, Norbert 27

Garborini, Yvonne 6
Garmisch Partenkirchen 218
Gaulle, Charles de 221
Genf 219

Giesen, Peter BT 10, BT 25
Gill *siehe* Rommerskirchen
Gindorf 28, 38, 236
Gleiwitz 167
Goebbels, Joseph 52, 54
Goethe, Johann Wolfgang von 117, 137, 138, 212
Göring, Hermann 58, 95, 179
Goyatz 171
Gremberg *siehe* Köln
Grevenbroich 31
Grohé, Josef 63, 87
Groß-Rosen, KZ 144
Grynspan, Herschel 54
Guben, Außenlager KZ Groß-Rosen 158
Gunskirchen 189
Gusen, KZ *siehe* Mauthausen-Gusen
Guthman, Selma geb. Cahn 202

Häfliger, Louis 184
Hagen, Gottfried, Akkumulatorenfabrik 90
Hahne, Dorit geb. Pilar 4, 6, BT 47
Hahne, Walther 4, 6, BT 47
Harrison, Grant 189
Heinrichs, Kaplan 80
Helga 200, 227
Helsdorf 28
Herbstmann, Paula 110
Herhahn, Jean BT 10
Herhahn, Käthe BT 10
Herz, Alfred (Fredi) 18, 25, 32, 49, 58, 62, 70, 100, 109, 110, 114, 139, 140, 151, 153, 168, 170, 236, 237, BT 16, BT 31, BT 32, BT 34, BT 35
Herz, Alfred (Butzheim) 40
Herz, Carol Lyn 232
Herz, Carolyn 9, 220, 232, BT 45
Herz, Chantal 9, 223, 228, BT 45, BT 47
Herz, Clara BT 6

Herz, Ernst 26, 34, 35, 36, 37, 47,
   49, 52, 55, 56, 57, 58, 62, 65,
   67, 70, 96, 104, 107, 114, 132,
   144, 168, 231, 236, BT 13, BT
   32, BT 34
Herz, Hedwig BT 6
Herz, Helene geb. Marx 28, 38, 56,
   57, 236, BT 13, BT 17
Herz, Jakob BT 6
Herz, Johanna 13, 53, 54, 70, 104,
   109, 138, 141, 143, 236, 237,
   BT 2, BT 16, BT 31, BT 32,
   BT 34, BT 36
Herz, Jona (Jonny) 13, 53, 54, 70, 99,
   104, 109, 110, 138, 139, 141,
   143, 236, 237, BT 2, BT 31,
   BT 32, BT 34
Herz, Josef BT 6
Herz, Karl Otto 6, 49, 59, 62, 68,
   70, 100, 114, 137, 139, 143,
   144, 145, 146, 147, 148, 149,
   150, 164, 165, 167, 168, 183,
   185, 187, 190, 200, 201, 202,
   203, 206, 207, 208, 211, 212,
   213, 231, 232, 236, 237, BT
   16, BT 35
Herz, Karoline (Lily) geb. Jacobsohn
   25, 26, 27, 28, 31, 38, 50, 52,
   53, 57, 65, 67, 70, 79, 101,
   104, 107, 109, 110, 111, 112,
   132, 138, 139, 140, 141, 143,
   231, 232, 236, 237, BT 2, BT
   6, BT 7, BT 8, BT 10, BT 11,
   BT 12, BT 13, BT 16, BT 32,
   BT 34, BT 36, BT 37, BT 38,
   BT 39
Herz, Max 28, 35, 236, BT 13
Herz, Meta 28, 38, 56, 65, 162, 236,
   BT 13
Herz, Raphael 9, 220, 233, BT 45
Herz, Selma 28, 35, 38, 56, 65, 162,
   236, BT 13
Herz, Siegfried 39, 123, 191, 194,
   236, BT 13
Herz-Syré, Ursula geb. Syré 9, 21,
   218, 220, 221, 222, 223, 224,
   230, BT 45
Herz, Walter 13, 49, 59, 70, 104,
   138, 141, 143, 236, 237, BT 2,
   BT 16, BT 31, BT 32, BT 34
Hesdörffer, Heinz 133, 156
Heydrich, Reinhard 94, 95
Heymann, Dora BT15
Heymann, Josef 40, BT 15
HIAS (Hebrew Immigrant Aid Society) 205–207
Himmler, Heinrich 159, 160, 164,
   166, 184
Hindenburg, Paul von 42, 55
Hirsch, Baron Maurice de 52
Hirsch, Fredy 119, 120, 129
Höffken, Manfred 6, 15
Hönningen 201, 237
Horowitz, Herbert 157, 158, 161
Höß, Rudolf 147
Hughes, Glyn 169

Izbica b. Lublin, Ghetto 27

Jacobsohn, Elisabeth geb. Neukirchen 76, 77, 78, 84, 89, 90,
   91, 92, 93, 200, 225, 226, 227,
   237, BT 23, BT 27, BT 43
Jacobsohn, Helga *siehe* Pilar
Jacobsohn, Henriette geb. Kappel
   24, 25, 26, 28, 38, 49, 50, 52,
   53, 70, 77, 98, 99, 101, 105,
   109, 237, BT 2, BT 5, BT 6,
   BT 7, BT 10, BT 13, BT 15,
   BT 31, BT 32, BT 35
Jacobsohn, Hermann 11, 28, 33, 48,
   50, 66, 71–93, 97, 101, 107,
   112, 139, 153, 168, 192, 199,
   200, 201, 203, 204, 208, 215,
   216, 217, 225, 226, 227, 229,
   231, 232, 237, BT 6, BT 7,

BT 10, BT 22, BT 24, BT 25, BT 27, BT 43
Jacobsohn, Jakob 24, 26, 28, 38, 78, 237, BT 6, BT 7, BT 10, BT 13
Jacobsohn, Karoline (Lily) siehe Herz
Jacobsohn, Siegfried 28, 73, 237, BT 6, BT 7
Jamlitz 157, 159, 172
Jewish Brigade 194, 195, 196, 197, 198
Johnson, Eric A. 69
Joseph II. 94
Joviniana, Franziskaner-Pfarrschwester 79
Junkersdorf siehe Köln

Kacer, Kathy 196
Kahlberg, Giovanni 188
Kaindl, Anton 171
Kahn, Schreinermeister 60
Kalkar 38, 236
Kämpgen, Clemens 76
Kämpgen, Johanna 76
Kamp, Inhaber Maschinenfabrik in Köln-Ehrenfeld 84, 86
Kappel, Abraham 23, 26, BT 6
Kappel, Amalie geb. Kaufmann 23, 24, 25, 28, BT 5, BT 6, BT 10, BT 13, BT 15
Kappel, Bertha 23
Kappel, David 23, 55, BT 6
Kappel, Elisa geb. Rieser BT 6
Kappel, Jacques BT 6
Kappel, René BT 6
Kappel, Salomon (Sally) 23, 55, 71, 72, BT 6, BT 23
Kappel, Walter BT 6
Karpinski, Oberstadtrat in Köln 200
Kasper, Walter 84
Kattowitz 135, 164
Katyn 121
Kauffeld, Hermann 111

Kaufmann, Albert 202
Kaufmann, Anna Maria, verh. Mönch 77
Kaufmann, Else 39, 70, 236
Kaufmann, Familie 57
Kaufmann, Günther 29, 39, 57, 70, 236, BT 18
Kaufmann, Henriette (Jettchen) geb. Herz 28, 38, 57, 69, 199, 236, BT 13, BT 18
Kaufmann, Hilde 29, 39, 70, 236, BT 18
Kaufmann, Johanna BT 5
Kaufmann, Klara 29, 39, 70, 236, BT 18
Kaufmann, Manfred 29, 39, 57, 70, 236, BT 18
Kaufmann, Moritz 28, 38, 57, 70, 199, 201, 236, BT 13, BT 18
Kędzierzyn (dt. Kandrzin, 1934-45 Heydebreck) 143
Kelly, Grace 217
Keppeler, Frank BT 48
Kerkhoff, Inhaber der Firma Westdeutscher Barackenbau 60
Kersten, Wilhelm 159, 160, 171, 172
Kittens (Katz), Annette 212
Klausmann, Christian 72
Klibansky, Alexander 70
Klibansky, Dr. Erich 68, 70, 94
Klibansky, Hans-Raphael 70
Klibansky, Jenny 70
Klibansky, Meta geb. David 70
Klibansky, Michael 70
Kock, Hauptlehrer 43
Köln 48, 49–70, 72–81, 84–93, 191, 192, 199, 201, 204, 205, 209, 211, 215, 218, 219, 223, 228, 230, 231, 236, 237, BT 19, BT 20, BT 21, BT 27, BT 28, BT 29, BT 30, BT 36, BT 37, BT 40, BT 46, BT 47, BT 48
– Brück 200, 225

- Deutz 96, 98, 99, BT 31
- Ehrenfeld 84
- Gremberg 88, 90–93, 225
- Holweide 226
- Junkersdorf 88
- Kalk 75, 90, 93
- Müngersdorf, Barackenlager 67, 68, 87
- Niehl 89
- Porz 24, 73, 78
- Rath 215, 226
- Riehl 83
- Rodenkirchen-Hochkirchen 59
- Thielenbruch 225, 226
- Westhoven 74, 226

Konstanz 27, 209, BT 11
Kopenhagen 122
Koreakrieg 209, 210
Kosiek, Sergeant Albert J. 184
Kramer, Josef 169
Krása, Hans 116
Krempel-Hütten, Ulla-Maria 6
Kuckhof bei Rosellen 23
Kühn, Gottfried 219, 223
Kuschkow 171

Lamprecht, Michael 60, 215
Lassalle, Ferdinand 23
Las Vegas 213
Leipzig 85
Lenzing 189
Levy, Rosalie *siehe* Cahn
Liebe, Ralf 6
Lieberose, Außenlager KZ Sachsenhausen 157–163, 170, 171, BT 2
Lindemann, Adolf 60
Linz an der Donau 149, 186, 188, 189, 190, 207, 213
Litzmannstadt, Ghetto *siehe* Łódź
Łódź (Litzmannstadt), Ghetto 28, 65, 162, 236

Löffler, Karl 69
Löwenstein, Fritz 67, 110, 111, 112, BT 36, BT 37, BT 38, BT 39, BT 43
Löwenstein, Heinz 110
Löwenstein, Regine 110, 111, 112, BT 43
Löwenstein, Rudi 67, 110, 111
Löwenstein, Trude 110
Lucas, Dr. Franz 145
Ludwigsfelde 171
Lyrmann, Saal in Butzheim 46

Maastricht 192
Mährisch-Ostrau 147
Maly Trostenez, Vernichtungslager 70, 236
Marx, Frau BT 13
Marx, Louis 111
Marx, Pauline geb. Herz 111
Mauthausen KZ 166, 167, 170, 171, 175, 177, 178, 179–188, 189, 193
Mauthausen-Gusen KZ 179, 181, 184, 189, 207, BT 2, BT 44
- Gusen I 180, 183, 185, 187–188
- Gusen II 180–186
Mayer, Carsten 6, 13
Mayer, Christoph 181, 182
Meier, Marcus 6
Meirowsky, Max 20, 73, 78, BT 27
Mengele, Josef 128, 143, 145
Menton 217–221, 222, 223
Mertens, Paul 23
Meyer-Gideon, Schrotthändler 209
Meyer und Leifmann, Innenausstatter 77
Minsk, Ghetto 29, 39, 70, 96, 236
Minsk, Stadt 212
Moissac 195, 196, 197, 198, 205, 206, 216, BT 2
Monaco 217

Mönch, Antonius 77
Mönch, Johann Ludwig 77
Monmouth Junction 208
Mons in Belgien 23, 55, 71, 72, BT 23
Moore *siehe* Moses
Morgan, Henry/Harry 117, 118
Mörike, Eduard 174
Moritz, L. geb. Kaufmann 201
Moses (umbenannt in: Moore), Georg 202
Moses (unbenannt in: Moore), Herbert 202
Mozart, Wolfgang Amadeus 115
Murmelstein, Benjamin 105
Murnau am Staffelsee 218
Myrtle Beach 21, 222, 223

Neersen 111
Nettesheim *siehe* Rommerskirchen
Neuengamme, KZ 143
Neukirchen, Agnes BT 23
Neukirchen, Anna geb. Metternich 76, 79, 84, 85, BT 23
Neukirchen, Christa 226, BT 23
Neukirchen, Cilli 85, 226, BT 23
Neukirchen, Elisabeth *siehe* Jacobsohn
Neukirchen, Heinrich 76, 79, BT 23
Neukirchen, Heinrich jr. BT 23
Neuss 28
New York 203, 206, 207, 208, 211, 212
Niederbardenberg, jüdisches Lager 28, 29, 57, 70
Niederholzweiler 77
Nierendorf 23, 77
Nizza 220
Nolden, Johannes (Hans) 6, 34
Nußbaum, Benno 28, BT 13

Oster, Herta verh. Baruch 202, 203, 205

Ostermann, Willi 19
Palästina 194, 195, 198, 202
Paris 197, 205
Patton, George S. 184
Pétain, Henri Philippe 196
Petersen, Mariele 6
Pieplow, Jürgen BT 42, BT 44
Pietzner, Gottfried 111, BT 43
Pietzner, Helga 6
Pietzner, Rolf 6
Pietzner, Sybille 111, BT 43
Pilar, Helga geb. Jacobsohn 4, 6, 28, 66, 78, 79, 80, 82, 83, 84, 85, 86, 88, 89, 90, 91, 92, 224, 237, BT 43
Pilar, Thomas 4, 6
Politz, Geschäftshaus in Düsseldorf 23
Pollak, Helga 107
Porz *siehe* Köln
Potsdam 171, 174
Prag 119
Pulheim 231, BT 48
   siehe auch Stommeln
Pütz, Fritz 200
Pütz, Katharina verh. Kelzenberg 35

Rahm, Karl 105, 122, 123, 124
Rainier III., Fürst von Monaco (Rainier Grimaldi) 217
Rath, Ernst vom 54
Ratibor 167
Reifenrath GmbH, Straßenbaufirma 58, 62
Reimer, Guido 184
Reisdorf, Willi 83
Rheinische Draht- und Kabelwerke 83, 85
Riga, Ghetto 27, 28, 38, 66, 236
Rilke, Rainer Maria 120
Roetgen 82, 83
Röhr, Hans BT 48

Rom 212
Rommerskirchen 11, 35, 37, 38, 39, 41–45, 46, 215
– Anstel 34
– Butzheim 20, 28, 34, 35, 38, 39, 45, 56, 57, 65, 217, 236, 237
– Eckum 22, 34–41, 45–48, 215, BT 17
– Frixheim 34
– Gill 34
– Nettesheim 28, 29, 34, 35, 37, 39, 40, 57, 199, 202, 236, BT 17, BT 18, BT 19
Roosevelt, Franklin D. 183
Rosendahl, Paula BT 15
Rosenfeld, Astrid 15, 16
Rösrath-Forsbach 215
Rossel, Maurice 141
Rothschild, Baron de 196
Rotterdam 39, 190, 191, 192, 193, 194, 195, 196, 209, 236, BT 2
Röttger, Ernst 81
Rüber, Dr., Geschäftsführer 60, 133
Rübsteck, Familie 112
Rückriem, Ulrich 28
Ruhland 152

Sachsenhausen KZ 151, 157, 170, 171, 172, 174, 175, BT 2; *siehe auch* Schwarzheide; Lieberose
Salomon, Ernst BT 13
Salomon, Henriette BT 13
Salomon, Karl BT 13
Salomon, Maly BT 13
Schächter, Rafael 115
Schall, Ferdi 18
Schiller, Friedrich 116
Schmauser, Heinrich 166
Schorn, Oberstudienrätin 86
Schubert, Franz 116
Schulze, Ingo 4
Schwarzbaum, Häftling 146

Schwarzheide, Außenlager KZ Sachsenhausen 143, 151–157, 158, 164, 168, 175, BT 2
Schwielochsee 171, 173
Seidl, Siegfried 105
Shafer, Erna 208, 209
Shafer (ursprünglich: Sochaczewer), Erna geb. Cahn 202, 205, 208, 209, BT 10, BT 13 *siehe auch* Eppstein
Shafer (ursprünglich: Sochaczewer), Max 202, 209
Sidlin, Murry 116
Siegel, jüd. Hühnerfarmbesitzer 208
Siegburg 110, BT 36
Simon, Bouli 195, 198
Simon, Lorenz 35
Simons, Else 208
Simon, Shatta 195, 198
Simons, Martha 109
Sinn, Schuhhaus 76
Smeets, Fa. in Brüssel 79, 80
Smetana, Friedrich 115
Sobibór, Vernichtungslager 27
Sochaczewer *siehe* Shafer
Sosnowitz II (Sosnowiec), Außenlager KZ Auschwitz 150, 164–166, BT 2
Spanier, Kommunist 91, 92
Spelter, Hausarzt Dr. 89
Spier, Alfred 38, 66, 236
Spier, Edith 38, 66, 236
Spier, Ludwig (Louis) 35, 38, 57, 65, 66, 236
Spier, Max 38, 66, 236
Spier, Paula geb. Herz 38, 65, 66, 236
Spitzer, Federica 126
Stalingrad 121
St. Blasien im Schwarzwald 74
Steyr 189
St. Georgen an der Gusen 179, 180, 182

251

St. Lizaigne (Indre) 199, 201
Stock, Berta 32, 33, 115
Stock, Jakob 115, 199
Stolberg-Stolberg, Friedrich Leopold von 116, 234, 235
Stommeln 14, 15, 18, 22–33, 38, 39, 40, 54, 61, 71, 72, 78, 199, 200, 202, 205, 206, 215, 230, 231, 236, 237, BT 3, BT 4, BT 6, BT 9, BT 13, BT 14, BT 15, BT 16, BT 22, BT 45
Stommeln, Papst-Johannes XXIII.- Schule 13, 14, 134, 185
Stuttgart 27
Stutthof, KZ 143
Syré siehe Herz-Syré
Syré, Dr. med. 220

Teupitz 171
Theresienstadt, Ghetto 85, 86, 88, 94–126, 141, 145, 211, 237, BT 2, BT 33, BT 34, BT 35, BT 36, BT 37, BT 38, BT 39
Thomas, Harald 6
Thomas, Jim 26
Tiflis 212
Toulouse 198
Trier 77
Troppau 167

Valentino, Rudolph 31
Valkenburg 192
Venlo 192
Verdi, Giuseppe 115
Visser, jüdisches Ehepaar 84

Wagner, Richard 31
Wajda, Émile 197, 198, 216, 220
Weert 192
Wein, jüdische Familie 209
Weiss, Franz Rudolph von 66
Westenberg, Frl. 83
Wieler, Anna 27, BT 11

Wieler, Irmer 27, BT 11
Wiesel, Elie 15
Wilna (Vilnius) 176
Witzenhausen, Wilhelm von 49, 58, 97
Wohnungsgesellschaft Wohnpark Am Rath 4
Wolfers, Frl. 109
Würselen 57

Zossen 171
Zülpich 111, 226
Zündorf, Erika 111
Zündorf, Gardi 111
Zündorf, Hans 111